★《连城县革命老区发展史》编委会

主　任：廖喜忠
副主任：赖李林　邱　毅　罗意珍　刘保生
委　员（按姓氏笔画为序）：

　　　　上官昌钦　王启桢　朱金生　吴树忠　李　懿　李川龙
　　　　李元海　李正鸿　李学武　李炳林　陈龙继　张巍伟
　　　　罗大钧　罗水良　罗芳跃　罗薛平　项国玲　黄　兴
　　　　黄先来　黄茂诚　黄建波　蒋文平　傅昌发　傅炳华
　　　　傅晓冬　曾海泉　谢仁禧　谢兴生　蓝前裕

主　编：刘保生
编　务：罗远明　巫洪生　黄积福　黄耀明

全国革命老区县发展史丛书——福建卷

连城县革命老区发展史

连城县老区建设促进会 编

厦门大学出版社 国家一级出版社
XIAMEN UNIVERSITY PRESS 全国百佳图书出版单位

图书在版编目(CIP)数据

连城县革命老区发展史/连城县老区建设促进会编.—厦门:厦门大学出版社,2019.12

(全国革命老区县发展史丛书.福建卷)

ISBN 978-7-5615-7703-5

Ⅰ.①连… Ⅱ.①连… Ⅲ.①连城县—地方史 Ⅳ.①K295.74

中国版本图书馆 CIP 数据核字(2019)第 289381 号

出 版 人	郑文礼
责任编辑	韩轲轲
美术编辑	李嘉彬
技术编辑	朱 楷

出版发行 厦门大学出版社

社　　址	厦门市软件园二期望海路 39 号
邮政编码	361008
总　　机	0592-2181111　0592-2181406(传真)
营销中心	0592-2184458　0592-2181365
网　　址	http://www.xmupress.com
邮　　箱	xmup@xmupress.com
印　　刷	龙岩东方彩印有限公司

开本	720 mm×1 000 mm　1/16
印张	18.25
插页	16
字数	255 千字
版次	2019 年 12 月第 1 版
印次	2019 年 12 月第 1 次印刷
定价	98.00 元

本书如有印装质量问题请直接寄承印厂调换

厦门大学出版社
微信二维码

厦门大学出版社
微博二维码

图 1　毛泽东、朱德、陈毅旧居——新泉望云草室

图 2　毛泽东、朱德、陈毅旧居——庙前孔清祠

图 3　连南区革命委员会旧址

图 4　新泉工农妇女夜校旧址

图 5 连城县革命烈士纪念碑

图 6 松毛岭战役指挥部遗址(郭公寨)

图7 松毛岭战役纪念碑

图8 张南生将军故居

图 9　江一真故居

图 10　项南纪念馆

图 11　新泉红场

图 12　松毛岭无名烈士墓

图 13　连城城区全景

图 14　莲中路夜景

图 15　连城县委县政府办公大楼

图 16　美丽的文川河

图 17　汇豪小区新貌

图 18　桃花园建筑群

图 19　鹧鸪新村

图 20　县老年活动中心

图 21　革命老区新泉今貌

图 22　革命基点村赖源下村金秋全景

图 23　新泉高速公路枢纽

图 24　朋口冠豸山火车站

图 25　连城机场民航停机坪

图 26　福建连城工业园区管委会大楼

图 27　冠莲电商物流产业园

图 28　朋口百花造漆厂

图 29 赛特新材生产车间

图 30 连城地瓜干包装车间一角

图 31　茗匠竹艺科技有限公司

图 32　五彩林海

图 33　连城白鸭

图 34　连城兰花博览园

图 35　兰花培植基地一角

图 36　连天福铁皮石斛种植基地

图 37　铁皮石斛育种室

图 38　四堡李花香

图 39　赖源黄宗茶场百人采茶

图 40　石壁山云峰岩鸟瞰坪上梯田

图 41　污水处理厂

图 42　大罐水库轻舟飞渡

图43　大坝锁蛟龙

图44　国家4A级风景名胜区冠豸山

图 45　九龙湖

图 46　培田古民居全景

图 47　四堡雕版印刷

图 48　福建省连城第一中学

图 49　连城县实验小学

图 50　工业园区幼儿园

图 51　文化公园

图 52　连城县医院

图 53　莲峰社区卫生服务中心

图 54　连城武术馆

图 55　太极拳团体演练展示

图 56　2018 年环冠豸山国际自行车大赛

图 57　姑田游大龙

图 58　罗坊走古事

总　序

在举国欢庆新中国成立 70 周年前夕，中国老区建设促进会王健会长请我为"全国革命老区县发展史"丛书作序，我作为一名在老区战斗过并得到老区人民生死相助的老兵，回首往事，心潮澎湃，感慨万千，深感义不容辞，欣然应允。

中国革命老区，是以毛泽东为代表的中国共产党人在领导人民推翻帝国主义、封建主义和官僚资本主义三座大山，争取民族独立和人民解放伟大斗争中建立的革命根据地，在这片红色的土地上，诞生了无数可歌可泣的革命英雄儿女，为后人树起了一座不朽的丰碑，她是新中国的摇篮，是党和军队的根。

在艰苦卓绝的战争年代，老区人民把自己的命运与中华民族的命运紧紧地联系在一起，与中国共产党和人民军队的命运紧紧地联系在一起，他们生死相依，患难与共。我曾亲历过战争年代，并得到过老区红哥红嫂的救助，切身感受到发生在身边的一幕幕撼天动地的革命故事，在那极其艰难的条件下，老区人民倾其所有、破家支前，不怕艰难困苦，不怕流血牺牲。"最后一碗米送去做军粮，最后一尺布送去做军装，最后一件老棉袄盖在担架上，最后一个亲骨肉送去上战场"，这是当时伟大的老区人民为建立新中国做出巨大牺牲的真实写照，它将永远镌刻在中国共产党、中国人民解放军、中华人民共和国的历史丰碑上。他们的光辉业绩永载史册，他们的革命精神必将影响一代又一代的革命新人，造就一代又一代的民族脊梁。

在社会主义革命和建设时期,革命老区和老区人民响应党的号召,面对落后的面貌、脆弱的经济、恶劣的生态环境,他们本色不变,精神不丢,自力更生,艰苦奋斗,干一行爱一行。始终坚持"革命理想高于天",自觉做共产主义远大理想的坚定信仰者和忠实实践者,勇于向恶劣的自然环境和贫穷落后宣战,他们在各条战线上为国建功立业,用平凡的双手创造了一个又一个不平凡的奇迹,彰显了老区人的崇高精神和人格力量。

在改革开放的伟大进程中,老区人民解放思想,勇于创新,发奋图强,攻坚克难,老区的经济社会建设取得了辉煌成就。特别是在改变中国的面貌、中华民族的面貌、中国人民的面貌、中国共产党的面貌的伟大实践中发挥了至关重要的作用。老区人民既是改革开放的参与者,也是改革开放的推动者。

艰苦炼意志,危难见精神。老区人民在近百年的革命战争、社会主义建设和改革开放的伟大实践中,孕育形成了伟大的老区精神:爱党信党、坚定不移的理想信念;舍生忘死、无私奉献的博大胸怀;不屈不挠、敢于胜利的英雄气概;自强不息、艰苦奋斗的顽强斗志;求真务实、开拓创新的科学态度;鱼水情深、生死相依的光荣传统。这是党和人民宝贵的精神财富、丰厚的政治资源,是凝心聚力、振奋民族精神的重要法宝,也是社会主义核心价值观的重要内容。

中国老区建设促进会怀着强烈的政治责任感和历史使命感,组织全国各地老促会人员克服困难,尽心竭力编纂"全国革命老区县发展史"丛书,记录老区的光辉历史和辉煌成就,传承红色基因,弘扬老区精神,是功在当代,利及千秋的一件大事。手捧这部丛书的部分书稿,读着书中的故事,倍感亲切,深感这部丛书具有资政、育人、存史的社会功能,有着重要的时代和历史价值。它是不忘初心、牢记使命的源头活水,是赞颂共产党、讴歌老区人民的一部精品力作,是弘扬老区精神、传承红色记忆的丰厚载体,是一项继承优秀传统文化、弘扬革命文化、发展社会主义先进文化,坚定"四个自信"的宏大文化工程。它必将成为一种文化品牌,为各界人士了解老区宣传老区支持老区提供一部有价值的研究史料。希望读者朋友们能从中了解并牢记这些为党和民族的利益不断奉献的老区人民,从中得到教益,汲取人生奋斗的精神动力。

新时代赋予新使命,新起点开启新征程。让我们更加紧密地团结在以习近平同志为核心的党中央周围,坚持以习近平新时代中国特色社会主义思想为指导,增强"四个意识",坚定"四个自信",做到"两个维护",弘扬老区精神,铭记苦难辉煌。为实现"两个一百年"奋斗目标,实现中华民族伟大复兴的中国梦做出新的更大的贡献!

2019年4月11日

序　言

　　连城革命老区发展史是一部艰辛的革命史、卓越的建设史和辉煌的改革史。它简明扼要地记录了革命战争时期那段浴血斗争的艰难历程，揭示了中国革命胜利的规律，充分彰显共产党人的初心使命，也蕴含着继续把我们推向前进的不竭动力。该书的编辑出版，是连城人民政治生活中的一件大事，也是连城老区发展史上的盛举，对于我们深刻地了解过去，总结历史经验，把握现在，开创未来，具有重要的现实意义和深远的历史意义。目前，连城正处于爬坡过坎、滚石上山、奋力赶超的关键时期，特别需要弘扬老区精神，传承老区好传统。这本史书的出版，给了全县人民继续艰苦奋斗的精神食粮，打开了一扇贴近"初心"的窗口，提供了一个凝聚使命担当的平台，是一部很好的学史读本和励志教材。

　　革命老区是中国共产党的根，是中华人民共和国的摇篮。连城县是著名的革命老区，有着光荣的革命历史，是中国共产党早期创立的中央苏区21个县份之一。连城作为红军的故乡和党的群众路线发祥地之一，自1927年冬，连城县第一个党组织——中共良坑支部成立以后，连城人民在中国共产党的领导下，英勇顽强、前赴后继、百折不挠，进行了艰苦卓绝的斗争，革命红旗20多年不倒，为中国革命胜利和社会主义建设做出了巨大的贡献。1929年，毛泽东、朱德、陈毅率领红四军3次进驻连城新泉，领导开展了中国工农红军历史上第一次正规的政治、军事整训，史称"新泉整训"，起草了著名的《古田会议决议》草案，建立了红四军第四纵队，创办了中央苏区第一所工农妇女夜校,并在新泉完善了红军的《三大纪律八项注意》。同时,连城人民在党的组织领导下,举行了连南十三乡暴动、池溪暴动和莒溪暴动,有力地打击了国民党反动武装,建立了红色政权。1933年,彭德怀率领由三军团和红十二军十九师为主力组成的东方军,消灭国民党十九路军七十八师1个旅3个团(史称"朋口保卫战"),为东方军扫清了进军路上的障碍。1934年,在朱德的统一指挥下,在朋口松毛岭与国民党军队浴血奋战(史称"松毛岭阻击战"),为红军战略转移赢得了时间。在长期的革命斗争中,连城大地涌现出许多可歌可泣的英雄人物和事迹。据统计,当年全县97%的乡村建立了红色政权,1万多名连城子弟踊跃参加红军和游击队,占当时全县总人口的10%,他们中绝大多数为革命胜利献出了宝贵生命,为中华民族的独立和解放事业做出了重要的历史贡献。目前,全县共有在册革命烈士1574人,省级革命基点村29个,县级革命基点村144个。这块土地孕育了张南生、杨尚儒、张水发、项与年、项南、江一真等一批连城儿女的杰出代表,他们不屈不挠、顽强奋战、前赴后继、勇往直前的英雄气概和斗争精神,成为永不磨灭的"革命老区精神",永远激励着连城人民奋勇前进。

《连城县革命老区发展史》着重突出老区人民在党的领导下创建和发展革命根据地斗争的历史贡献和地位作用,用重大历史事件、英模英烈事迹,充分展现了崇高的革命精神和光荣传统。同时,老区经济社会发展史充分展示了新中国成立以来特别是党的十八大以来,老区人民在以习近平同志为核心的党中央领导下,自力更生、艰苦奋斗、攻坚克难,开创新的历史性成就。应该说,老区的红色基因、红色血脉已深深地融入连城老区的发展史中,成为连城推动高质量发展、赶超发展的新引擎。

习近平总书记指出,每一代人都有每一代人的长征路,每一代人都要走好自己的长征路。今天,我们这一代人的长征,就是要为实现"两个一百年"奋斗目标、实现中华民族伟大复兴的中国梦而不懈努力。回顾历史,连城儿女从中汲取前进的力量,发扬革命传统,传承红色基因。站位新时代,我们更要不忘初心、牢记使命,在习近平新时代中国特色社会主义思想的指引下,树牢"四个意识",坚定"四个自信",坚决做到"两个维护",用新发展理念统筹发展全局,团结带领34万人民心往一处想,劲往一处使,全力攻坚项目落地、精准脱贫、生态环保三大战役,突破工业经济、文化旅游、现代农业、城乡建设四大板块,补齐民生短板,用实干与担当绘就人民群众美好生活的时代画卷,不断增强人民群众的幸福感、获得感和安全感。

进入新时代,扬帆再起航。我们要积极传承红色基因,肩负起高质量加快连城发展的责任与使命,团结拼搏、锐意进取,以"干"凝聚人心,以"进"提振信心,以"拼"实现赶超,书写属于新时代的美丽连城、创业连城、幸福连城新篇章。

中共连城县委书记 钟勇强
连城县人民政府县长 詹崇仁
2019年9月

编写说明

2017年6月,中国老区建设促进会组织全国各地老促会启动编纂"全国革命老区县发展史"丛书,按照"建立中国共产党、成立中华人民共和国、推进改革开放和中国特色社会主义事业"三大里程碑的历史脉络,系统书写革命老区百年历史,深入挖掘革命老区红色文化资源,这对于充实丰富中国革命史籍宝库、在新时代传承红色基因、弘扬革命精神、强固根本,对于激励人们在新的历史条件下夺取中国特色社会主义伟大胜利,实现中华民族伟大复兴的中国梦具有重要意义。

丛书编纂以习近平新时代中国特色社会主义思想为指导,以《中国共产党历史》《中国共产党的九十年》等重要文献为基本依据,以党的领导为核心,以老区人民为主体,以老区发展为主线,体现历史进程特征,突出时代发展特色,坚持辩证唯物主义和历史唯物主义相统一、历史真实性与内容可读性相统一的原则,书写革命老区从站起来、富起来到强起来的光辉革命史、不懈奋斗史、辉煌成就史,把老区人民的伟大贡献、伟大创造、伟大成就、伟大精神充分展示出来,形成一部具有厚重历史特征和鲜明时代特色的精品力作。这是一部培根铸魂、守正创新,既为历史立言,又为时代服务,字里行间流淌着红色血脉、催生着革命激情的传世之作。丛书的编纂出版将成为讴歌党、讴歌人民、讴歌时代、传播红色文化、为革命老区和老区人民树碑立传的重要载体。

丛书按照编年体与纪事本末体相结合、以编年体为主的编写体例确定框架结构;运用时经事纬、点面结合的方式记述史实;坚持人事结合、以事带人的原则处理人与事的关系;采取夹叙夹议、叙论结合、以叙为主的方法展开内容。做到了史料与史论、历史与现实、政治与学术统一,文献性、学术性、知识性相兼容。

为编纂好"全国革命老区县发展史"丛书,打造红色文化品牌,中国老区建设促进会认真组织积极协调,提出政治立场鲜明、史料真实准确、思想论述深刻、历史维度厚重、时代特色突出、编写体例规范、篇目布局合理、审读把关严格、出版制作精良的编纂出版总要求,力求达到革命史籍精品的精神高度、思想深度、知识广度、语言力度,增强丛书的权威性和社会影响力。各省(区、市)、市(州、盟)、县(市、区、旗)老促会的同志,以强烈的使命感、责任感和紧迫感,勇于担当,积极作为,认真实施,组织由老促会成员、专家学者等参加的十余万人编纂队伍。编纂工作主体责任在县(市、区、旗),省(区、市)、市(州、盟)组织协调、有力指导、审读把关。各方面人员以高度负责的精神和科学严谨的态度,满腔热情地投入工作,为丛书编纂出版做出了重要贡献。丛书编纂工作还得到了党和国家有关部委、地方各级党委政府及有关部门的大力支持和积极参与,社会各界也给予了热情帮助。中共中央政治局原委员、中央军委原副主席、原国务委员兼国防部长迟浩田上将,对老区人民怀有深厚感情,对革命老区建设发展十分关注,欣然为"全国革命老区县发展史"丛书作总序。

丛书由总册和1599部分册(每个革命老区县编纂1部分册)组成,共1600册。鉴于丛书所记述的史实内容多、时间跨度长和编纂时间紧,不妥之处,敬请批评指正。

中国老区建设促进会

目 录

第一章　连城概况 … 1
- 第一节　地理位置及主要山川河流 … 1
- 第二节　革命历史 … 2
- 第三节　客家祖地源流及其主要民俗活动 … 5
- 第四节　主要风景名胜 … 8
- 第五节　主要矿藏和自然资源 … 19

第二章　浴血奋战　二十年红旗不倒 … 23
- 第一节　中共连城党组织的建立 … 23
- 第二节　人民政权组织的建立 … 24
- 第三节　连南十三乡暴动、池溪暴动、莒溪暴动 … 26
- 第四节　新泉整训 … 27
- 第五节　新泉工农妇女夜校 … 32
- 第六节　朋口战役、温坊战斗、松毛岭战役 … 36
- 第七节　三年游击战争 … 39
- 第八节　革命先烈事迹述略 … 47
- 第九节　连城籍开国将军和杰出人物传略 … 56
- 第十节　主要革命遗址和革命纪念物 … 63
- 第十一节　连城人民的重要贡献 … 90

第三章　开拓进取　七十载风雨兼程 … 92
- 第一节　剿匪肃反　巩固人民政权 … 92
- 第二节　肩负使命　基层党建不断推进 … 100

第三节　农村经济逐步发展　农民生活不断改善 …………… 113

第四节　地方工业快速发展 ………………………………… 123

第五节　交通事业突飞猛进 ………………………………… 130

第六节　水利建设、水土保持成绩斐然 …………………… 137

第七节　林业生态文明建设实现新跨越 …………………… 144

第八节　扶贫攻坚成效显著 ………………………………… 154

第九节　财政、金融、保险稳步发展 ……………………… 162

第十节　医疗卫生、计生服务不断加强 …………………… 175

第十一节　教育科技比翼双飞 ……………………………… 187

第十二节　文化、体育、广播电视事业蓬勃发展 ………… 202

第十三节　邮电通信事业发展迅速 ………………………… 218

第十四节　旅游事业蒸蒸日上 ……………………………… 226

第十五节　环保事业取得突破性进展 ……………………… 232

第十六节　城乡建设城镇化率稳步推进 …………………… 240

第十七节　精神文明建设全面推进 ………………………… 248

第四章　奋力赶超　创建新时代的辉煌 ……………………… 257

第一节　精准发力,落实高质量赶超 ……………………… 257

第二节　砥砺前行,筑建美丽、创业、幸福新连城 ……… 263

后　记 ………………………………………………………… 276

第一章　连城概况

第一节　地理位置及主要山川河流

连城县位于福建省西部、武夷山脉南段东侧,东经116°32′14″～117°09′54″,北纬24°13′35″～25°56′00″。县境东邻永安、新罗,南界上杭,西接长汀,北倚清流,是闽西腹地及赣南内陆出海的重要通道。

境内中部偏西是一片自北向南的串珠状河谷盆地。东及东南部为玳瑁山脉的世界A级梅花山自然保护区中山区,约占全境面积的三分之二左右,地势较高。这里岗岭重叠,群山起伏,峰壑纵横,涧流密布。境内文川河、朋口溪、北团溪是闽江、汀江、九龙江的上源支流,曲溪的将军山是县内水流三江的起源地,它孕育了境内似网状叶脉辐射四周的溪流,使之汇闽江、汀江、九龙江,奔腾入东海和南海。西部为武夷山支脉的松毛岭次中山区,峰峦耸峙,形势险要,成为处于长廊盆地中的县城西北部屏障,松毛岭亦成为连城与邻县长汀的自然分界线。全境多为低山丘陵盘踞,是一个"八山一水一分田"的山区县,总面积2595.54平方公里,其中耕地1987年为256082亩。

据出土文物证实,早在新石器时代连城就有人类栖息繁衍。1949年11月6日连城解放时,全县人口为24230户、108418人。截至2016年12月31日,全县总人口为110149户、345006人。其中男181982人,女163024人。连城是客家祖地,属汉族区域,居住人口除绝大部分为汉族外,尚有 16 个少数民族 201 人。

县辖莲峰、新泉、庙前、北团、四堡、罗坊、塘前、隔川、揭乐、林坊、文亨、宣和、朋口、莒溪、姑田、曲溪、赖源等 17 个乡、镇,全县共设 245 个行政村(社区)。

第二节　革命历史

北宋以前,连城为长汀县辖境。南宋绍兴三年(1133 年)置县,属汀州府;今隶龙岩市(原龙岩地区)。境域在民国前无多大变化,新中国成立后,长汀的罗坊、四堡、宣和及池岗,清流的塘前等乡村和上杭、龙岩临界的部分山村先后划归连城,面积比原来扩大了 360 多平方公里。

连城建县 880 多年来,有 800 余年处在封建帝王和军阀的统治之下,连年的兵燹和官吏的横征暴敛、豪绅地主的欺凌剥削、土匪的劫夺和奸商的盘剥,使人民濒临破产,长期以来,田园荒芜,城镇冷落,经济萧条,各种矛盾错综复杂,有时阶级矛盾尖锐,有时表现为阶级矛盾与民族矛盾交织,有时则以民族矛盾为主导。连城人民在困难的环境里,为国家、民族的生存和自身的解放,进行了隐蔽的和公开的斗争,在数百年的长期抗争中,做出卓越的贡献而永垂青史。早在宋代就有彭孙、丘鳞在抗击异族入侵、保卫祖国边疆和海防的斗争中立下过不朽功勋。元末,有罗天麟、陈积万为首反抗元朝统治者残酷压迫的农民起义,他们先后攻占汀州 6 县,转战归化、将乐,直抵顺昌,进逼延平(今南平),有力地打击了元朝封建统治的基层政权。清代有任台湾水师提督的邑人邹经,抗击越南、日本海寇入侵闽、粤沿海,保卫台湾海峡两岸人民的生命财产安全,保护海上航道的畅通。辛亥革命前后,有邑人沈毅民等追随孙中山,为推翻清朝封建统治和反对袁世凯窃国而英勇献身。

连城是著名的革命老区,是中央苏区县之一。全县有省级革命基点村 29 个,县级革命基点村 144 个。苏联十月革命胜利后,马克思主义理论传入中国。当时,在北京、上海、广州等地求学的连城青年学生,经过五四运动的洗礼,积极编印各种刊物,宣传革命。在北京有《莲峰月刊》,在广州则与汀州各县旅穗同学联办《汀雷》,这些刊物源源不断寄回家乡,在连城激起广大青年学生的反帝、反封建爱国热情。1919 年五四运动前,有黄鸣谦、黄深、黄永源、吴嗷、吴树均、罗际青、吴乃青等 7 人赴法勤工俭学,寻求救国救民真理。1925 年,连城青年项与年加入中国共产党,成为闽西最早的共产党员之一。1926 年冬,连城县立中学青年师生创办了《莲钟月刊》,宣传革命,鼓舞群众,揭露贪官,指陈时弊。这些刊物的出版与传播,为革命做了舆论前导。1927 年,俞炳荣等人从厦门回连城,与张瑞明等人在长汀就读的青年学生共同建立了第一个中共连城支部。1929 年春,成立中共连城临时县委,秘密开展革命活动。6 月 16 日,李云贵遵照前委和闽西特委指示,发动和领导了震撼闽西的"连南十三乡暴动"。随后,傅铁人领导汀、连边界人民举行了"池溪暴动",打土豪、分田地、烧契据、开仓分粮,群众的革命热潮空前高涨。地主豪绅仓皇逃走,民团土匪遁迹深山。同年 12 月 3 日,毛泽东、朱德率红四军再度入闽,进驻新泉整训,并为"古田会议"做好准备。从此,全县人民在中国共产党的领导下,投入了如火如荼的革命斗争,如新中国成立后在中央和省任军政领导的张南生、杨尚儒、张水发、项与年、江一真、项南、杨采衡、俞炳辉、李德安、俞清标、余升云、傅林标、张明、黄鹏、张和生等,都是这时参加革命的连城儿女,他们在当年同许多连城英雄儿女一道为建立红色政权、创建闽西革命根据地而英勇奋斗。在反"围剿"以及红军长征北上后的 3 年游击战争中,连城人民历尽艰辛与敌人浴血奋战,成千上万的英雄儿女在敌人的屠刀下牺牲,妇女儿童被拐卖,不少家庭成了绝户,不少村庄遭到敌人的烧杀掳掠,被夷为平地。但革命的红旗并没有因此倒下,连城人民更加坚定地与敌人开展斗争,发展巩固游击区,有力地打击敌人,一直到新中国成立,保持了 20 年红旗不倒,以坚强革命根据地之一而载入革命史册。新中国成立后,登记在册的革命战争时期的烈士就有 1518 人,还有为数众多的优秀儿女在革命中献出了自己的鲜血和生命,但由于斗争艰苦,资料散失,他们成了人民心中永远铭记的无名英雄。

1937年,广大人民在中国共产党团结抗日、一致对外的号召下,投入到反抗日本帝国主义侵略的斗争中去,不仅青年一代踊跃奔赴抗日前线,连年过花甲的华侨亲属吴奎老人,也特地上书政府表示:"国难当头……举国上下,同仇敌忾,共济时艰……奎年逾花甲,壮志犹存……直捣黄龙,踏平列岛,则奎虽马革裹尸,亦将含笑九泉也。"其凛然正气,爱国热忱,溢于言表,感人至深。1938年8月,为建立一条抗战的经济战线,在国际友人埃德加·斯诺的倡导下,在爱国人士宋庆龄、胡俞之等响应支持下,中国工业合作协会在武汉成立。1939年夏,埃德加·斯诺来到连城帮助开展组建工业合作协会,为连城纸业生产、销售、调运、支援抗战做了大量工作。1943年,共产党员毕平非调任"工合"连城事务所主任,并在永安、南平分设办事处,以便于土纸的外运。根据抗战的需要,连城事务所适时地组织工人生产所需的纸张,源源不断地运往抗日前线。当时郭沫若书写的《甲申三百年祭》及前线用纸都是连城所提供的。姑田乡农会发动捐款倡献"农民号"飞机,捐款达一万元,还有小学生捐出压岁钱慰问抗战士兵。《大成日报》赞此举为忠爱国家、崇敬战士,感人至深。整个抗日战争时期,连城人民为了支援前线,争取民族战争的胜利,节衣缩食艰苦奋斗,付出了巨大的努力。

1945年,抗日战争胜利,但蒋介石于1946年春悍然撕毁《双十协定》,发动内战,连城广大人民特别是青年学生奋起反抗,揭露国民党所谓"戡乱建国"的内战阴谋;采取各种方式进行公开与隐蔽相结合的反饥饿、反独裁、反内战的斗争;配合党所领导的游击队袭击敌人,宣传党的政策,策动地方武装力量起义投诚,脱离国民党统治,在前后四年的解放战争中,为建立中华人民共和国英勇奋斗。

1949年6月21日和10月25日,连城人民在中国共产党的领导下,先后两次举行起义,占领县城。11月6日中国人民解放军福建省军区龙岩第八军分区驻连城军事代表团正式接管连城,宣布连城解放。从此,连城人民彻底摆脱了封建压迫的枷锁,成为国家的主人。1950年6月1日,连城县人民政府宣告成立,随之建立了区、乡人民政权,全县人民在党的领导下,积极投入到社会主义革命和社会主义建设的伟大实践中去。

第三节 客家祖地源流及其主要民俗活动

"宝地凝英气,盛世谱华章。"在连城2595平方公里的土地上,与巍峨兀立的冠豸山和绵延九曲的文川水流转于世并存于斯的,是一代代客家人的开基拓土和繁衍生息,是一脉脉客家文化的传承演进和异彩纷呈。

连城是闽西客家祖地的重要组成部分,是客家的聚居地和发祥地之一。从连城现有130多个姓氏的谱牒查考,客家先民入"莲"开基可追溯到唐朝中后期,大多数则是宋元明时期迁入的。连城历史上是个比较偏僻的山区,四周是大山环绕,中间是盆地,青山绿水、土地肥沃,是逃避战乱、重建家园的理想场所。在一次又一次的客家移民浪潮中,一批又一批的客家先民选择在此安家落户、拓荒垦殖、生存发展,他们带来的是经历汉唐盛世而高度成熟和灿烂辉煌的中原古文化。其中,进入连城的客家先民不少曾徙居长江中下游和赣东南等地,不可避免地受到这些地域的民族和民系的文化影响,加上与南越土著文化的磨合交融,并在新的历史环境和时代背景中不断丰富完善,从而嬗变形成今天连城以汉民族文化为主体的多元共存的客家文化现象。

客家文化是中华文明的重要组成部分。连城是集聚客家文化精华的一块宝地,客家文化保留着璀璨瑰丽的中华传统文化遗存,同时又体现出耀眼夺目的地域特征。以方言为例,与同属客家的周边县市不同,连城境内有34种方言土话,方言方音显得特别复杂而多韵,专家学者称其为"中原古音的活化石"。

连城堪称客家民俗的"大观园",其中姑田的"游大龙"享有"天下第一龙"之美誉,罗坊的"走古事"被誉为"山区的狂欢节"。这里还有奇特的北团游大粽,芷溪游花灯,朋口、宣和的"游公太",新泉"犁春牛""烧炮",四堡的板龙,璧洲的花灯等民俗活动,形式多样,古风浑厚,气势恢宏,场面壮观。这些民俗活动都足以说明连城是客家地区文化内涵丰富、特色独具的集中代表之一。

一、姑田游大龙

姑田游大龙这一民俗活动,始于清乾隆十六年(1751年),意在祈求风调雨顺、五谷丰登。每条龙从几十节到几百节不等,每节4米,龙身直径达70厘米,每节由5个青壮年轮流抬举游动,故被誉为"天下第一龙"。

游大龙的整个程序相当复杂,它体现人们祈愿的真诚和对天神的敬仰。每年正月十三日下午,大龙出游前,要组织十多个人,带上工具查修"龙路",保证游龙和观众都能顺利通过。

因姑田人口、姓氏多,每年按姓氏轮流出龙(现在主要由华姓和江姓轮流)。出龙也按一定程序进行,全部由神铳发号作指挥。上午十时三声铳响,是接"出寨公爹",十点半一声铳响,家家户户燃香点烛,燃放鞭炮,供奉"公爹",又一声铳响,龙身纷纷点火,光彩照人。下午三时又由长者以猪、鸡等物祭拜龙头,乐队伴奏,神铳、礼炮敬贺。

大龙的制作也相当复杂,家家备有龙板,龙板长4米,厚5厘米,宽20厘米,两头凿有一圆洞用于相互连接。而后用长形篾片制成龙筋龙骨,相当结实,而且每道手续都遵循一定的数字和比例,才能使整条龙保持完整美观。筋骨做好,便开始糊裱,为不使龙身变形和搓皱,龙头、龙身、龙尾各用一定数量纸张糊裱,不可多也不可少。龙身糊裱好后,再用颜料进行画、贴、题,在龙的身上大展文才,诗词、书画、剪纸、美术均得到尽致发挥,群众愿望也得到欢畅表达。

大龙做好后,村里按规则进行"抓阄",目的是分组先后游龙。大龙出游,观众跟随,家家门前燃松明、点灯烛、摆果茶、放爆竹,迎接"龙游大地",白天看龙似腾云驾雾,入夜龙则辉煌绰约,极为壮观。

正月十六日上午九时，大龙在庵门口逆时针由外向内绕圈子，圈子由大到小，叫"龙头入囊"。然后顺时针由内向外绕圈子，叫"龙头出囊"，此时龙腰边游边拆，拆完后一齐把龙身扔到火堆中，此叫"烧龙"，但龙头、龙尾上的龙球不能烧掉，留作纪念。抬龙板的人最后竞相往家里跑，谁先到家谁更吉利。至此，天下第一龙的整个出游程序才算完成。

二、罗坊走古事

元宵佳节，连城县西北面的罗坊、北团、隔川等地盛行"走古事"，尤以罗坊最为壮观。据传昔日本乡常闹旱涝之灾，当地罗氏第十四世祖曾任武陵知县、陕西宁州知府等职，卸任返梓时，即把流传于湖南的走古事移授乡梓，以祈风调雨顺、国泰民安，兼兴民间娱乐活动。除了"文革"期间遭禁，走古事一直相延流行至今。

走古事时，设置古事棚，按房族为单元，一族一棚，当地有九大房族即为九棚，后减至七棚。棚内装扮两位本族身体健壮、胆大的男童，一扮主角，一扮护将，均按戏曲规则着装、上脸谱。七棚古事中，领先的是天官、武将，后面跟随李世民、薛仁贵，刘邦、樊哙，杨六郎、杨宗保，高贞、梅文仲，刘备、孔明，周瑜、甘霖等古代文臣武将。在走古事活动中，他们可以竞相追赶。赶前者为大吉大福，壮本族声誉，但不得超越领先的天官、武将。

扮主角的男童并非端坐棚中，而是直立在铁杆上，如踩高跷，腰身用铁圈固定。古事走起来摇摇晃晃，惊心动魄。护将则坐在棚中，以手托主公，成为主次两个层次。古事棚是由木柱镶成，四周饰有精美画屏，两根轿杆，共 400 余斤，需 22 名抬夫。竞走时需三班轮换，故每棚古事需 66 名抬夫，7 棚共用 400 多人，加上邻村观众，为上万人的大型活动场面，蔚为壮观。

按传统习惯，每年正月初三、初四，房族内被挑选的 66 名抬夫（一般为青壮年）就要上山劈芦箕草，以锻炼脚力；到正月十二日开始斋戒三天，不能与妻子同房，蓄锐养精；十三日晚则净浴更衣，十四日早穿上红衫、打红绑腿、穿新草鞋，抬着古事，在三太祖师菩萨轿、万民宝伞、彩旗、十番鼓乐队、神铳的引领和烘托下开始竞赛奔走。

走古事在大坪与河水中分别举行。第一次在大坪中,大坪由成千上万观众围成约四百米环形跑道。古事在跑道中竞相奔走,观众在里外两边拍喊鼓舞。每跑两圈,休息换人。另在坪中央设祭神位,善男信女燃香不断,铳声轰鸣,与赛场情景构成热烈场景。至抬夫精疲力竭,方为结束。

第二次在河水中举行,时为正月十五日下午1时许,观众在河两边观看。古事在河水中竞走五百米,虽天寒水冻,河石苔滑,更有跌倒浑身湿透者,但情绪激昂,奋勇争先。脚下浪花飞溅,群众欢声迭起,直到走到上游水深不能再走才上岸,这一年度的民间大型活动才算结束。

此外,正月二十日,民间称"二十天川",在北团溪尾也有走古事活动,不过规模较小,且只在陆地行走。

第四节 主要风景名胜

连城物华天宝、人杰地灵,拥有众多国家级、省级风景名胜。

(1)连城是首批中国优秀旅游县、中国文化旅游大县;全国武术之乡、中国红心地瓜干之乡、中国连城白鸭之乡、中国温泉之城;全国双拥模范县;还是中国客家美食名城。新泉镇是目前全国唯一的客家美食名镇。

(2)冠豸山是国家级风景名胜区、中国AAAA级旅游景区、国家地质公园、国家自然遗产,还曾经是国家体育总局认定的全国十佳天然赛场。

(3)主体位于连城的梅花山是世界A级自然保护区,被誉为"北回归荒漠带上的绿色翡翠"。

(4)培田古村落是全国重点文物保护单位,中国历史文化名村、中国AAAA级旅游区,并连续两次被评为中国十大最美的历史文化村镇。莒溪镇璧洲村、庙前镇芷溪村也是国家历史文化名村。

(5)四堡古书坊建筑群是国家重点文物保护单位,被列入全国民族民间文化保护工程。雕版印刷技艺被列为国家非物质文化遗产,四堡乡还是福建省首批历史文化名乡。

(6)新泉镇的望云草室、工农妇女夜校、愧山公祠等6处革命旧址被列为国家重点文物保护单位。"新泉整训"在建党建军史上发挥了巨大作用。

(7)"连城客家元宵节庆活动"被列入国家非物质文化遗产名录。

(8)天一温泉度假村,是中国AAAA级旅游区,闽西首家五星级宾馆。

一、山水之旅——冠豸山风景名胜区

国家重点风景名胜区,首批中国AAAA级旅游区冠豸山总面积123平方公里,包括冠豸山、石门湖、竹安寨、旗石寨、九龙湖等五大景区。

冠豸山,位于连城县城东郊,距城区1公里,宋称"东田石",元称"莲峰山"。明代名儒黄公甫,在滴珠岩上题刻高2米、刚劲有力的"冠廌"二字(廌为豸的古体字)。相传獬豸为古时灵兽,能辨曲直,遇恶人则以角触之,旧时执法官之帽即"獬豸冠"。由于豸冠的含义正好符合历代连城人民祈盼执法无私、公正廉明盛世到来的愿望,"莲峰山"渐次被淡忘,"冠豸山"成了正名。

从正面登山,上百余级缓坡,有一株枝干遒劲的百年老松挺立岗阜,为"迎客松"。再登逶迤山路,两侧岩壁峭立,中通一峡谷,流泉淙淙,为"苍玉峡"。过峡,登阶300余米,路边岩上设一座四廊柱盖顶凉亭供游人歇足,曰"松风亭"。逶迤再登百余米,为"半云亭"。与亭紧相连,峭壁上开凿十几步磴道,垂直如梯,人需攀援附壁而上,称"丹梯云栈"。由此过云峰堑门,曲折前行,抵达"滴珠岩"。此岩高壁峭立荟萃全山摩崖石刻精品。前行即"凝碧山房",依崖构筑成方形框架式双层高楼,柱梁窗棂雕饰古朴,色彩艳丽,屋面琉璃碧瓦,飞檐翘角,古雅壮观。凝碧山房楼北高阜为"仰云亭"。

冠豸山山顶为主峰"灵芝峰"与"五老峰"。灵芝峰相对高度为660.8米，是冠豸山最高主峰，形似一朵千年灵芝，故有此名。其西南向为五老峰，登崎岖险道，上峰顶平坦开阔，可容数百人。伫立峰顶，往西眺望，城郭隐约，村落点点，千顷平畴，绿浪起伏。往东放眼，层峦叠嶂，如海浪涌来。五老峰与灵芝峰之间有一天然裂隙，游人到此，翘首青天一线，两壁夹立，峭拔千仞，直接霄汉，称"一线天"。一线天口有方井"金字泉"，其水清甜，为煮茶上品。自一线天向东行，经蚁蚣路，可达"寿星峦"。此峦活脱一个头颅浑圆、弯腰行进的老人。扶栏而上，峦顶有长寿亭，亭之南面峭壁上有罗丹的"人长寿"巨幅摩崖石刻，峦、亭、字互为烘衬。从寿星峦下奇险天梯，穿过浓荫蔽日的山谷，眼前突现一冲天石柱，相对高度54.1米，巍然挺立于深谷，古人称"照天烛"，因颇具阳刚之气，现人称"生命之根"。与照天烛毗邻，数块形态各异、体积巨大的崩塌岩石互相堆叠架构，形成内部秀石林立、幽深且阔卓的洞穴，称"莲花洞"。内有古桌石凳，清泉自岩壁石隙涌出，潺潺流入一池，炎夏凉风习习，寒冬温暖如春。出莲花洞口，可见五块与山体相连的岩石，称"五姐妹石"。灵芝峰侧有一处由崩塌岩石叠垒而成三角形约10平方米的岩洞，名"雪洞"。这里凉风习习，十分清爽，岩壁上白斑点点，像飘洒的雪花。

由寿星峦南行，有一山包形似鲤鱼，其背脊上凿300多级石阶，陡峭如梯，称"鲤鱼背"，是通"石门湖"必经之路。走下鲤鱼背，穿过大峡谷，有座歇憩凉亭，为"必达亭"。其西侧攀登200余级天梯般垂直的石阶方能到达峰顶，名为"揽月峰"。峰下有一条大峡谷，长着一簇簇的香桄榔，称"桄榔谷"。其叶片交错，将阳光分割成斑斑点点光怪陆离的美丽图案。它的茂密根系使地上的沙质路变成一条软绵绵、颤悠悠的"棉花路"。一泓山泉经桄榔幽谷流向谷口，滴水穿石造就两潭，蓄成两注翡翠之液，水流一波三折，称"三叠潭"。过三叠潭可到石门湖的水上码头"香兰亭"。

冠豸山的人文以书院著称。书院始建于宋、明、清者居多。"仰止亭"，位于灵芝峰下西侧，为文亨罗氏太郎于宋太宗淳化年间兴建，是一个三层圆状八角亭书斋。南宋建炎二年至绍兴元年（1128—

1131)的 4 年间,福建四大理学家之一的罗从彦到此讲学,在闽学史上留下光辉的一页。丘鳞、丘方叔侄幼时在五老峰下结庐读书,后皆中进士。丘氏后裔为彰先祖,把他们的读书处建成书院,称"丘氏书院"。元至正年间,沈得卫在灵芝峰下的西北麓,建"樵唱山房"。明李庆在五老峰下西侧建"修竹书院"。明万历年间,隐士谢浚在灵芝峰下建"东山草堂"。清乾隆丙寅(1746 年)夏,县令秦士望,在一线天口下方,主持兴建"五贤书院",内具五贤堂、正谊堂、达观亭、泽物泉、睇石馆、梯月楼、凝碧山房、魁星阁、止窝、最深处等 20 景。秦士望为书院大门撰楹联:"渡大海而来舟车所至耳目所经到此林泉殊觉标新领异;登东山之上风月为朋烟霞为友入斯佳境俨然脱俗超凡",一联道出冠豸山景致的神韵。

冠豸山的摩崖石刻最早的是理学家罗从彦在灵芝峰壁上刻的"壁立千仞"四个字。明代名儒黄公甫在滴珠岩上石刻"冠鹰"二字最为雄伟。清翰林朱阳题的"上游第一观"、当代福建省委书记项南题的"万峰朝斗"、罗丹题的"人长寿"、赵朴初题的"造化钟神秀"等皆是书法石刻精品。

在"东山草堂"内,保存有纪晓岚的题匾"追步东山"、林则徐的题匾"江左风流",均列入中华名匾。

冠豸山千峰耸峙,深谷幽泉,形成许多绝壁悬崖、峡谷险道,盛世供游人玩赏,动乱则可恃险安居。历史上多次战争祸害,人们皆上山躲避。为了防御有力,修筑了不少关寨,因而形成了寨门这一道准军事防御型的人文景观。冠豸山的寨门始建于元至正二十六年(1366),修建主持人为县尹马周卿。明弘治五年(1492)县令关铨重修加固。原设东、西、南、北 4 座寨门,除南寨门已毁只存遗址外,其余寨门尚完好。

冠豸山寺庙有两座,一是灵芝峰下的"灵芝寺",主要奉祀观音菩萨;另一为冠豸前山入口处的"法云寺",其前身为华林寺,建于宋末。

冠豸山有"阳刚天下第一,阴柔举世无双"之称,曾经倾倒不少文人墨客,留下数千篇(首)诗词歌赋、散文,成为冠豸山珍贵的文学遗产。

二、生态之旅——梅花山

梅花山是世界Ａ级自然保护区，地处闽西腹地，范围涵盖连城的庙前、莒溪、姑田、曲溪、赖源，上杭县的古田、步云以及新罗区的万安等乡镇，总面积33.3万亩，其中53.2％的山地在连城。

这里山光水色雄浑秀丽。梅花山内群峰耸峙、溪涧纵横，风光旖旎、景色独具。具有代表性的景点有："水流三洲顶"，高山顶上一小盆地聚一汪清水，沿山脊注入闽江、九龙江、汀江，在将军山上远眺可见连城、新罗、永安三地毗邻版图壮丽景象，近瞰可观冠豸山、文川九曲、县城新貌、姑田镇景；"天子岽"，传说曾有"真龙天子"投胎于此，因而得名；石门山，闽西第一高峰，云雾缭绕，直顶天阙；韩信点兵，由一百多个大小高度相当的山峦组成，群众赋予她许多动人的传说故事；上地水库、池家山的三层瀑布、冯地岩水流和厦庄的双帘瀑布，是泛舟、游泳、垂钓、休闲避暑的绝佳场所。

这里的生物资源丰富多样。梅花山地处中亚热带与南亚热带的过渡区，生物类型多样，被誉为"动植物资源的基因库"。其中，有华南虎、梅花鹿、金钱豹、苏门羚、蟒蛇等国家一级保护动物；有猕猴、黑熊、大灵猫等100多种稀有动物；有鸳鸯等190多种鸟类；有眼镜王蛇等41种蛇类；有在日本称为国宝的詹彩臂金龟虫等178种龟鳖蛙虫类；有世界珍稀的金斑喙凤蝶、中国宽尾凤蝶等1500多种昆虫。植物资源有成片的红豆杉林、长苞铁杉林、柳杉林；有杜仲、建柏、穗花杉等珍稀树种；有楠竹等49种竹类；有山肉等百余种名贵名药材及金丝马尾兰等多种珍贵野生花卉。

这里的高山草场广袤旷美。赖源廖天山万亩草场，海拔1300米，年平均气温16℃，年降雨量1625毫米，相对湿度77％，连片草场面积达12000亩。1983年，被福建省列为牧草改良示范场，是全国17个牧草示范场之一。

这里的岩溶洞穴神秘幽深。在赖源乡海拔800～900米，方圆2公里范围内，分布着石燕洞、梧桐洞、仙云洞、幽琴洞等13个洞口，洞内景观奇异万态,堪称"溶洞大观",被有关专家认为是"华东第一溶洞群"。

这里的山寨村落别具风情。大大小小的村庄多数坐落在山间河谷地带,依山而建,傍水而居,体现了客家先民选择安身之地的传统理念。"山为水墨无需画,水作琵琶不用弹",这里的山寨青山环抱,绿水相拥,水河淙淙,炊烟袅袅,每一个村落都是一道美丽的风景,口口相传令人神往的"梅花十八寨"就是其中代表。

近年来,连城县先后被列入国家首批全域旅游示范区创建单位和国家级休闲农业与乡村旅游县,乡村旅游得到较快发展。目前,赖源溶洞旅游开发取得实质突破,曲溪、莒溪等乡镇的乡村旅游配套设施不断改善,休闲山庄等新业态逐渐兴起,已具备一定的接待能力,梅花山旅游开发正进入新的历史时期。

三、民居之旅——培田古村落

培田坐落在宣和乡境内,冠豸山、笔架山、武夷山余脉三道绿色重峦逶迤自北向南直落此地,如三龙怀抱。村外的五个山头,则似五虎踞护。清澈似玉的河源溪环绕着以"九厅十八井"为代表的古建筑群。别致的山水地形及错落有致的古建筑布局,让游人感受到这是一个没有围墙的美丽庄园。

早在明、清时期,培田便是长汀连城两县官道上的驿站,同时又是汀州府、漳龙道竹木土纸及盐油等日用百货的水陆中转站。清代邮传部官员项朝兴为此在"至德居"题联"庭中兰蕙秀,户外市尘嚣",如实描述了当时培田村庭内的优雅和街市的繁华。正是钟灵毓秀的环境和重要的地理位置,以及客家先祖长期耕读为本和勤勉立业的精神,创建了培田深厚的历史文化和空前鼎盛的经济,为后人留下宝贵的明清客家乡土建筑群。

培田古民居建筑群由 30 余幢高堂华屋、21 座古祠、6 个古书院、2 座跨街古牌坊和一条千米古街组成。村口当道的"恩荣"牌坊巍巍矗立,这是光绪皇帝特赐其御前值殿侍卫培田人吴拔祯的荣耀。它与村尾吴昌同得圣旨所立"乐善好施"坊遥相辉映,显示着培田过去文武竞秀、积善余庆,进村武官下马、文官下轿的历史辉煌。牌坊一侧缓缓转动的水车、频频击点的水碓,却似一个历经沧桑的老人,在向游人诉说着培田客家先祖创业的艰辛。

过了"恩荣"牌坊,则可看见飞檐翘角的文武庙、云宵庵、文昌阁等古建筑。它们掩映在古槿苍枫中,门前春有紫玉兰、夏开紫荆花、秋来菊花盛、冬日见寒梅,四季幽谷兰香,让人流连不已。文武庙上祀文圣孔子,下祀武圣关羽,文武同庙,被誉为客家一绝。云宵庵的一口铁钟,由吴、钟、雷等五姓先祖铸造于明朝万历年间,以木撞击,声闻十里。法国远东研究所劳格文博士把这当作研究畲、汉聚居的历史文物。登上文昌阁,则清风送爽,溪水如练,溪底黄沙粒粒可数,水中游鱼追逐嬉戏,两岸烟、稻、薯、菜碧绿油光,让游人在秀色风光中心旷神怡地走进辉煌的古村落。

民居群以大夫第、衍庆堂、官厅等为代表,占地都在6000平方米以上,是著名的"九厅十八井"。"大夫第"因主人吴昌同荣膺奉直大夫、昭武大夫之位而得名。它又取中庸"善继人之志,善述人之事"而称"继述堂"。此堂建于1829年,历时11年,占地11亩,于1840年建成。厅高阔,宴请120桌客可不出户。其设计构思,秉承"先后有序,主次有别"的传统观念,纵主横次,厅、厢配套,主体、附房分离。通风、采风、排水、卫生,连同子孙的发展都纳入规划之中。雕刻工匠,三代相传,采茶、卖鱼、借伞、过檀溪等梁花、枋花幅幅藏典故、呈吉祥。挑梁式梁柱结构以其"墙倒屋不塌"特点被中外专家称为世界一流的防震建筑。科学的布局规划、舒适安逸的功能、精湛的工艺,使法国一位建筑博士三临考察,称赞它是"建筑工艺与科技的完美结合"。

"衍庆堂"为明代建筑。其建筑结构与"大夫第"大体相同,但门外荷塘曲径,门前石狮威镇。一对门当户对,与北京四合院门前设置相差无异,体现了中原文化的传承。"门当户对"蕴含阴阳组成乾坤,男女谱写人文。女性喻吉祥,田丁表兴旺,男女和合,家业兴旺,万代兴隆。其理念喻示着客居异地的中原移民,在聚族而居中对宗族瓜瓞延绵的展望和追求。

"官厅"原称"大屋",为吴氏接待过往官员使用,故称"官厅"。它高墙耸立,四围封闭,墙内特开宽约三尺水圳,专供妇女洗涤。"官厅"属"九厅十八井"结构,但布局为前塘后阁式五进厅。前设月塘,一取水克火之意;二取"九厅十八井,井井水归塘"之缘,与徽派建筑"四水归堂"有异曲同工之妙;三寓肥水不流外人田,"不尽财源滚滚来"。内外雨坪特别宽阔,为武官下马、文官停轿而设。外门、厅门横批"业继治平""斗山并峙",表达主人不仅有继承前人治国平天下之志,而且有开启后人文武竞秀局面之愿。外坪、内坪各立一对青石雕凿旌表,为乾隆九年岁进士吴镛、吴鉴所立。乾隆二十八年(1763年),四库全书总纂纪晓岚巡视汀州府,闻说宣和培田村以"文墨之乡"饮誉汀连,怀疑小小山村是否徒有虚名,于是以县教谕装扮停轿官厅暗访培田。几经波折,终被官厅"业继治平""斗山并峙""蛟腾凤起"等气贯长虹的楹联牌匾以及培田客家人深厚的文化涵养所震撼。"官厅"布局独特,设计精巧。正厅设置"泰阶",对不同级别的官员有不同的约束和规定,毫不遮掩地体现森严的封建等级制度。中厅隔扇"丹凤朝阳""龙腾虎跃""王侯福禄""孔雀开屏"均为九重鎏金透雕。挑梁"八宝""鲤鱼跳龙门"则为鎏金浮雕。梁柱间、桁枋间的雕花,全为双面对称镂空雕。其工艺之精湛,令人叹为观止。后厅为宗族议事厅。左右花厅则专供主人休闲会友。楼下厅为学馆,楼上厅为藏书阁,曾藏有万余册古籍,可惜"文革"时期付之一炬。中央红军北上前的温坊、松毛岭战役中,"官厅"成为红军的指挥部,朱德、彭德怀、谭震林、林彪、罗炳辉等在这里召开过重要军事会议。战斗结束,红九军团即由此出发。培田成为红军长征的一个出发地。

以那条千米古街为界,分布在内侧的大多是祖祠。由村口上数有天一公、隐南公、郭隆公、愈扬公、衡公、久公、在崇、畏岩、乐庵、锦江、南村、文贵等30余座祖祠,现保存较完好的有21座。培田祖祠的重要建筑特征是十分注重门庐构造,有"三分厅堂七分门庐"之说。斗拱垒撑,立石柱雕梁,架飞檐翘角,安红门画彩栋,悬金字牌匾,绘木壁漆画,极为富丽堂皇。如继承北京午门法式的"衡公"祠和"久公"祠,其工笔彩绘"三娘教子""状元游街"图,线条明晰,人物栩栩如生,色调经久不褪,称得上是难得的珍品。大门外栏内槛,厢廊左绘獬豸,右画麒麟,寓公正、吉祥、聚财之意。它反映了客家人的一种精神追求。

在培田古建筑体系中,书院群落是重要的组成部分。这与培田客家先祖强调唯耕唯读两条正道,崇尚"文章移造化,忠孝作良图"的理念,怀抱以知识改造自己、改造自然、忠以报国、孝以持家的理想是分不开的。明朝成化年间,在培田这个小小的村落,七世祖吴祖宽伐木割草,创办"石头丘草堂",聘进士出身的谢桃溪"课二三弟子以读诗书",校园虽小,却是"开河源十三坊书香之祖"。由于培田先祖忠厚传家、诗书继世的教育理想和坚忍不拔的精神,使"石头丘草堂"逐步扩大建筑面积,吸收更多的生源,加上它的课程设置广泛而有深度,最终成了著名的"南山书院"。此书院从顺治七年到乾隆三十年,培养出191位秀才,其中19人入仕,官到五品7人,最高者达到三品。明代兵部尚书裴应章考察后感慨万千,挥笔赠联:"距汀城郭虽百里,入孔门墙第一家。"明末,作为"宣河里六图三甲"的培田村,增开了"十倍山书院""云江书院""紫阳书院""等天学堂";到清末,则发展为文有"南山书院",武有"般若堂"为代表的文武兼修的教育局面。另外,培田先祖没有忽视对妇女的文化教育和民间实际技艺的承传。他们又建了"容膝居"和"修竹楼"。"容膝居"成为三朝宗族妇女学校。在容膝居内,不但学习文化,而且"可谈风月"。"修竹楼"以交流技艺为主,培田先祖精湛的泥、木、雕、塑、剪技艺大都源传于此。纪晓岚在培田文人秀士的陪同下参观了这些书院,耕读传家的中原遗风使他拨开眼前重山,把培田与紫禁城连了起来,挥毫题下"渤水蜚英"题匾,成为培田名人名匾之一。可以说,明清时期培田学校之多、功能之全、制度之严,全国罕见。谢桃溪、邱振芳、曾瑞春等名师则在这里培育了吴昌同、吴拔祯、吴暾等数以百计的人才而流芳千古。

培田的古建筑,大多坐西北、向东南,前朝笔架,后靠卧虎,与当时的政治、经济、自然环境、术数观念密切相关。它既秉承明代法式,又兼容中原、徽式、江浙特色,开间、进深更大,做工追求艺术及造型美,布局讲究舒适、安逸,并考虑官、商用途。室内装饰,在设置明墙、漏窗、花圃、鱼池讲究艺术美的同时,更配以宣传儒家文化道德的雕刻,营造良好的育人环境,突出四维八德,强调以德治村、以德持家。正因为科学的布局、精巧的设计、精湛的工艺,培田古建筑群被专家誉称为"民间故宫""中国客家建筑奇葩"。它是客家先祖客旅生涯中的精神家园,它是中国近几百年人文的活文库,它是中华民族宝贵的历史文化遗产。

四、文化之旅——四堡雕版印刷基地

宋代以来,福建印刷业素有"海滨邹鲁""图书之府"的美誉。其中建阳、四堡先后成为闻名全国的雕版印刷中心。明清时期四堡与北京、汉口、江西浒湾并称全国四大雕版印刷基地。它以坊号多、印量大、发行广位列清代书坊刻书业前茅,是继明代建阳雕版印刷业衰落后的又一全国性雕版印刷中心。

四堡雕版印刷起源于宋、发展于明、鼎盛于清。清乾隆、嘉庆年间,四堡印刷业"广镌古今遗编,布诸海内,锱铢所积,饶若素封",形成了家家无闲人、户户有书香的鼎盛局面。当时,四堡书坊达300余家,刻本已查证的有经典史籍、诗文书画、通俗文学、蒙学科举、居家日用等5大类1000余种,销售范围"垄断江南、行销全国、远销海外",刻书规模之大、时间之长可与明代建阳雕版印刷相媲美。四堡雕版印刷的主要特点是:选材乡土化,多数就地取材,雕版以樟木为多,选用竹纸、连史纸和松烟墨,并用黄丹纸做封面、封底,既美观又防蛀;产品大众化,内容包罗万象,以通俗文学作品和医学用书居多,开本以巾箱本为主,封面刊有款识和书坊堂号,字体大多使用仿宋,采用插图式、上图下文式等形式,增强大众的阅读兴趣,是"大众的图书";营销家族化,以家族为纽带,利用宗族组织,拓展书籍销售网络,强化对书籍市场的垄断和控制,形成产、供、销一体化的产业模式。

清代咸丰、同治以后,石印、铅印取代木印,雕版印刷逐步退出历史舞台。四堡地处山区,交通闭塞,书坊遗存很少遭到人为破坏,原生态的遗存保存较好,有幸成为目前世界上唯一幸存且保存较为完好的雕版印刷文化遗址。1999年起,四堡乡、四堡书坊建筑、四堡雕版印刷技艺相继被列为省级历史文化名乡、全国重点文物保护单位、国家级非物质文化遗产保护名录；雾阁村、中南村被列为中国传统村落。2014年,雾阁村、中南村被列入中国传统村落整体保护利用项目,雕版印刷技艺被列为国家级非物质文化遗产代表性保护项目,四堡乡被列为首批中国印刷博物馆福建印刷文化保护基地。连城县抓住这一契机,突出围绕"世界上唯一幸存的雕版印刷文化遗址"这一品牌,主动融入"一带一路"和福建省21世纪海上丝绸之路核心区建设战略,将四堡雕版印刷文化遗址保护项目列入国民经济和社会发展规划,坚持整体保护利用,科学全面编制规划；组织陈列展示,建立中国四堡雕版印刷博物馆；大力推进技艺传承与利用,开发文化旅游,将四堡雕版印刷这一重要文化遗产打造成为全省乃至全国的文化旅游胜地和对台、对外文化交流的重要平台。

五、红色之旅——革命旧址群和战地遗址群

连城红色资源十分丰富,现有红四军"新泉整训"旧址群、"松毛岭战役"战地遗址群等革命旧址57处,其中国家级重点文物保护单位6个,省级文物保护单位2个,县级文物保护单位49个；拥有省级革命基点村29个、县级革命基点村144个。全县红色资源主要集中分布在三大块：

(1)以"新泉整训旧址群"为核心的新泉、庙前红色资源区。党史专家认为,新泉是毛泽东思想建党建军理论奠基地、古田会议决议起草地、红四军首次政治军事整训地、中央苏区第一所工农妇女夜校创办地、红四军第四纵队诞生地、"三大纪律八项注意"完善地。新泉、庙前革命旧址有全国重点文物保护单位6处、省级文物保护单位2处,县级文物保护单位18处。其中,新泉被列为省级国防教育基地、福建省党史教育基地、福建省机关妇建"四级联创"基地；市级爱国主义教育基地、市级第一批党史教育基地、市级中小学校传统教育基地、龙岩市党的群众路线教育实践基地。

(2)以"松毛岭战地遗址群"为核心的朋口、宣和红色资源区。松毛岭位于连城与长汀交界。在松毛岭区域,先后发生了著名的

"朋口战役""温坊战斗"和"松毛岭战役"。"朋口战役"直接导致国民党第十九路军领导人蔡廷锴、蒋光鼐发动了著名的"福建事变",对推动全民抗战产生了积极影响。"温坊战斗"是中央红军在第五次反"围剿"中唯一一次大胜仗。"松毛岭战役"为红军第五次反"围剿"最后一战,为中央红军主力战略转移赢得了宝贵时间。松毛岭至今仍保存着全国少有的红军指挥所、战壕、碉堡、军营、医院、伙房等遗址。近年来,连城县高度重视松毛岭战地遗址保护开发,建成松毛岭红军墓、红军广场、纪念碑、瞭望台及旅游公厕、简易道路、步道等,修复了部分红军战壕等设施。

(3)以"三年游击战争遗址"为核心的莒溪、姑田、赖源、庙前红色资源区。包括境内革命基点村和一批革命遗址,如赖源乡上村太原堂毛泽东故居、赖源乡苏维埃政府旧址关公殿、游击队战争时期红九团指挥所旧址、赖源乡下村徐氏家庙、游击队战争时期活动旧址庙前镇背园谷堂等。还有三年游击战争时期,红九团、明光独立营在赖源大河祠、莒溪太平僚、陈地、庙前仙萍、岩背等地的活动旧址。

此外,还有包括北团、罗坊、四堡在内的众多散落发布在各乡村的革命旧址、名人故居、红色标语、红色文物,以及民间口口相传的红色歌谣、红色故事等等,也是宝贵的红色资源。

近年来,在县委、县政府的高度重视下,在民间社团及社会力量的积极参与和有力推动下,连城红色资源的保护利用工作扎实推进,取得了可喜的成绩。新泉整训旧址、松毛岭战地遗址分别被列入首批和第三批"全国红色旅游经典景区名录"。

第五节　主要矿藏和自然资源

一、土地资源

连城全境总面积 2595.54 平方公里,折合市亩 3893310 亩。其中耕地 263817 亩,占总面积的 6.78%;林地面积为 2342624 亩,占 60.17%;荒山荒地 109926 亩,占 28.25%;水面(溪流、水库、山塘、池塘)11745亩,占0.30%;其他(村庄、道路等)175198亩,占4.50%。

(一)耕地

水田253771亩,占耕地总面积263817亩的96.19%;旱地10046亩,占3.81%。水田中,平洋田87617亩,占33.21%;溪边田10732亩,占4.27%,山垄田67660亩,占25.45%;梯田87762亩,占33.26%。旱地中,坡地9161亩,占3.47%;平地885亩,占0.34%。从海拔高度看,279～500米的183542亩,占69.57%;501～800米的58450亩,占22.26%;801米以上21825亩,占8.27%。从水型条件分,储育型132960亩,占水稻总面积的52.39%;渗育型94957亩,占37.42%;潜育型25854亩,占10.19%。

(二)山地

连城属于福建省山区县,也是林业重点县。全县现有林地面积22万公顷,有林面积20万公顷,森林覆盖率达到80.9%,名列龙岩市第一,福建省第二。林木总蓄积量2020.7万立方米,林业产值2017年实现61.62亿元。此外,300亩以上宜牧草山73片,总面积233330亩,可利用面积193459亩。其中万亩以上宜牧草山3片,面积69196亩,分布在赖源乡的廖天山、朋口乡的云天岩和莒溪乡的王母点兵。连片草山多在海拔800米以上地带,气候较冷,枯草期长,交通不便。

二、水资源

境内东西两侧皆崇山峻岭,沟壑纵横,山泉喷发,润流密布,冲泻直下,汇集成溪,蜿蜒曲折于山谷盆地之间,便于筑坝蓄水,开渠引流,既可灌溉农田,也可建站发电。境内溪流虽然源短湍急,流量有限,缺乏航运条件,但水资源拥有量相当丰富。除地表水外,因中部盆地处于断裂带上,地质构造中,岩层浴洞、孔隙、裂隙分布面广,拥有数量可观的地下水及温泉。全县年平均水资源总量(含地表水和地下水)为25.85亿立方米。

境内人均占有水资源量 9929 立方米，高于全区、全省和全国人均占有量。

三、生物资源

（一）植物资源和菌类

林产植物 有 103 科、265 属、499 种。珍贵树种天然分布的有长苞铁衫、黄杨、花榈梿、山肉桂、香樟、楠木、擦树、阔瓣白兰花、建柏、栎树、棕树、红豆杉、米槠等。古树有 20 多株大杉木，其中居全省第一的"杉木王"，胸径 1.98 米，高 38.3 米，单株材积为 28.6 立方米，在曲溪乡的罗胜村。

果树 共 12 大类、80 多个品种，有蜜橘、芦柑、蕉柑、雪柑、柚、枇杷、石榴、梨、李、柿、杨梅、水蜜桃、葡萄等。野生、半野生果树有猕猴桃、山葡萄、山杨梅等。木本油料有油茶（籽可榨食用油）、油桐（籽可提取工业用油）等。

茶树 有野生甜茶、苦茶。

观赏植物 花卉有茶花、兰花、玫瑰、茉莉、绣球、牡丹、菊花、芍药、桂花、石榴、碧桃、梅、玉兰、海棠、月季、瑞香、芙蓉、吊兰、扶桑、三角梅、夜来香、杜鹃等 40 多个品种。茶花资源丰富，在 32 个品种中，属高档特级和高档品种的有 26 个，占 78.1%，其中高档特级的 10 个品种：粉芙蓉、五色芙蓉、白芙蓉、花芙蓉、花牡丹、红牡丹、玛瑙、粉七心、抓破脸、粉三学士。

药用植物 有 120 种以上。野生的有绿升麻、骨碎补、金线莲、七叶一枝花、田基黄、绞股蓝、射干、益母草、百部、天门冬、黄精、黄连、鱼腥草、淡竹叶、金银花、女贞子、茱萸、花椒、山苍子、乌梅、灵芝、夏枯草等；人工栽培的有厚朴、铁皮石斛、茯苓、白术、泽泻、杜仲、黄柏、罗汉果、田七等。

藤本植物 有龙须藤、老虎须藤、牢藤等。

牧草 常见的有 31 种，大都是禾本科，豆科较少。

菌类 有香菇、红菇、银耳、黑木耳、草菇、凤尾菇、雪章、灵芝等。

（二）动物资源

野生动物 有龟、鳖、棘胸娃、田鸡、福建切胸鲵、白花蛇、亦练蛇、青竹蛇、五步蛇、蟒蛇、穿山甲、猕猴、鹿、野猪、石豹、大小灵猫、豪猪、山羊、山羚、飞狸、山獐、梅花鹿、野牛、水獭、鸳鸯、雉鸡、竹鸡、鹧鸪、画眉、百灵、翡翠、黄雀、虎皮鹦鹉、啄木鸟、斑鸠、杜鹃、乌鸦、麻雀、山雀等。

害虫天敌 有黑卵蜂、稻螟赤眼蜂、中华茧蜂、稻虱缨小蜂、厚唇姬峰、绒茧蜂、燕麦芽虫、八斑瓢虫、豆杆潜蝇、金小蜂、六态目瓢虫、龟纹瓢虫、寄蝇、赤眼蜂等。

四、矿藏资源

（一）煤

储量2800万吨，分布在隔川、揭乐、罗坊、北团、庙前、赖源等乡镇。

（二）金属矿藏

黑色金属有铁、锰；有色金属有铅、锌、铜、锡、钨、铋、钼；贵重金属有金、银。

稀土矿 储量11.7万吨，分布在四堡、宣和、姑田等地。

铁矿 储量110万吨，分布在莒溪、庙前、文亨、北团等乡镇。

铅锌矿 铅储量35435吨、锌31582吨，主要在庙前镇。

钨矿 储量2089吨，主要分布在庙前镇。

锰矿 储量124万吨，主要分布在庙前镇。

（三）非金属矿藏

主要有瓷土、膨润土、石灰石、石英石、大理石、磷、钾长石、萤石、辰砂、砾石（卵石）、硫磺矿、云母等。

瓷土 储量200.1万吨，分布在李屋、曲溪、莒溪和朋口等。

膨润土 储量487万吨，分布在朋口和莒溪二乡镇。

石灰石 分布在罗坊、莒溪、北团、新泉、庙前、赖源等乡镇。

石英石 储量3.9万吨，分布在姑田、朋口、莒溪、庙前等乡镇。

第二章 浴血奋战 二十年红旗不倒

第一节 中共连城党组织的建立

　　1927年冬,受中共闽南特委的委派,共产党员俞炳荣回连城开展建党工作,在新泉良坑成立了连城县第一个党支部。1928年春夏,张瑞明、张斌、张文炎、傅铁人等人先后建立了中共新泉支部、吕坊支部、丰图支部、池溪支部、连城支部。1928年6月,在庙前成立中共连城临时县委,俞炳荣任书记。1929年4月,连城临时县委归中共闽西临时特委领导。同年8月15日,在新泉召开县第一次党员代表大会,正式成立中共连城县委,官近玖任书记,县委设在新泉。据1930年7月中共闽西特委第二次代表大会的统计,连城县委下设区委4个,支部26个,特支1个,党员563人,其中女党员15人。1930年10月,设在新泉的连城县委与长汀涂坊等区合并成立中共汀连县委,书记刘端生,1930年12月归中共闽粤赣特区委领导。1931年12月,汀连县撤销后,以连城南部的新泉为中心,与汀州的党组织合并成立中共新(泉)汀(州)县委,书记为方方。1932年3月,在连城南部的新泉建立中共新泉县委,书记为许应生。1934年6月,新泉党组织与上杭党组织合并成立中共新杭县委。

　　1930年冬,在连城的城关成立中共连城县临时工作委员会,省委指定由李坚真(女)任书记。1931年1月,在连城的城关成立中共连城县委,由黄芹玉任书记,同年秋由中共福建省委常委、宣传部长李明光兼任县委书记。县委下辖城市支部,中南、文亨、林坊、蓆湖营等区委。1933年11月,为了纪念在保卫连城战斗中牺牲的县委书记李明光,经省委批准,将设在连城城关的中共连城县委改为中共明光县委。

1934年10月,中央主力红军长征后,新泉县委和连城县委机关在残酷斗争中都转入地下活动,直至解放。

第二节 人民政权组织的建立

民国前,连城属于福建省汀州府管辖,是汀属八县之一。1929年6月和12月,毛泽东、朱德、陈毅率领红四军进驻连城的新泉,形成红色割据局面,成立了连城县第一个红色权力机构——连南区革命委员会,开创了连城苏区。随后几年内,连城苏区发展进入鼎盛时期,在现辖区内成立了2个县级的苏维埃政权——连城县苏维埃政府和新泉县苏维埃政府,隶属于闽西苏维埃政府管辖。1932年3月中央苏区福建省苏维埃政府成立后,归属福建省苏维埃政府管辖。从1929年6月连南区革命委员会成立至1934年10月红军开始长征时,连城和新泉2个县级的苏维埃政府下辖2个市13个区的苏维埃政府,分布于现在16个乡镇,占现乡镇总数17个的94%;县苏维埃政府管辖的区域面积达96%;苏维埃政权存续时间长达五年零三个月。1991年6月人民出版社出版的《毛泽东选集》(第四卷)第2版《抗日战争胜利后的时局和我们的方针》一文中说道,"历史上,我们只在一九三一年下半年打破了敌人的第三次'围剿'以后,江西中央区联合起来有过二十一个县城"。在文末注释时,就明确把连城列为中央苏区占有的"二十一个县城"之一。因此,连城县是中央苏区县核心区域之一。

连城苏区的红色政权分为两大块。

一块以新泉为中心。1929年6月,在毛泽东、朱德领导的红四军帮助下,于新泉成立连城县第一个红色政权——连南区革命委员会。同年11月,连城县临时革命委员会在庙前成立,下辖连南区和池溪特别区革命委员会。1930年4月,在新泉召开连城县第一次工农兵代表大会,成立连城县苏维埃政府,县机关驻地新泉,主席董成南,下辖新泉市(区级)和芷溪、儒畲、良福、池溪4个区,23个乡。县苏成立后归闽西苏维埃政府领导。据1930年7月中共闽西特委第二次代表大会的统计,连城县苏维埃政府辖4个区苏、30个乡苏,全县人口有140000人,赤色区域的人口有46000人。1930年10月,连城中南地区与长汀县南部地区合并成立汀连县,成立(长)汀连(城)县苏维埃政府,驻地长汀赖坊,辖涂坊、南阳、河田、水口、濯田、四都、古城(以上原长汀境)和新泉、池溪、儒畲等9个区苏。根据闽西苏维埃政府发出《关于划分行政区域问题的通知》,1932年2月撤销汀连县,分别成立长汀县和新泉县,新泉县辖新泉、池溪、儒畲、朋口、莒溪、南阳、茶溪等区,苏维埃政府主席陈特生。新泉县苏归闽西苏维埃政府领导,稍后,归福建省苏维埃政府领导。1934年6月,上杭和新泉两县合并为新(泉)(上)杭县苏维埃政府,县苏驻上杭通贤,下辖才溪、南阳、茶溪、芷溪、新泉、儒畲等6个区。1935年1月,新杭县与长汀县合并成立新(泉)汀(州)(上)杭县苏维埃政府,杨松辉任主席,下辖南阳、才溪、芷溪和茶溪4个区。

另一块是以连城城关为中心,包括城郊四周、姑田、莒溪、文亨、林坊、隔川、北团及当时属于长汀县管辖的四堡、罗坊、宣和等区域。1930年7月,以胡少海为军长的红二十一军开进连城东部的姑田、梅村一带活动,并在姑田建立了"中国工农红军政治部上堡革命委员会",同时还建立了中堡、下堡两个革命委员会。1930年冬,在连城城关成立连城市(区级)革命委员会和连城县革命委员会,地点设在城关西门转龙桥,主席由沈邦翰担任,辖连城市(区级)和城郊的东、南、西、北4个乡革命委员会。1931年9月,在城关召开连城县工农兵代表大会,宣布成立连城县苏维埃政府,主席沈邦翰,隶属闽西苏维埃政府,后归福建省苏维埃政府领导,地点仍设在城关西门转龙桥沈屋祠堂。下辖连城市(区级)、岩头区、朋口区、下罗区、四堡区、山下区、林坊区、中南区和文亨区9个区(市)苏维埃,55个乡苏维埃,并向姑田、梅村等地区发展。1933年冬,连城县苏维埃政府改名为明光县苏维埃政府。1934年8月,红九团在赖源大河祠创建(龙)岩连(城)宁(洋)边区,成立岩连宁边区革命委员会,方方任主席,归福建省苏维埃政府领导。

在土地革命时期连城90％以上的乡、村都先后建立了苏维埃政府。1934年10月中央红军北上长征后,连城、新泉两县苏维埃政府顽强地开展游击斗争,一直坚持到连城解放。连城成为坚持"红旗不倒"的中央苏区县份之一,为革命事业做出了重要贡献。

第三节 连南十三乡暴动、池溪暴动、莒溪暴动

1929年夏秋,在红四军进入连城的推动和帮助下,相继发动三大武装暴动,开展打土豪、分田地,相继建立红色政权。

连南十三乡暴动:1929年6月间,红四军在新泉休整期间,指导李云贵发动连南十三乡工农武装暴动,开展打土豪、分谷子、收缴反动派枪支的斗争。工农武装暴动抄没了杨家坊李函珍等土豪的家产,劈开土豪控制下的"园公太"等4个谷仓,把所囤积的谷子分给贫苦农民,收缴了土豪宗族枪支,充实农民武装队伍。接着,连大坪、岭下、陈屋坪、良坑等地农民武装队伍在连坑尾打土豪。7月22日连城党组织负责人俞炳荣在新泉的岭下罗家祠召开连南13个乡武装代表大会,参加会议的有30多名代表,成立"连南十三乡工农武装暴动队",后工农武装暴动队开往新泉、庙前、芷溪、杨家坊等乡村向土豪派款派枪。

池溪武装暴动:1929年10月13日,傅铁人在连城游击队的帮助下,组织池溪群众400多人,举行暴动,成立汀连特别区革命委员会,同时成立池溪乡苏维埃政府,建立特务中队、赤卫中队和少先队,没收了本村地主土地、稻谷、竹山、银圆等,烧毁地主的田租屋契和账簿,并把稻谷和衣服分给贫苦农民。随后,附近的小鱼潭、文地、黄岗、上村、赤坑、坪水、井屋、瑶理、林国山等乡村,在傅铁人的领导和帮助下也纷纷揭竿而起,收缴地主土豪枪支,镇压地主豪绅,

先后建立了苏维埃政府和赤卫队。

莒溪暴动：1929年10月26日，莒溪的罗洪世、罗振隆召集30多人组建起暴动队，罗洪世、罗振隆带领暴动队包围绑押当地十余家土豪劣绅，抄他们的家产，烧毁他们的账簿、收租簿、契纸等，打开土豪劣绅谷仓，分给穷苦农民，成立中南区革命委员会和中南区游击队，随后进行了分田地、分山林的斗争。

到1930年春，连城人民的革命暴动正是如火如荼，在县城附近的文亨、林坊、隔川、山下、蓆湖营以及宣和、朋口、莒溪等地，也开展了打土豪、毁契据、分田地、分山林、分地主浮财斗争。

第四节　新泉整训

1929年12月3日，毛泽东、朱德、陈毅率领的中国工农红军第四军进驻新泉开展了为期十天的整训，为古田会议的胜利召开做了充分的准备，为建设一支政治上坚定、军事上过硬、纪律上严明、能打仗、能积极做群众工作的新型人民军队奠定基础。新泉整训是继三湾改编以来的又一次新型的民主整军运动。

一、红四军集结新泉

1929年10月中旬，陈毅带着中央"九月来信"回到红四军，22日抵达广东梅县松源，向刚到东江撤出的朱德转达中央指示精神。当时的历史背景是，自红四军党的"七大"开始就围绕着党内政治争论的许多问题毫无结果，毛泽东不再担任前委书记而离开红四军前委机关，从事指导闽西特委工作。而后红四军出击闽中，由于情况不熟悉而陷入困境，士兵害病的多，损失人员300多人、枪100多支，是一次教训。后来未待元气恢复又按中央和福建省委的指示冒进东江，攻打梅县，进入县城也由于轻敌思想，以为敌人已被包围了，县城又无险可守，但敌人乘我在街中无阵地，立足不稳，用手榴弹、花机关极力射击，我方伤亡太多，二纵队司令刘安恭也在这次粤边石下坝战斗中受伤牺牲。东江此行,损失200多人,东江留下200多人,寻乌留下200多人,沿途离队及病400多人,合计1000多人,为红四军郴州失败之后第一次大损失。再则由于红四军"前委机关不健全,毛泽东同志去地方养病,陈毅同志去中央,前委只余朱德同志1人,因此应付不开,政策上出现许多错误,党及红军组织皆松懈"。在部队不断减员、战斗力不断减弱,队伍中非无产阶级思想有增无减,政治工作不断削弱,此时的前委领导深感无力支撑,对政治和军事的发展前途极感模糊,以致处在"全军政治上失掉了领导的中心"的窘境中。此时迎来了中央的指示精神,全军上下真有久旱逢甘露、茫海遇扁舟之感,朱德同志和红四军广大指战员渴望毛泽东尽快回到红四军。11月18日,红四军前委的"官庄会议",传达中央"九月来信"全文和周恩来的口头指示。朱德、陈毅联名致信给上杭苏家坡养病的毛泽东转达中央指示,并请毛泽东回来红四军复职。11月26日,毛泽东在福建省委巡视员谢汉秋的陪同下,根据中央的指示经蛟洋到达汀州,仍任红四军前委书记。

11月28日,毛泽东在长汀辛耕别墅主持召开前委扩大会,讨论和贯彻中央"九月来信"。这次会议除研究扩大闽西革命根据地,开展闽西政权的建设以外,更重要、更迫切的是检查红四军的一般情况。由于红四军党的"七大"以后,领导人思想认识上的不统一,尤其部队中各种非无产阶级思想的滋长蔓延,加上几个月频繁的战斗,无论在军事上、政治上、党务上都需要有一个时期的整顿。"如果不抓紧训练和整顿,要完全执行党的政策是困难的。"于是,会议决定了红军整顿和训练问题,讨论十二月的工作,准备召开党的第九次代表大会。但考虑到在汀州整训虽然客观上不十分困难,可江西金汉鼎仍然调兵,驻宁化卢新铭残部正向汀州方面移动。起初还想迅速打下龙岩后再停下整顿,但龙岩、坎市成为犄角相依之势,不好硬打。为了避开敌人和抓紧时间进行整训,贯彻中央"九月来信",统一全军思想,红四军按长汀会议的工作部署将部队浩浩荡荡开往闽西红色区域的腹地新泉。

这时的新泉,连南地方负责人李云贵、俞炳荣、张瑞明等组织的农民协会成员升编的连南武装队伍在红四军二次入闽的帮助下,爆发了声势浩大的十三乡农民暴动,使连南方圆几十里赤色一片。边界敌人已成惊弓之鸟,不敢轻举妄动。在这里成立了红四军第四纵队,连南武装暴动队受编于红四纵队第十九大队。连南人民在区苏维埃政府领导下,群众普遍分得了土地,并已充分发动起来,各乡村政权都相当稳固,有较好的群众基础。再则,新泉有水陆两便的交通线,可连接闽西各县红色区域,信息灵通。另外,摆脱封建地主豪绅欺压和剥削的广大农民,生产积极性特别高涨,粮食也相对比较充裕,为红四军提供给养不成问题。因此,部队进入新泉整训有了成熟的条件。

二、新泉整训

12月3日,红四军进驻新泉。毛泽东、朱德、陈毅等为贯彻中央"九月来信",结合红四军建军两年多来的革命斗争实践,主张通过整训提高全体指战员的马列主义觉悟,克服各种非无产阶级思想,提高全体指战员的政治、军事素质,使红四军成为一支高素质、富有战斗力的正规化部队。红四军前委在新泉首先召开红四军党的第九次代表大会预备会,毛泽东围绕着起草修改完善《古田会议决议》,冒着寒风、踏着冰雪深入士兵和农村调查研究,在全军上下展开了政治整训,朱德围绕着提高部队战斗力负责军事整训。《古田会议决议》的起草和会议的各项筹备工作都在新泉整训中紧锣密鼓地进行。《古田会议决议》提出的需要解决的各种错误思想表现,许多都在新泉整训中发现并进行整改,并分析了错误思想的表现根源和提出的纠正的方法,毛泽东根据新泉整训中所收集到的调查材料,进行分门别类的归纳、分析、提炼,成为革命战争年代人民军队建设的一套完整的科学理论。

红四军来到新泉后,各纵队分驻在西村、北村、东南村以及附近各村庄。毛泽东、朱德、陈毅随红四军军部驻扎在当地的一所私塾学堂——望云草室。

部队入驻安顿后,毛泽东、陈毅就在望云草室的正厅里,为写好

《古田会议决议》搜集整理大量第一手材料。从白天到深夜,一次又一次地召开支队、大队领导干部和战士代表参加的各种类型的调查会、座谈会,仔细地调查了解部队和党内存在的各种问题,听取各种不同意见和反映。会上,毛泽东亲自发问,亲自做记录,同到会的同志们进行热烈的讨论,耐心地引导指战员们一起分析红四军产生各种错误思想的原因和研究纠正的方法。比如说,单纯的军事观点,有些从旧军队过来的指战员看不起政治工作人员,取笑政治工作人员是卖狗皮膏药,有的还把政工人员说成是部队的赘瘤,毛泽东则循循善诱,指出:政治工作是项重要的工作,是扩大政治影响,争取广大群众的工作。忽视了这方面的工作,就等于放弃了红军的主要任务。毛泽东用问答方式,启发同志们的思路,使同志们感情上拉近距离,发言更切入主题。例如,当问到肉刑好不好,同志们都说不好。毛泽东爽朗地指出:肉刑是不好,它是封建统治阶级用以镇压被剥削者的反抗和叛乱的一种手段。红军正是靠发动工农阶级的广大群众的力量,才能取得斗争的胜利。肉刑是封建制度的残余,应该兴起废止肉刑的运动。肉刑废止了,战士们更要增强斗争情绪,自觉地接受管理和遵守纪律。官兵团结一致,革命就能无往而不胜。短短的一席话,温暖了战士们的心,战士们你一言、我一语,把心中的话全部倾吐出来。还批评一些干部只想打大城市,贪图生活好,吃喝方便,不管士兵疾苦,提出枪毙逃兵的做法也要禁止。譬如有的战士因思家心切,未经批准而私自离队,抓回来也被当作逃兵枪毙了,害得回去后仍遭土豪欺压的士兵不敢回队。对此,毛泽东都认真倾听,并记下战士们的发言。在畅所欲言的热烈气氛中,也有个别战士提出:行军时官员骑马,战士走路不合理。毛泽东也针对部队中存在的这些绝对平均主义表现,进行耐心的说服教育,及时指出:部队官兵政治上、军事上、生活上平等是对的,当也要克服绝对平均主义的思想,倘如只有一匹马,干部要骑马,战士也要骑马,究竟给谁骑呢?分工不同吗,干部任务重,责任大,还是给干部骑呀!毛泽东的一句句教导,就像滴滴甘露,滋润着红军战士们干渴的心田,使到会的指战员在思想政治上受到了一次马克思列宁主义的深刻教育。

毛泽东在陈毅的陪同下,还冒着严冬,踏破冰雪,深入到红四军的各驻地,从一个红军大队步行到另一个红军大队,分别召开战士调查会,引导广大红军战士起来同各种非无产阶级思想做斗争。为了征询老百姓对红军的看法和意见,毛泽东还深入到附近的农村调查,在离新泉5华里的官庄村的"愧山公祠"召开农民座谈会。毛泽东和农民们拉家常地座谈,他逐个询问到会的每一位农民兄弟,过去租种地主多少田地,每年要交多少租;红军来了后,生活有些什么变化?大家见毛泽东平易近人、和蔼可亲,都热烈回答毛泽东的询问,同声称颂红军的好处。当问到对红军有什么要求和意见时,农民们也坦直地提出了自己的意见和批评,毛泽东都一一做了详细记录。

南方的隆冬之夜,北风呼啸,就在这寒风袭人的每一个夜晚,毛泽东都在"望云草室"的泥瓷灯旁,伏案而坐,时而抬头凝思,时而挥笔疾书,细心地整理白天调查得来的大量材料,把红军创建两年来的经验教训做全面回顾和系统的归纳总结,修订完善红四军党的第九次代表大会决议案(即《古田会议决议》草案)。

与此同时,为提高部队的战斗素质,改变过去"昨天入伍,今天就要打仗,军事素质差,作战凭勇敢"的局面,朱德领导全军进行严格的军事训练,亲自训练《新游击战术》等科目。实地演习中,全军各级干部编成若干训练队,由纵队司令担任队长,按实战的要求严格地进行各项军事训练。在新泉宽阔的背头山广场和各纵队驻地的练兵场上,军号悠扬,炮声震天,广大红军官兵互教互学,进行严格的军事训练。在庆祝"广州暴动"两周年的日子里,红四军四个纵队全体指战员和新泉远近60华里的地方赤色武装还聚集在万人台广场,表演各种军事技能,以过硬的军事本领接受毛泽东、朱德、陈毅等首长的检阅。全军官兵以崭新的精神风貌,以过硬的军事本领,展现在红四军领导和苏区乡亲们面前。

古田会议决议是我党我军建设的纲领性文献,但不可忽视《古田会议决议》的第一手资料是在新泉整训期间提供的。《古田会议决议》的起草是在新泉进行的。新泉整训为古田会议的胜利召开做了充分的准备,新泉整训在建党建军建设史上的功绩巨大,永载史册。

第五节 新泉工农妇女夜校

1929年6月10日,毛泽东、朱德、陈毅率领红四军第二次入闽,来到了连城新泉。随着革命根据地的创建,闽西第一所红色妇女学校——新泉工农妇女夜校办起来了。它像沉沉黑夜中的一盏明灯,照亮了苏区妇女解放的道路,使成百上千的劳动妇女走上革命的征途,对当地革命斗争发挥了重大的作用。

一、毛泽东号召创办工农妇女夜校

当时,毛泽东住在新泉的望云草室。他在领导红四军进行武装斗争,准备第三次攻打龙岩的紧张时刻,仍然继续深入基层、深入群众进行社会调查。当他了解到新泉妇女还没有从封建的"四权"束缚下解放出来时,便亲切地对妇女们说:"你们从前没有文化,是受封建压迫的,要反对挂长耳环、缠小脚。男人前方当红军,妇女后方搞生产。"毛泽东十分关心地询问一位妇女:"你家有几口人?生活怎样?为什么不学点文化?"这位妇女回答了家里的生活情况后,说没有文化是因为"没人教识字"。毛泽东说:"你们互教互学嘛。我们帮助你。"随后,毛泽东为了帮助新泉妇女砸碎封建枷锁,冲破黑暗牢笼,在政治上、文化上获得彻底翻身解放,亲自指示区干部张瑞明、张育文,要在新泉创办一所工农妇女夜校,组织妇女学习政治和文化,传播革命的道理,积极参加革命工作。

地方干部接受了毛泽东交给的创办妇女夜校的任务后,认真负责地进行工作,经过紧张的筹备和深入的动员,于七月间在"望云草室"隔壁的"张家祠",办起了闽西革命根据地的第一所工农妇女夜校。"工农妇女夜校办起来了!"消息像长了翅膀,飞快传开,乐得新泉妇女个个心里开了花。她们一个跟一个涌进了夜校大门,参加了学习。创办工农妇女夜校,在新泉是头一回,妇女们激动得热泪盈眶,说:"毛委员这么关怀妇女的解放,我们一定要学好文化,学好革命道理,同男子一样干革命。"

二、克服重重困难,巩固发展夜校

尽管新泉已经建立红色政权,可是封建的传统观念仍在桎梏人们的思想。办夜校头一个遇到的困难是动员入学,一些家庭父母不肯让女儿、媳妇上学,生怕她们夜晚在外面出问题,或是没有学好文化反而学了坏样。这时,区、乡干部首先动员自己的亲属报名入学,如张育文同志就让妹妹张素娥上学,并通过张素娥去做工作,动员一些年轻女性上学。夜校积极分子杨主莲,动员舅母上夜校,舅母同意了,但舅母的婆婆不管她好说歹说仍是不同意。杨主莲动脑筋、想办法,邀集了一群妇女到舅母家,轮番开导她婆婆,耐心细致地做思想工作。终于使老人家思想开了窍,让儿媳上夜校。办夜校遇到的第二个困难是土豪劣绅的破坏,他们暗中造谣,阻挠妇女上夜校,妇女积极分子就来个针锋相对,组织了一个"特别队",专门对暗中破坏的土豪劣绅进行坚决斗争,给予那些压制妇女、阻挠妇女参加学习和革命活动的顽固分子狠狠打击;对于"特别队"自己的问题,就用讲道理的方法,保障妇女享有正当权利。

上述困难解决了,另一个困难又接踵而来。工农妇女夜校的学员增多了,书本和教师又发生了问题。这时,区委会就组织干部编写课本,或者翻印《红军识字课本》。教师缺乏,她们想了两个办法:一是请区、乡干部轮流到夜校当义务教员,教识字、读书;另一个是遇上干部的工作繁忙,不能来教书时,就按"能者为师"的办法,由学员自己教。比如,张素娥就经常利用白天吃饭的时间,向哥哥学习,自己先学好了,晚上再去教其他妇女。这正如毛泽东同志所倡导的:"有一二个教师就行了,学生还可以教学生,学生白天学了十多个字,晚上就教十几个字,积累起来就多了。"这种老师,大家称为"学员老师"。别看"学员老师"是黄毛丫头,但教起来倒挺认真仔细,一点一撇,一横一捺,都在黑板上写的端端正正,讲得清清楚楚,既形象又具体,很受妇女们欢迎。

由于区乡干部和妇女们的共同努力,克服了重重困难,妇女夜校巩固发展了。到1939年年底,学员已由开学时的十几人,发展到100多人。张家祠容纳不下,她们就在东山楼又办起了一所分校。翌年2月,为了满足越来越多的劳动妇女学习的要求,新泉区苏维埃政府在东山楼举办了一期为时3个月的妇女骨干训练班。训练班共有80余人,是由各乡选送来的。学习结束后,这些骨干回到本乡村创办妇女夜校,区苏维埃政府用这种滚雪球的方法,短期内在新泉区就办起了18所妇女夜校,学员发展到700多人。

三、崭新的教学内容和方法

在"在于以共产主义的精神来教育广大的劳苦大众,在于使文化教育为革命战争和阶级斗争服务,在于使教育与劳动联系起来,在于使广大中国民众都成为享受文明幸福"的教育方针指引下,新泉工农妇女夜校越办越好,越办越完善。夜校扫除了旧学校的陈旧腐朽的教学内容和方法,换成了崭新的教学内容和方法。妇女们在夜校不仅学习文化知识,也学习政治理论和军事技术。上文化常识课,夜校使用的课本有《识字课文》《群众课本》《平民课本》《劳动课本》等等。这些课本既传播马列主义真理,号召妇女解放、摆脱封建思想和封建制度的束缚,团结起来闹革命,组织起来搞生产,又对学员进行政治思想教育,传播科学文化知识。这样的教学内容,层层深入,具有鲜明的阶级斗争观点,具有强烈的革命性和鼓动性,确实能起到"唤起工农千百万,同心干"的巨大作用。1931年6月,就是由于新泉妇女组织做好扩大红军的宣传鼓动工作,新泉和儒畲两区,一次就出现了150多名青壮年男子参加红十二军的热潮,涌现了许许多多"妻子送郎当红军,母亲送儿上战场"的动人事迹。

在教学方法上,她们最大特点就是:看图识字,生动形象,通俗易懂,易学易记,由少到多,由浅入深,循序渐进,按照教学的客观规律办事,并且注意联系实际,力求做到学以致用。如她们把常见的日常用品、农具和动植物,绘成图画,写上文字,编成直观的《看图识字》教材,然后进行教学。又如,用群众喜闻乐见的"三言体"形式编课文,朗朗上口,容易记忆背诵,不易忘掉。至今新泉还有不少白发苍苍的老大娘还能背诵、歌唱。革命老妈妈张素娥,没忘记当年就是毛泽东叫她哥哥张育文告诉她:"让你妹子带头剪头髻,发动破封建、上夜校。带头学唱《妇女解放歌》,卷起裤管下田劳动,学干犁田、耕田和莳田等主要农活!"

四、充分发挥"半边天"的作用

"夜校结硕果,明灯照红心。"新泉广大劳动妇女通过在工农夜校的学习,既提高了文化知识水平,也提高了政治思想水平。为了劳苦人民的解放,为了巩固和扩大革命根据地,她们踊跃地投入了革命的滚滚洪流,有的参加地方武装游击队,有的参加地方政权工作,有的参加生产劳动,从事根据地经济建设工作,充分发挥了"半边天"的作用。特别值得称赞的是,妇女骨干训练班的杨主莲、李秋凤等8位青年妇女,被选拔参加独立第四团团部宣传队,于1930年春攻打连城时,她们随军战斗,仗打到哪里,宣传工作就做到哪里,贴标语,散传单,英勇顽强,不怕牺牲,被誉为"八女勇士"。新泉妇女的革命意志经过革命斗争的反复锻炼,越来越坚定。她们一个接着一个,一批接着一批,踊跃参加革命,先后有120余名青年妇女加入了游击队,展开了对敌人的英勇斗争,创造了很多可歌可泣的英勇事迹。妇女宣传队员杨凤英,在1930年秋的一次战斗中,不幸被捕。敌人为了要她招供出游击队的行踪和住地,威迫利诱,软硬兼施,都不能从她嘴里捞到一个字,被惨无人道地用铁丝刺穿她的乳房,破腹挖肠,折磨致死。杨凤英对革命事业赤胆忠心,宁死不屈,英勇捐躯,体现了革命者一往无前的英雄气概,她的光辉事迹鼓舞着新泉妇女在革命大道上胜利前进。在工农妇女夜校,妇女们还组织了一个"夜校慰劳队"。慰劳队队员白天帮助红军战士洗衣服,看护红军家属;夜晚到校学习,还带布草鞋去做。她们边学习,边做鞋,革命热情十分高涨。到了月底,慰劳队就把学员做的一双双布草鞋收集起来,送给红军,慰劳自己的亲人。新泉妇女在党的领导下,在夜校的培养教育下,不仅对敌人斗争做出了显著成绩,其他工作如政权建设,经济建设和文化建设也做得十分出色,真正发挥了妇女"半边天"的作用,是永远值得人民赞扬的。

新泉妇女夜校创办至今已 90 多年了。今天,我们依然看到这盏永不熄灭的明灯,它继续放出耀眼的光芒,把新泉的妇女为社会各项事业快速发展、跨越发展的建设道路照得更加明亮。

第六节 朋口战役、温坊战斗、松毛岭战役

连城县南面的朋口镇,是通往中央苏区首府瑞金和福建省苏长汀的交通枢纽,战略地位十分重要。80 多年前的红军长征前夕,这里发生过对中国革命史意义非凡的三次战役,即朋口战役、温坊战斗、松毛岭阻击战。

一、朋口战役

朋口战役发生在 1933 年 7 月。其时,彭德怀、滕代远等率领的红军东方军,在朋口运用"围点打援和诱敌深入"的战术,消灭了国民党第十九路军 2000 多人,缴获各种枪支 2000 多支,军粮 1500 多担。这次战役使中央革命根据地获得安全之东翼,给蒋介石造成了极为不利的政治、军事局面。东方军的这些巨大功绩,受到了中华苏维埃临时中央政府和第二次全国苏维埃代表大会以及福建省委的热情赞扬。朋口战役不仅给蒋介石东线部队以沉重的打击,而且还为中央苏区筹集了大量款项、物资,解决了苏区的物资困难,改善了中央红军生活;打通了中央苏区的东面通道,恢复和开拓了纵横数百里的苏区,大大发展了农村革命根据地,胜利地完成了东方军第一阶段的作战任务,而且促使经受惨败之后的国民党十九路军官兵幡然醒悟,军事上与红军签订停战协议,政治上认清蒋介石"借刀杀人"的阴谋诡计,进而发动了震惊全国的"福建事变",推动了联共

反蒋全民抗战的进程。"福建事变"史称"闽变",是中国局部抗战阶段一起震惊中外的历史事件,也是抗日民族统一战线发展史上具有标志性意义和重大影响的历史事件之一。

二、温坊战斗

温坊战斗发生在1934年9月1日至3日。其时,在朱德指挥下,红一军团、红九军团和红独立第二十四师相配合,林彪、聂荣臻抓住战机,成功地运用运动战,利用夜战、近战、速决战的战术,给国民党东路军蒋鼎文部的李延年纵队以重创,歼敌4000多人(击毙2000多人,俘虏2400多人),缴获大批武器弹药(其中枪支3000多支),使红军得到第五次反"围剿"苦战一年以来最大的一次补充。蒋介石十分恼怒,枪毙了旅长许永相,师长李玉堂也由中将降为上校。温坊战斗是第五次反"围剿"以来我主力红军获得的唯一的一次大胜仗。尽管由于当时中央路线的错误,使得局部的胜利难以挽回整体的颓势,但是,这次战斗毕竟打击了敌人的嚣张气焰,振奋了我军士气,迟滞了敌人对我中央苏区的军事"围剿"进程。温坊战斗因此永彪史册。由邓小平主编的《红星报》曾用整版的篇幅详细地报道了战斗的全过程,并称"温坊战斗"是"红军历史上永不磨灭的一页"。

三、松毛岭阻击战

在朋口地区发生的红军三大战役中,值得大书特书的还有发生在长征前夕,中央苏区东线的最后一战——松毛岭阻击战。

松毛岭是连城朋口文坊与福建省苏维埃政府所在地长汀县东南面交界的一座大山,南北横贯40多公里,东西蜿蜒约15公里,山高岭峻,林木茂密,浓荫蔽日。松毛岭以东是连城、上杭、龙岩,以西是长汀、瑞金,历来是兵家必争之地,也是进入中央苏区核心地带的一座天然屏障。

1934年9月,第五次反围剿进入紧要关头,由于王明"左"倾路线控制了中央领导权,打消耗战、防御战,苏区全线告急,红军伤亡惨重。为打开进入中央苏区的东线大门,直取瑞金,蒋介石电令国民党李延年、宋希濂等6个师的兵力,向中央苏区东线的最后屏障松毛岭进逼。9月23日上午,松毛岭阻击战开始。当时,留守在松毛岭的红九军团、红二十四师、工人师以及闽西地方武装共3万余人,在朱德总司令亲自指挥下,在"保卫汀州、保卫瑞金"的口号下,面对武器装备占绝对优势的国民党军的狂轰滥炸,英勇阻击,顽强抵抗,与敌人浴血奋战了7天7夜。这次战役,红军以牺牲1万余人为代价,为中央红军战略大转移赢得时间。该战结束后,红九军团军团部及一部分部队从长汀钟屋村出发向长汀、瑞金集中,实行战略转移,而红九军团的第七、八团和部分红二十四师指战员则是最后撤出松毛岭阵地,推迟一天,分别从连城的朋口、宣和向瑞金集合,汇入中央主力红军的长征队伍。连城的松毛岭(包括朋口、宣和),毫无疑问,也是中央红军的长征出发地之一。1989年12月,杨成武和涂通今两位将军一同回长汀途中,在松毛岭上停下来。涂通今将军感慨有加,他对杨成武将军说:"那年你们红一军团走后,我们红九军团面对数倍装备精良的敌人,伤亡惨重,血流成河。松毛岭阻击战的牺牲其实不亚于湘江阻击战。"

值得一提的是,以上三次战役中,连城人民,特别是朋口、宣和地区的人民都做出了重大贡献。其间,朋口、宣和等乡村苏维埃政府,都曾经组织发动赤卫队员为红军带路和收集情报,派出担架队随军作战,为红军送粮、送菜、赠鞋,做好红军的后勤保障工作,为革命的胜利付出了汗水和鲜血。中央红军长征后,面对蒋介石军队对苏区"石头也要过刀"的白色恐怖,朋口文坊村的人民冒着生命危险,组织了"无祀会",收埋红军遗骸,年年祭扫英烈忠魂,事迹可歌可泣。

尤其值得一提的是在松毛岭下土生土长的红色特工项与年(连城县朋口文地人)为中央红军战略大转移所建立的殊勋。

中央红军主力在长征前夕,获悉了蒋介石将于10月下旬对中央苏区实施铁桶包围计划的绝密情报。在这生死存亡的关键时刻,中央红军将长征的时间提前了。而传送这份情报的人正是闽西早期中共党员之一项与年。项与年此时是中央特科一员。他从国民党江西省德安公署保安司令莫雄那里得到国民党企图剿灭红军的"铁桶计划"绝密情报后,敲掉自己的门牙,化装成一个乞丐,蓬头垢面,历尽艰辛,越过敌人八道封锁线,进入中央苏区,将情报交到周恩来手中。绝密情报使中革军委采取断然措施,让中央红军赶在"铁桶计划"尚未合拢之前跳出敌人的包围圈。中革军委10月9日下达长征的命令。10月16日,中央红军分别从中央苏区踏上了千山万水的长征路。项与年及时送达的情报,挽救了党中央机关和中央红军,在中共谍报史上留下了永载史册的一页。

朋口战役、温坊战斗和松毛岭阻击战是保卫中央苏区核心之战,体现了"保卫中央苏区,保卫新生的中华苏维埃共和国和中央主力红军"这个共同主题。连城"三大战役",无论是在中共党史还是中国军史中都是可圈可点的经典战役,因而载入《遵义会议决议》。

第七节　三年游击战争

1934年9月29日,由于敌我力量悬殊,坚守了七天七夜的连城松毛岭阻击战一线阵地被敌占领,红九军团被迫后撤到长汀钟屋村集结出发长征。此后,连城、新泉县苏区失陷,两县苏维埃党政机关和游击队转入北部和南部山区,连城人民进入了艰苦卓绝的三年游击战争时期。

在国民党的残酷进攻下,人民群众建立的红色政权并没有被摧垮,各地党组织、苏维埃政府,采取更加灵活机动的战略战术,领导群众进行了不屈不挠的斗争,在残酷的环境中保存自己,壮大发展自己的力量。

一、新汀杭县苏的建立与斗争

1934年5月,新泉县失陷后,县委、县苏和县游击队转移到上杭交界的南岭、茶树下、樟树坑、鱼鳞坑、金竹园等地活动。并与上杭退出来的上杭县苏和游击队合并成立新杭县,配合红军在敌人后方开展游击战争,消灭和牵制敌人的力量,保卫省苏长汀和红都瑞金。至长征前夕,在福建军区的领导下,新杭县苏和游击队打了许多仗,并取得了胜利。10月中旬,国民党东路军攻陷长汀。至此,敌人占领了大部分闽西红色区域,中央红军被迫进行战略转移。1935年1月,从长汀退出的部分工作人员和游击队,又与新杭县力量汇合在一起,合并为新汀杭县,继续进行游击战争。月底,国民党八十师纠集团匪围剿新汀杭县苏及游击队,在极端困难的情况下,县苏区游击队继续坚持斗争一个多月。

1935年春,闽西南军政委员会成立,根据新的斗争形势,成立各县军政委员会,新汀杭县军政委员会也宣告成立,继续领导连城、长汀、上杭之新坊、旧县、梅溪、才溪、新泉、儒畲、莒溪一带群众开展革命斗争。

二、岩连宁游击根据地的开辟

岩(龙岩)连(城)宁(洋)根据地包括连城辖区的姑田、赖源、莒溪、朋口一带,是三年游击战争时期,红军独立第九团与连城人民坚持斗争,保存胜利果实、保护自己、灵活机动打击和消灭国民党反动势力的主要据点。

红军独立九团是1932年秋由汀连独立营和连城地方武装为主(其中又以新泉、儒畲、池溪等乡游击队为主)扩编成立的。三年游击战争时期是红九团历史上最重要、最艰难困苦的时期。红军长征前后,红九团奉中央命令配合活动在闽西南各地红军和游击队,拖住敌人的尾巴,牵制国民党军围追主力红军的兵力,让北上红军大踏步前进。同时在永安至连城间声东击西,搅乱国民党军的阵线,迷惑和拖住敌人,致使敌人对岩连宁革命根据地的第一期"清剿"不得不草草收场。1934年6月,独立九团在永安洪田召开军事会议,决定立即进入岩连宁腹地的赖源和所属宁洋县的陈地坑、苏一田一带,以完成中革军委交给的重要斗争任务。

赖源地处连城县的东南部,分别与龙岩、漳平、永安毗邻交界,全境面积277平方公里,现有7个行政村,47个自然村,800多户,4000多人。第二次国内革命战争时期,特别是在艰苦卓绝的三年游击队战争中,赖源地区在福建军区独立第九团的帮助下,掀起了轰轰烈烈的革命斗争。三年游击战争时期,赖源是岩(龙岩)连(城)宁(洋)根据地的重要组成部分,是连城人民坚持游击战争的重要地区。这里地势高峻、崎岖,交通闭塞,人们世代以耕田为业,兼以烧石灰和造纸。由于气候寒冷、土壤差、粮食产量很低,且耕地面积少,土地主要集中在地主手里,群众生活十分困苦,世代过着贫疾交加的生活。此外兵灾匪祸时时威胁着他们,以华仰桥为首的姑田民团经常到这里为非作歹,鱼肉人民,广大人民群众生活在水深火热之中。

1929年,朱德、毛泽东率领红四军入闽后,连城人民掀起了轰轰烈烈的革命斗争,打土豪分田地,建立红色政权,成为中央革命根据地的组成县份之一,赖源人民深受鼓舞。但是由于地理环境所限,地宽人稀,居住分散,无法统一行动,但革命的种子已深深埋在人民的心里。直至1934年春,福建军区独立第九团进驻这里,人们终于在工农红军的帮助下,掀起了革命的狂澜,建立了自己的政权。

1934年春,在国民党加紧对中央苏区的军事"围剿"中,独立九团奉中央军委之命深入连城,开辟敌后战场,建立游击据点。7月5日,吴胜、方方等同志率领的独立九团1000多人跋山涉水,沿着崎岖的羊肠小道浩浩荡荡地朝大河祠挺进。"红军来了!"人们欢呼雀跃,纷纷奔走相告,他们满怀喜悦的心情夹道欢迎自己的亲人——红军的到来。红军进驻大河祠后,第二天就在全村的墙上用泥土和石灰水刷写"消灭国民党反动派!""打倒蒋介石!""拥护工农红军!"等标语,同时召开群众大会,宣传共产党的政策,号召贫苦人民起来参加革命,打土豪分田地,建立新政权。在群众发动起来的基础上,独立九团在群众的配合下,狠狠打击了周围乡村的土豪劣绅和民团。7月6日,独立九团除留下小部分队伍外,即开进陈地坑。之后,分兵两路歼灭了孔党、吕凤附近乡村的团匪。接着,团长吴胜率一部分队伍经余斜、珍坑、溪柄一路追击,占领小溪圩,并召开群众大会进行宣传鼓动。7月14日,吴胜又率独立九团进攻苏一田,攻下了土豪吴秀基盘踞的炮楼,缴了40多支枪。之后,独立九团又相继攻下邱家山、白沙等地。至此,在两个月中,就以宁洋的成达社、陈东坑、凤村为中心,将周围的团匪完全肃清,建立了纵横300余里,人口四五万,包括赖源全境在内的根据地。

在此同时,遵照毛泽东同志关于"红军的打仗,不是单纯地为了打仗而打仗,而是为了宣传群众,组织群众和武装群众,并帮助群众建设革命政权才去打仗"的指示,独立九团开始协助地方筹建革命委员会。7月19日,在红军的帮助下,山高林密的大河祠村第一个成立了"赖源大河祠村革命委员会",地点设在中寨(老屋),主席邓双满、副主席邱天广、军事委员林四老、土地委员江洪盛、文书江良庆。之后,寨溪、芹菜洋、马池塘、杨公祠、张公坳、陈地坑、孔党、吕凤等8个自然村的革命委员会也相继成立。不久,革命委员会的名称又改为区或乡苏维埃政府。7月底,在离大河祠15华里的陈地坑成立了岩(龙岩)连(连城)宁(宁洋)西南区苏维埃政府,红军干部蔡树华、李连敏和地方干部黄印高(主席)、范佳仁(副主席)等11人担任区苏干部。这期间,在岩连宁西南区苏的领导下,邱家山、溪柄和陈地坑成立了3个区苏。为了加强党的统一领导,8月,又在苏一田成立岩连宁特区苏维埃政府,3个区苏属特区管辖,主要负责人是曹金海、李洋传。岩连宁特区苏维埃政府为了加强对各地工作的指导,派出了赖克诚、曹洪标等20多人组成了工作团,深入到各区乡宣传贯彻党的方针政策,建立和健全政权组织,并指导分田斗争、武装斗争等各项工作,协助地方搞好工作。在特区苏维埃政府的统一领导下,各乡苏、区苏开展了轰轰烈烈的打土豪、分田地的斗争。分田的办法是以乡为单位按人口平均,好坏搭配,把地主的田划归原来佃耕的贫雇农,稻子由农民自己收割,不交租。

在苏维埃政府建立的同时,各区、乡、村都建立了赤卫队。为了集中领导,配合红军打击敌人,在各乡抽调赤卫队人员,成立岩连宁特区游击队,由独立九团参谋黄治平任队长,杨志林任政委,内设军事部、后勤部等。特区游击队分设3个大队,第三大队(大队长江仁旺)主要活动地区在连城赖源。各乡苏、区苏的青壮年都积极踊跃地参加游击队。如大河祠先后就有40多人参加了游击队。这支队伍由特区苏统一领导,各乡苏都有游击队的班排组编制。如赖源下村的游击队30多人分3个班,由徐金春、徐潘洋、徐景如任班长;上村10多人1个班,由吴桂兴任班长,平时分散活动,战时按需要可马上集中。这支队伍成立后,以大河祠为基点,活跃在岩连宁边区,主动出击,狠狠地打击敌人。

红军协助地方建立红色政权,协同岩连宁边区游击队在各个战场上取得节节胜利的消息,像强劲的东风,迅速地传遍了岩连宁边区的各个乡村,大大震慑了国民党反动军队和地方上的民团、大刀会及土豪劣绅,他们把红色政权和游击队视为眼中钉、肉中刺。在岩连宁边区游击队刚成立不久,宁洋石寮劣绅组织起60多人的大刀会,勾结国民党军队200多人,窜到苏区破坏生产,抢劫民财,到处刺探情报,妄图"围剿"红军和游击队。1934年8月,红军、游击队500多人在黄治平、李连敏的率领下,经吕风、白潭、梧英山到达石寮,经过一夜的激战,击毙敌军30多人,俘虏6人。其中2个民愤极大的大刀会头目当场被枪决,其余4人经教育后被释放回家。这次战斗缴获长、短枪20多支和一大批弹药,打垮了反动的大刀会,广大人民群众无不拍手称快。

三、赖源人民百折不挠的革命斗争

岩连宁特区游击队在岩连宁西南区苏维埃政府的领导和人民群众的密切配合下,游击作战,沉重地打击了敌人的嚣张气焰,极大地鼓舞了赖源人民的斗志,许多群众携儿送夫参军参战。在红军的帮助下,各乡村的游击小分队如雨后春笋般地建立起来。1934年农历九月上旬,西坑尾的土匪头子杨家春请国民党军第八十三师一个团的兵力到西坑尾驻守,从梅村经过赖源时,游击队在徐煜元的带领下埋伏在白边山凹头的密林深处截击了这股匪军的尾随部队(伤病员、炊事人员、挑夫),在横路亭俘虏了36个匪军,缴获了2支长枪、1支信号枪、6担长枪子弹和40多颗手榴弹,待敌军的前卫部队闻讯赶回时,游击队员们已从容不迫地押着俘虏朝大河祠方向撤走了。

10月初,福建军区三分区(即汀连军分区)司令员朱森(后叛变)、副参谋长罗忠毅、明光独立营营长贺万德,率领明光独立营由莒溪、朋口转移到岩连汀地区与独立九团并肩战斗。11月,国民党第三师1000多人在敌师长李玉堂的指挥下,从龙岩的万安、松洋耀武扬威地来"围剿"岩连宁根据地。游击队闻讯后派出一个10多人的班埋伏在横山凉亭袭击了敌先头部队,他们利用林深树密、熟悉地形的有利条件与敌人周旋,扰乱敌人。后这股敌人由叛徒徐金林(龙岩万安人)带领闯进了大河祠,大河祠的群众立即进行坚壁清野,全体群众躲进了深山老林。第二天这股敌人又窜到陈地坑,第三天想开到万安。明光独立营和岩连宁游击队得知消息后,选择好有利的地理位置,埋伏在陈地坑到万安的必经之路孔党凹的密林中,躲在这段深山的大河祠群众就配合游击队,负责截断这股敌人的退路。这次战斗,在大河祠群众的密切配合下,俘虏了敌国民党第三师的士兵、挑夫、勤杂人员和伤病员等50多人,缴枪10多支,子弹20多担。战斗结束后,群众把这些战利品挑到红九团司令部所在地的陈地坑。

1934年11月,主力红军北上后,国民党的第三、第十、第五十二和八十三师对岩连宁根据地发动进攻,进行第一期的"清剿"。这时活动在岩连宁地区的红军及岩连宁游击队共2000余人,敌我力量悬殊。在这关键时刻,西南区苏、游击队和主力红军的领导当机立断,立即把队伍集中起来,开到离大河祠20余华里,海拔1700多米高的倒竹洋山上,并在倒竹洋召开会议,进行了统一的部署,会议决定,伤病员无法行军的每人发5元光洋暂时留在基点村或回家养伤治病。军事上派出一个营向宁洋、小陶出击,吸引敌人,其余的红军和游击队合编分两路暂时撤出岩连宁边区。一路往龙岩的万安、松洋方向走,另一路从小溪方向走,到龙岩的小池集结。次年1月,部队到达小池,并与张鼎丞取得联系。在通过小池时遇到国民党匪军的阻击,由于敌我双方力量的悬殊,我方受到了严重的挫折和损失。

后又经龙岩龙门、兰家渡、大坪湖、汤湖镇等一系列战斗,摆脱了敌人,于3月间抵达永定金砂,与同时赶到这里的红八团胜利会师。

1935年4月,闽西南军政委员会成立,决定了新的战略方针和任务,红九团和明光独立营组成第一作战分区,罗忠毅任司令员,方方任政委。根据闽西南军政委员会第一次会议精神,确定了主要任务,组织上成立岩连宁军政委员会,罗步云为主席;战略上以游击战术打破敌人的"清剿";战术上决定部队进行分散活动。随即方方、罗忠毅迅速率领部队离开永定金砂,在红九团一、三营的配合下,安全回到岩连宁地区,坚持打游击战争。面对更加残酷的对敌斗争,遵照毛泽东同志制定的"敌进我退,敌驻我扰,敌疲我打,敌退我追"的作战方针,在人民群众的无私支援和紧密配合下,红军神出鬼没地在各个乡村狠狠地打击消灭了一大批敌伪军,恢复苏维埃政权,发展生产。

1935年农历四月,国民党第五十二师前来"围剿"岩连宁西南区苏维埃政府所在地——陈地坑,苏区的广大干部闻讯后带领群众有条不紊地撤到林深树密的山上,敌军在陈地坑扑空后暴跳如雷,他们放火烧民房,抢财物,无恶不作。驻在大河祠的红军和游击队得知这个消息后马上召开紧急会议,决定由指导员李健彪率200多人的队伍立即赶到陈地坑。到达陈地坑后,李健彪将部队埋伏在陈地岭(离陈地坑1华里多路)峡谷的两侧高山上,然后采取"引蛇出洞"的战术把敌人引进伏击圈,顿时枪声大作,打得敌人血肉横飞。在这次不足两个小时的战斗中,消灭了大部分匪军,还缴获了一大批枪支弹药。工农红军和赖源人民群众深受鼓舞,更加激发和坚定了他们的斗争决心。

面对日趋觉醒的人民群众和如火如荼的革命斗争,国民党反动派为了达到彻底摧毁红色苏区,消灭人民革命武装力量的目的,对苏区实行了残酷的烧、杀、抢的三光政策,许多革命群众被迫背井离乡。1935年2月,国民党五十三师从龙岩万安到赖源"清剿",赖源人民受到了极大的摧残,其中仅大河祠就有3个自然村被夷为无人村。红军撤走后,留在地方坚持游击战争的游击队和地方干部,处于极端艰险的环境,国民党对他们采取了骇人听闻的法西斯手段,进行灭绝人性的残害,游击队侦察员吴松林在一次送情报时,由于叛徒告密被敌人抓去严刑拷打。在 1935 年 9 月的一天,被敌人在竹山上用四根毛竹分尸而壮烈牺牲,为革命流尽了最后一滴血。特别是敌人在黄土敢村制造的 27 条人命案,至今令人切齿气愤。这次惨案,使仅有 20 多户的黄土敢村绝灭 7 户。国民党反动派为了在这里制造"无人村",断绝红军游击队的活路,妄图把红军游击队困死饿死在山上,将剩下的 10 余户人家赶出村庄。从此,黄土敢村群众开始了背井离乡的流浪生活。这里整整三年荒无人烟,成为一片凄凉的废墟,直到国共合作以后,群众才陆续返回家乡,他们含着眼泪忍着悲痛,把当年被杀的 24 个军民的遗骸一具具收殓掩埋好。开始重建家园,开荒创业。

尽管敌人凶狠残忍,但是赖源人民更加坚定了革命信念,他们千方百计支援红军游击队,与敌人进行了不屈不挠的斗争,涌现出许多动人的事迹。在赖源的大河祠、张公垄、磜溪等红军游击队活动的地区尤为突出。1935 年春,国民党反动派以 5 个团的兵力大举进攻岩连宁根据地,红军游击队为了粉碎敌人的"清剿",打出外围挺进南方。为了领导当地群众与敌人周旋,在大河祠留下 3 名红军地方工作人员,活动在大河祠的倒竹洋等山中,尽管村子里驻了保安团一个排,但大河祠的徐林秀等 3 位妇女,却冒险躲过敌人的检查为游击队送粮食、日常生活用品和传递情报。后来这 3 位红军转移走了,徐林秀等还照例在接头处放了许多粮食,期望红军回来再取。

1937 年秋天,由于形势的发展和战场上的需要,部队做了战略上的转移,与苏区人民挥泪握别,往龙岩方向开走了,一些不能离家跟随部队走的游击队队员就留在苏区坚持斗争。

赖源人民的革命斗争,是连城三年游击战争的一个缩影,为连城人民革命史写下了不朽的一页。在这血染的红土地上,留下了老一辈无产阶级革命家张鼎丞、方方等的足迹;在这血红的土地上,连城人民用鲜血铸就了历史丰碑。

此外，1933年底成立的明光独立营，自成立到编入新四军前的4年多时间，肩负着保卫连城苏区，清剿团匪，阻击国民党军对苏区进攻的伟大任务，在与敌人战斗中，多次取得胜利。特别是在三年游击战争中，他们成为闽西红军和游击队中一支出色的队伍，活跃在连城、朋口、莒溪、罗坊、岩连宁边，坚持敌后斗争，有效地保存自己，消灭敌人，最后根据党的指示编入新四军二支队，开赴大江南北参加伟大的抗日战争。

第八节 革命先烈事迹述略

连城县登记在册的革命烈士共1574人，其中：第二次国内革命战争时期1489人，抗日战争时期19人，解放战争时期10人，社会主义建设时期56人。本书仅简介部分较知名烈士。

李明光（1906—1932），原名李文晴，广东大埔县高陂古墅鹤山人，1906年出生于高陂古墅鹤山的贫农家庭。

1925年，他在高陂教书时，即以学校为阵地，宣传国共合作的方针，提倡并参与工农运动。1926年春，加入中国共产党。7月，到罗明在汕头主办的东江农工运动人员养成所学习。结业后，随国民革命军东路军北伐。

1927年，他由北伐前线回乡参加中共大埔县委的领导工作。9月16日，他与江弼群率工农军一部往福建永定峰市为南下的"八一"南昌起义军做向导。18日，他引领起义军进入县城。三河坝战役后，起义军向湘粤赣边转移，他和贺遵道等率工农革命军退入永、埔边山区，后转移光德、平原山区坚持斗争。随后中共大埔县委把农民自卫军独立第一团整编为中国工农革命军东路第十五团。李明光任第二营营长。1928年1月1日，他参与高陂暴动，攻占高陂区党部及区署，建立区工农政府。3天后，汕头国民政府驻军反扑，工农军退回光德、平原山区。1月22日，因领导人麻痹大意，县委机关及十五团团部，在五家畬遭国民政府军包围袭击，损失甚大。1

月25日,县委在平原北坑召开县委扩大会,调整县委及十五团的领导成员,改任李明光为十五团团长。随后,他带领部队西渡韩江,先后袭击银江警察分驻所和举行昆仑暴动。5月初,返回韩江东部,攻打百侯区署及民团总部。5月中旬,广东徐景棠一个团,福建张贞一个团,及大埔县长黄逸民亲自带领的自卫队二三百人分3路"进剿"饶和埔根据地。他和丘宗海率领十五团大部,于7月再次西渡韩江,同古大存、刘光夏等领导的武装汇合,建立梅埔丰及梅兴丰华根据地。

1929年秋,梅埔丰工农革命军与模范赤卫队合编为工农红军第十一军四十七团,李明光任该团团长。四十七团建立后,随即消灭直接威胁铜鼓嶂根据地的团防据点和银江乡龙市团防部。之后,又多次出击,铜鼓嶂根据地得以巩固和扩大。这年10月,工农红军第四军由闽西挺进兴梅一带,他指挥四十七团在韩江西岸开展游击战配合。

1930年7月间,李明光调任东江特委巡视员兼四十八团政委,在饶平、平和、大埔、诏安边界根据地领导武装斗争。10月初,他参加闽西特委扩大会,当选为闽西特委委员兼组织部长。1931年春,中共闽粤赣边区特委成立,他任边区特委宣传组织部长。1931年2月,他受省委委派前往中央苏区,向中央军委、中央局书记周恩来汇报闽西肃反扩大化情况。8月,省委决定由他负责审讯并处决混进肃反领导机构的林一株,肃反扩大化遂得以遏止。中华苏维埃共和国成立时,闽粤赣边区特委改为闽粤赣边临时省委,他任临时省委组织部长。1932年春,闽粤赣边临时省委改为福建省委,他任省委宣传部长兼省军区政治部主任。为了开辟新苏区,福建省委决定由李明光兼任中共连城县委书记。

1932年9月上旬,十九路军与当地民团联合进攻连城县。李明光把县委机关及独立营撤到离城10多公里的村子,准备展开游击战、运动战。但中共中央派至长汀检查工作的人却指责李明光"右倾",要他立即率部回县城同敌军硬拼。他只得返回县城,随即处于被包围之中。他指挥独立营与赤卫队守住城郊山头,打垮了国民政府军多次进攻。但形势实在不利,他只得派出军事部长丘秀山带领一部分战士攻占城外制高点,掩护大部队趁黄昏突围。在激战中,他身中数弹而牺牲。后红军重克连城,中共福建省委决定将连城县改为"明光县","连城独立营"改为"明光独立营"。新中国成立后,连城县人民政府还设立明光巷、明光新村、明光电影院,以示纪念。

李云贵(1902—1929),福建省连城县新泉镇杨家坊人,连城红军的创始人之一。

1921年,李云贵在连城县立中学(旧制中学)毕业后,考取福建法政学校深造。在福州就读期间,深受革命思潮的熏陶,而立志投身于革命洪流,并秘密加入中国共产党。未到毕业,考入黄埔军校汕头分校第六期学习。时正值国共合作,根据党的安排,又公开加入国民党。黄埔军校毕业后,入国民革命军第二方面军张发奎部,参加北伐。1927年,李云贵离开北伐军回到家乡新泉杨家坊,并与地下党组织取得联系,在农村开展革命宣传,组织活动。8月,国民党福建省党部改组,并恢复各县党部,急需人才。时中国共产党党组织以李云贵具有国共两党双重身份而派其赴省城受命,委任回连任国民党连城县党部宣传委员。

李云贵到职后,积极发展共产党的秘密组织。先后吸收李荣元充任县党部文书、李琚元为食堂厨师,作为开展革命工作的助手。此时,李云贵抓住一切时机,宣传孙中山的三大政策,同时发动青年学生、组织群众,打击土豪劣绅。

1929年,红军自赣南转入闽西,李云贵接到闽西特委的指示:"时机已到,准备行动。"于是与李云元、李锯元撤离城区,回到新泉杨家坊,与俞炳荣、官近玖等地下党负责人组织群众,建立秘密农会积蓄力量,准备武装暴动,迎接红军入闽。4月3日,大垄坪、杨家坊农民在李云贵的领导下,一举拔掉当地李则三民团的岗楼,缴获步枪4支。5月,红四军再度入闽,6月抵达新泉。李云贵、俞炳荣到新泉"望云草室"拜见了毛泽东、朱德。几天之后,连南工农武装200余人,受命整编为红四军第四纵队第七支队第十九大队,李云贵担任该队大队长,并奉命进驻上杭桃牌附近。时李云贵为打开新泉至古田通道进入上杭,巧夺庙前江忠岳民团驻点,迫使江忠岳逃回江畲山区龟缩。自此连南一带农民革命活动由隐蔽转向公开。十九大队也就成了连南十三乡暴动的坚强武装后盾。遵照前委和闽西特委指示,李云贵领导了震撼闽西的连南十三乡暴动,使闽西、赣南革命根据地连成一片。

1930年初,为了抗击蒋介石的三省"会剿",李云贵率领的十九大队奉命布防上杭、长汀一线。在率部进击涂坊战斗中,他身先士卒,领头冲锋,正当越过汉源追赶敌人时,一颗流弹击中李云贵头部,几乎落马,但为迅速攻克敌人驻点,他仍然坚持指挥战斗,终于拔掉敌人炮楼,全歼敌部。而李云贵却中弹身负重伤,在返回新泉途中,因流血过多而牺牲,时年28岁。

董成南(1892—1931),又名董友炎,字弼臣,连城县莲峰镇人。1922年考取福建法政学校,在福州就读期间接受革命思潮的熏陶,立志投身革命。

1925年从福建法政学校毕业后,董成南受聘为县立中学教员,由于向学生宣传进步思想,不久便遭解聘。随后到新泉,与张瑞明、张育文、俞炳荣等取得联系,秘密开展革命活动。1928年,经李云贵介绍与上杭傅柏翠接上关系,同年6月与傅柏翠等人共同组织蛟洋农民武装暴动后,便前往江西加入红四军,随军转战于井冈山红色根据地。1929年7月中旬,随红四军二纵队进驻连城,积极宣传红军宗旨,发动群众,建立工人武装。12月调任第四纵队书记官。1930年4月转入地方工作,在连城县第一次工农兵代表大会上,当选为连城县苏维埃政府主席,率闽西游击总队连南支队开辟新区。同年5月连南支队改编为红军独立第四团,董成南任红四团政委,10月兼任新泉区委书记。1931年4月闽西苏区"肃清社会民主党"错案中蒙冤,4月22日在长汀南阳茶树村罹难。中华人民共和国成立后,1954年追认董成南为革命烈士。

张瑞铭(1910—1931),又名张瑞明,字亚凤,1910年出生于连城县新泉镇一乡绅家庭。瑞铭资性聪明,十岁就读于新泉县立高等小学堂,接受新文化教育。1927年,瑞铭考入长汀福建省立第七中学。在《向导》和《新青年》等进步刊物的熏陶下，产生对共产主义的坚定信念。1928年7月，瑞铭加入中国共产党，同年暑假，回乡组织社会主义宣传小组，采取访问和演出等形式向农民宣传革命道理。同年冬，连南第一个共产党组织——新泉党支部成立，瑞铭任书记，担负领导连城农民运动的重任。翌年3月，瑞铭与李云贵、俞炳荣等组织农民武装队伍，领导农民开展抗租抗捐，反对压迫剥削的斗争。同年5月、6月、12月，红军三次到新泉休整时，积极做好迎接工作，并于6月成立连城县第一个红色临时权力机构——连南区革命委员会，瑞铭任主席。7月，与李云贵等人组织领导连南十三乡暴动。12月，遵照毛泽东的指示，创办了闽西第一所红色学校——新泉工农妇女夜校。1930年2月，瑞铭调任红军独立第四团政治委员，参加第一次反"围剿"战斗。4月，中国共产党连城县委成立，瑞铭任书记。7月参加中共闽西党的"二大"，当选为大会主席团成员和闽西特委委员，9月参加中共闽西第二次工农兵代表大会，当选为闽西苏维埃政府执委。1931年5月，瑞铭被诬为"社会民主党分子"而惨遭杀害，时年22岁。

刘明福（1905—1934），又名刘明富，男，1905年出生于连城县罗坊乡（原属长汀县管辖）萧坑村一户贫苦农民家庭。

1929年，毛泽东、朱德率红四军入闽后，罗坊、萧坑一带农民开始组织农会、赤卫队、少先队、儿童团，明福兄弟4人均参加红色革命组织。同年冬，萧坑村苏维埃政府成立，刘明福任主席。翌年2月，罗坊区苏维埃政府成立，明福任罗坊区苏维埃政府执委、区苏裁判部长。明福执法严明，对村上一贯横行霸道的土豪、劣绅，该杀就杀，毫不手软。地主阶级惶惶不安，惊恐万状。后长汀卢新民和周围民团进犯罗坊，区苏维埃被迫向长汀童坊转移。10月底，红十二军收复罗坊区，重建区苏维埃政府，明福任区苏主席，领导农民开展分田地和扩红、支前等活动，同时建立红色武装，配合红军袭击附近村庄民团。

1933年春，国民党十九路军占据连城，罗坊区苏转移至山区活动；8月彭德怀率东方军收复连城，区苏复返罗坊。后连城县苏维埃政府选送明福赴瑞金军事学校学习。结业回县后,任明光县苏维埃政府裁判部部长。此时明福加入中国共产党。次年,国民党进攻苏区,实行第五次"围剿",县苏维埃迁往坪上,后因国民党的严密军事"清剿"和经济封锁,县苏维埃政府继迁长坑店。9月,根据中央指示,进行战略转移,北上抗日。明福在向瑞金转移中,于长汀古城被捕。因未暴露身份,派做苦工,当挑夫。后被罗坊地主罗万方发现,而于11月被带回罗坊杀害,年仅29岁。

沈邦翰(1901—1935),连城县莲峰镇人,1901年出生于城内水东门一户贫民家庭。邦翰5岁时,母亲重病,将仅有的两间破屋出卖延医,从此一家栖身于沈屋祠堂。贫苦生活的磨炼,使邦翰养成一种正直朴实、沉默寡言的性格。8岁时父母省吃俭用,让他进东塔小学读了一年多书,终因交不起学费而辍学回家,为人佣工,分担父母重负。

1929年7月,红四军二纵队进驻连城,沈邦翰在红军的帮助下,把全城小手工业者组织起来,成立苦力工会,众推选邦翰为苦力工会主席。

在红四军的帮助下,沈邦翰组织精壮会员进行严格的军事训练,掌握操练、刺杀和射击等必备的基本要领,组成了一支颇有战斗力的革命武装,积极配合红四军作战。1930年4月,沈邦翰率苦力工会会员,配合连南红军独立四团攻打连城,推翻国民党连城县政府。11月,参加组建连城县革命委员会,任主席。1931年秋,任连城县苏维埃政府主席。1933年冬,沈邦翰和妻子黄富群同时调省委工作。1934年10月,主力红军长征后,奉命回到连城领导红军游击队坚持游击战争。1935年5月,因叛徒出卖,沈邦翰和妻子黄富群在清流同时被捕,不久被押解回连城。在狱中受尽百般折磨,始终坚贞不屈。同年7月26日,沈邦翰与妻子黄富群在连城西门夫人庙英勇就义,时年34岁。

黄富群(1908—1935),沈邦翰妻,连城县文亨镇田心村人。1929年参加革命,1931年任连城县苏维埃政府妇女部长,积极开展妇女工作。1932年9月,敌军在当地民团的配合下突袭连城。当时县委、县苏维埃机关和游击队面对十多倍强敌,黄富群率领游击队打退敌人多次进攻。面对弹尽援绝的不利局面,县委书记李明光和县苏维埃主席沈邦翰决定突围。黄富群一马当先,骁勇异常,双手持枪,弹无虚发,终于突破缺口冲出重围。

1934年10月主力红军长征后,黄富群随丈夫沈邦翰从省委机关返回连城坚持游击战争。1935年5月因叛徒出卖,黄富群与丈夫沈邦翰在清流同时被捕,不久被押解回连城。在狱中受尽百般折磨,始终坚贞不屈。同年7月26日,在连城西门夫人庙与丈夫沈邦翰同时英勇就义,时年27岁。

张从化(1904—1931),连城县新泉镇人。中国共产党党员。1929年参加连南十三乡暴动,随后率暴动武装编入中国工农红军转战闽西各地,1931年初担任红二十一师参谋长,参加了闽西革命根据地的反"会剿"斗争、土地革命斗争和中央苏区第一次反"围剿"作战。1931年春夏之间,在闽西苏区"肃清社会民主党"错案中蒙冤,于连城县新泉乡罹难。新中国成立后,人民政府在重新审理该事件后为其平反,追认张从化为革命烈士。

李斯元(1896—1938),连城县新泉镇乐江村人。1929年秋参加革命斗争,不久加入中国共产党。曾任连城县苏维埃政府干部,参加了连南十三乡武装暴动和创建连城革命根据地的斗争、闽西苏区的土地革命斗争和中央苏区的反"围剿"作战。1934年10月中央红军主力长征后,留在闽西游击区坚持革命斗争,曾任中共连城县委组织部长,参加了闽西南游击根据地的三年游击战争。抗日战争爆发后,闽西南红军游击队编入新四军第二支队北上抗日,李斯元受命留在闽西开展抗日救亡活动。1938年7月,中共连南工委在坪头成立,李斯元任工委书记。同年10月,李斯元到丰图恢复组建党支部,途中不幸被捕入狱,后被枪杀于新泉的铁桥头。

陈振高(1907—1932),连城县朋口镇鱼潭村人。1929年夏参加革命斗争,不久加入中国共产党。曾任鱼潭乡农民协会干部、工农赤卫队干部,同年6月参加"连南十三乡暴动",十月参加池溪暴动,随后任池溪工农游击队副队长,参加了创建汀连(长汀、连城)边革命根据地的游击战争。1930年春率工农赤卫队编入工农红军。历任闽西红军独立四团（闽西工农赤卫军连城独立团）干部，红十二军第三十六师一〇八团副团长。参加了闽西革命根据地的土地革命斗争和中央苏区的反"围剿"游击战争。1932年在永定县峰市镇攻打敌军据点的战斗中牺牲。

黄才胜（1917—1941），原名黄才生，又名黄仁清，连城县朋口镇黄岗村人。1929年10月参加农民暴动，任儿童团长。1931年参加中国工农红军，在团机关担任勤务、通信和宣传工作。1934年春从福建军区随营学校毕业，任团政治处干事，并加入中国共产党。1934年10月中央红军主力长征后，留在闽西苏区坚持斗争，任连政治指导员，参加了艰苦卓绝的南方三年游击战争。

抗日战争爆发后，才胜于1938年1月随所在部队（改编为新四军第二支队）北上抗日。1938年任三团一营二连指导员，1939年调任二支队四团三营营长、团参谋长。5月间，他亲自带一个排袭击江苏下蜀的敌火车站，炸毁火车头，使敌人无法通车。1940年初随部渡江北上，任新四军苏皖支队大队长。1940年7月任苏北指挥部第三纵队三团团长，参加了黄桥决战等战役。1941年1月皖南事变后，任新四军一师三旅七团团长。因在长期艰苦环境下紧张战斗而积劳成疾，于1941年底在苏中海门县包场镇病故。

俞炳云（1900—1931），连城县新泉镇良坑村人。1927年秋参加革命斗争，同年冬加入中国共产党。曾任连南区地下党组织联络员，积极配合俞炳荣（连城县党组织的早期领导人）发动群众，组建秘密农会、党的基层组织和农民自卫武装，开展抗租、抗粮、抗捐、抗暴斗争。1929年春夏之间率领工农赤卫队转战连城、长汀边区配合红四军入闽作战，是年六月参与领导"连南十三乡工农暴动"，随后编入工农红军连南游击队，参加了创建连城南区革命根据地的游击战争。同年秋苏维埃政权建立后，相继担任良坑乡苏维埃政府主席、中共儒畲区委秘书，参加了闽西革命根据地的反"会剿"作战、土地革命斗争和中央苏区的反"围剿"游击战争。1931年春在闽西苏区"肃清社会民主党"错案中蒙冤，是年四月在长汀县涂坊镇罹难。

新中国建立后,人民政府在重新审理这个错案后于1955年9月17日为其平反,并追认俞炳云为革命烈士。

张　斌(1903—1931),连城县新泉镇新泉村人。1929年参加革命,在当地组建赤卫队,担任赤卫队队长,积极配合红军打土豪、分田地斗争。9月,随赤卫队编入闽西红军连南游击总队。1930年4月,连南游击总队整编为连城独立四团,任团长。月底,独立四团奉命全体编入闽西红军第四团,升为主力红军,仍任团长,军部转战闽西各县,曾多次运用机动灵活战略战术克敌制胜。

1931年,在闽西苏区"肃清社会民主党"运动中蒙冤,被枪杀于上杭县南阳茶树下。

张梅江(1913—1933),连城县新泉镇温坊村人。1929年参加当地的赤卫队,跟随上杭县南阳区罗化成暴动队活动在连城、上杭交界乡村。1930年编入闽西红军十九军。1931年加入中国共产党。红十九军改编为红十二军三十四师后,任师政委。

1933年夏,谭震林、刘忠直接指挥工农红军随营学校和闽西红军,在新泉镇温坊村大岭上与国民党十九路军激战两天三夜,张梅江在指挥战斗中英勇牺牲。

傅铁人(1911—1929),福建省长汀县南山镇池溪村(今连城县朋口镇池溪村)人,汀连边区党组织和红军游击队的主要领导人之一。1926年在长汀省立第七中学求学期间接受革命思想并参加革命斗争,同年秋加入中国共产党。1928年6月毕业后回乡宣传革命思想,自筹资金创办贫民学校,一边传授文化知识,一边结合社会实际宣传马列主义,为革命实践培养了一大批有生力量。期间,领导和发动农民群众建立秘密农会,组建工农自卫武装,开展抗租减租斗争。1929年3月红四军挥戈入闽后,受命组建中共池溪支部并任支部书记,带领工农赤卫队转战长汀、连城边区配合红四军入闽作战,同年六月率部参加"连南十三乡暴动",此后担任闽西红军连城游击总队第三大队党代表,是年十月领导建立汀连特别区革命委员会和池溪区苏维埃政府,当选特别区革命委员会主席。此后,相继领导组建闽西红军汀连特务中队、工农红军池溪游击队。

1929年12月25日,傅铁人前往朋口镇大坪底执行任务,因叛徒出卖遭敌民团的突然袭击,在突围战斗中英勇牺牲。同是池溪村人、同时随傅铁人执行同一任务而牺牲或被俘后被杀的有傅义春、傅志扬、傅福成、傅才生、傅三古、傅石壁等烈士。

第九节 连城籍开国将军和杰出人物传略

张南生(1905—1989),福建省连城县新泉镇人。1929年参加新泉乡苏维埃政府工作,1930年加入中国共产党,同年参加中国工农红军。土地革命战争时期,任红十二军第二纵队一〇三团连政委,红四军第三纵队七支队二十一大队政委,红四军第十一师三十三团连政委。1931年12月宁都起义后,被调到红五军团第十五军四十三师做起义部队的工作,后任红十五军第三十九师政治委员兼政治部总支书记、红五军团司令部政治指导员兼军团直属队总支书记、第三十九团政治处主任、十三师三十七团政委,国家保卫总队政委、国家政治保卫团政委、红三十一军政治部组织部长。参加了中央苏区五次反"围剿"作战和二万五千里长征。到达陕北后,参加了山城堡战斗。抗日战争时期,任八路军一二九师三八五旅七六九团政治处副主任,三八六旅七七一团政委,先遣支队政委,中共冀西、晋中地委委员兼军事部长,晋冀鲁豫军区独立支队政治委员,一二九师政治部组织部副部长、部长,八路军野战政治部组织部副部长。解放战争时期,任晋冀鲁豫军区政治部组织部长,晋冀鲁豫中央局组织部副部长,华北军区政治部组织部长、政治部副主任。

中华人民共和国成立后,任中国人民解放军华北军区政治部副主任。1950年入朝参战,任中国人民志愿军第二十兵团政治委员兼政治部主任,志愿军政治部副主任、主任。回国后,任北京军区副政治委员,北京军区党委监委书记,北京军区顾问。当选为中国人民政治协商会议第一届全国委员会委员、第五届常务委员,第三届全国人民代表大会代表。

1955年被授予中国人民解放军中将军衔,荣获二级八一勋章,一级独立自由勋章,一级解放勋章。

杨尚儒(1903—1986),福建省连城县朋口镇鱼潭村人。1929年参加农民暴动,1930年参加中国工农红军,同年加入中国共产党。土地革命战争时期,任红四军第十二师第三十六团连政治委员,红一军团第二师第五团营长、团参谋长,红一军团第四师第十一团团长。参加了中央苏区五次反"围剿"作战和二万五千里长征。到达陕北后,参加了直罗镇、东征和山城堡战役。抗日战争时期,任八路军一一五师第三四三旅第六八六团营长,晋西游击大队大队长,晋西支队第二团团长、代理支队长,一一五师教导第四旅副旅长。参加了平型关战斗。1943年进入延安中央党校学习。1945年参加了中国共产党第七次全国代表大会。解放战争时期,任东北民主联军第一纵队第三师副师长、纵队后勤部部长,东北野战军第一纵队参谋长,中国人民解放军第四野战军后勤部第二分部部长。参加了辽沈、平津等战役。

中华人民共和国成立后,任中国人民解放军空军后勤部政治委员。1950年参加抗美援朝战争,任中国人民志愿军空军后勤部部长。回国后,任中国人民解放军空军后勤部政治委员。当选为中国人民政治协商会议第三、四、五届全国委员会委员。

1955年被授予中国人民解放军少将军衔,荣获一级八一勋章、一级独立自由勋章、一级解放勋章。

张水发(1919—2007),福建省连城县人。1931年加入中国共产主义青年团,1932年参加中国工农红军。1935年由共青团员转为中国共产党党员。土地革命战争时期,任中共中央军委二局译电员、译电组长。参加了二万五千里长征。到达陕北后,任陕甘宁省委机要科科长,陕甘宁省军事部政治部青年科科长。1937年进入中国人民抗日军政大学第三期学习,毕业后留校任学员队政治指导员、大队组织干事。1939年任军委华北战地工作团队长。后进入八路军军政学院和陕北公学学习。此后任军委总政治部锄奸部干事,军委办公厅政治处干事、通信科科长、通信处主任,当过叶剑英同志的秘书。解放战争时期,任军委总参谋部第一局副处长、作战科科长、作战处处长,第一局二室副主任,第一局副政治委员。

中华人民共和国成立后,任中国人民解放军总参谋部作战局副局长兼作战部办公室主任。1953年参加了抗美援朝战争,任中国人民志愿军第二十四军七十四师副师长、军司令部副参谋长。回国后任军委作战部办公室主任。1957年毕业于军事学院高级速成系。后任高等军事学院战役教授会教员、战略教研室教员、副主任。1968年调任昆明军区司令部副参谋长,1982年改任昆明军区司令部顾问,1985年离职休养。

1955年被授予中国人民解放军大校军衔,1964年晋升为少将。荣获三级八一勋章,二级独立自由勋章,二级解放勋章。

江一真(1915—1994),福建省连城县庙前镇人,出生于贫农家庭。自幼父母双亡,童年时代就经受了苦难的磨炼。1927年在长汀县参加反帝大同盟、自卫队和农民暴动。1929年3月参加中国工农红军,1934年加入中国共产党,参加了中央苏区历次反"围剿"和红军二万五千里长征。历任红军师卫生队队长、中央红军总收容队医疗队队长、中央红军总医院医务主任、红军重伤医院院长。抗日战争时期,历任八路军野战医院院长、白求恩卫生学校校长、晋察冀军区卫生部部长等职。1946年初,前往华东前线,从事党政工作,历任新四军滨海总队政治委员兼滨海县委书记、华中工委土改队队长兼党委书记、泰州地委副书记。中华人民共和国成立后,先后任福建省农业厅厅长、省委农村工作部部长、省委土地改革委员会副主任、省委书记、省政协主席、省长等职。在"文化大革命"运动中受打击迫害,粉碎"四人帮"后,1977年初任卫生部部长兼党组书记,1979年4月任中共河北省委第二书记、省人大常委会主任。1982年6月退居二线。1994年3月在北京逝世。

江一真是中国共产党第八次、十二次全国代表大会代表,第三、五届全国人民代表大会代表,五届全国政协常务委员。在中国共产党第十二、十三次全国代表大会上当选为中央顾问委员会委员。

项与年(1896—1978),原名项廷椿,又名梁明德,连城县朋口镇文地村人。1925年加入中国共产党。不久由组织派往印尼加里曼丹岛的三马林达,时值国共第一次合作,以国民党党员身份担任区分部书记,从事工人运动和反帝爱国运动。1927年10月回国,任南京国民政府侨务委员会科长。后转入周恩来领导的上海中央联络局白区工作部(特科)工作,任上海与苏区的秘密交通员。1933年底,受组织委派到江西德安国民党莫雄部从事地下工作。1934年9月底,从莫雄部获得蒋介石"围剿"中央红军的"铁桶计划",立即与战友刘哑佛、卢志英等连夜将文件内容写在字典上,亲自送往瑞金。为了穿越从德安到瑞金的8个县市几十道关卡,他用砖头敲掉4颗门牙,扮成乞丐。一路风餐露宿、巧妙周旋,终于在红军长征前将情报交到周恩来手中,使中央红军赢得了战略大转移的先机。红军长征后,他穿梭于南昌与上海之间,营救地下党员,收集敌方情报。1935年初,被派往香港从事党的地下工作。1936年到西安工作,负责联络通讯。1938年转到延安,任中共西北局宣传部宣传科长和统战部干事,任三边地委、关中地委和绥德地委常委兼统战部长。1945年10月到东北,出任延寿县委书记兼县长。1946年底调任松江省(今黑龙江省)实业厅厅长。1947年4月改任东沟县县长。1948年调辽南行署任农业厅厅长。1951年调沈阳任东北人民政府人民监察委员会高级专员,辽宁省监察厅副厅长,辽宁省第三届政协委员、驻会工作。1969年冬,遭受迫害,被遣送回原籍。1978年10月2日逝世于龙岩。

  项　南(1918—1997)连城县朋口镇文地村人。1938年加入中国共产党。1938年10月起任福建顺昌抗敌剧团团长。1939年1月起任福建闽清县战时民教工作队队长。1939年10月起任广西桂林苗圃主任。1941年到新四军军部,任中共中央华中局工作组组员。1941年至1945年任苏北建阳县财经科科长、阜东县政府秘书、中共阜东九区区委书记、中共阜东县委宣传部部长。1945年至1947年任苏北第五专署建设处处长。1947年至1950年任苏北第十一专署财经处处长,中共江淮区委干校党委书记,中共甘泉县委书记,中共滁县地委宣传部副部长,中共东南县委副书记兼东南支队政治委员,中国新民主主义青年团皖北区工委副书记、青委书记。1952年起任青年团安徽省委书记、安徽大学党委书记、华东军政委员会青年工作委员会书记。1955年5月至1958年1月任青年团中央宣传部部长。1957年5月起任青年团中央书记处书记,中阿友好公社党委副书记。1961年11月至1966年任农业机械工业部、第八机械工业部办公厅副主任、农机局局长。1966年至1970年"文化大革命"中受冲击,下放"五七"干校劳动。1970年5月起任第一机械工业部农机局局长、党的核心小组成员。1977年9月至1979年2月任一机部副部长、党的核心小组成员。1979年3月至1981年1月任农业机械部副部长、党组副书记。1980年12月至1982年2月任中共福建省委常务书记。1982年2月至1985年7月任中共福建省委第一书记,1985年7月至1986年3月任中共福建省委书记,兼任福建省军区第一政治委员。1982年3月至1983年4月兼任福建省人大常委会主任。1987年起任中国扶贫基金会会长。1989年5月起任中华职业教育社副理事长,后任中国扶贫基金会首席顾问。1997年11月10日在北京逝世。

俞炳辉(1911—2004)连城县新泉镇良坑村人。1929年5月参加连南十三乡农民暴动。同年6月,随暴动队伍编入红四军第四纵队,任司号员、司号长。1931年加入中国共产党。1932年1月任红军独立七师青年科长。1933年后历任福建省委巡视员、汀州市委宣传部长、福建省军区保卫局连城分区主任特派员等职。红军长征后,留守闽西坚持游击战争。先后任中共岩连宁边区铜山区委书记,闽西南一分区一支队宣传科长,二大队政委。1936年12月任工委书记。1937年10月,任闽西南抗日义勇军一支队统战科长。1938年2月任新四军二支队副官主任,1939年后历任新四军军部教导总队九队副队长,江南、苏北指挥部华中总指挥部副官处长,1942年春任老二团(即江南老虎团)参谋长。1944年9月后历任新四军一师特务一团团长、九支队支队长、六十八团团长。1946年5月起历任新四军一旅副旅长、三野四纵队十二师和十师副师长,三野四纵队十二师和华野二十军六十师师长。1950年9月参加抗美援朝,任中国人民志愿军二十军参谋长。1953年2月回国后,任浙江省军区副参谋长。1955年3月起历任华东军区干部文化学校副校长、解放军南京外语学院副院长。1963年1月任安徽省军区副司令员。2004年6月2日在苏州逝世。

1955年被授予大校军衔,荣获二级八一勋章、二级独立自由勋章、一级解放勋章、朝鲜民主主义共和国二级国旗勋章。1988年被授予二级红星功勋荣誉章。

李德安(1916—2008)连城县新泉镇良盟村人。1929年12月加入共青团,1932年6月转为中共党员。1931年3月参加红军,历任战士、班长、排长。1932年8月任红军独立第九团侦查排副排长、排长。参加了中央苏区第二至五次反"围剿"战争。主力红军长征后,在闽西南坚持游击战争。1938年4月任新四军二支队四团二营五连排长、三营八连连长。1940年入新四军教导队学习。毕业后任新四军三支队挺进团二大队副大队长、大队长。新四军第七师挺进团三营营长。1942年4月任新四军七师五十八团参谋兼桐庐县委书记、军事部长、贵东地区大队长。1944年7月任皖江区党委委员。8月任十九旅五十七团三营营长。1946年3月任十九旅作战科长,七团副团长、团长。1947年9月任第三野战军九纵八十一团团长。1949年4月参加华中野战军。1950年10月任福建省福安军分区参谋长。1954年12月任二十八军八十三师第一副师长兼参谋长,1958年后任福州军分区守备第八师师长兼政委,福州军区闽北指挥部司令部参谋长。1969年任二十九军司令部参谋长,江西、福建生产建设兵团司令部参谋长,1975年6月任福建省军区副司令员、顾问。1982年7月离休。2008年3月14日在福州逝世。

1955年被授予大校军衔并荣获中华人民共和国三级八一勋章、二级独立自由勋章、二级解放勋章,1988年被授予二级红星功勋荣誉章。

俞清标(1912—2006)连城县新泉镇良坑人。1929年参加农民暴动,1930年参加红军,1933年4月加入中国共产党。参加过中央苏区第一至五次反"围剿"战争和长征。1935年到达陕北后,参加攻打直罗镇战役,其后又随部队东渡黄河,西进宁夏。后该部编入八路军。参加了平型关等战斗。解放战争时期,参加攻打杨各庄、武清县、通州县、昌黎县、安平镇等战斗,后又参加辽沈、平津等战役。随后与大军南下。1950年参加了抗美援朝战争。历任过战士、排长、连指导员、党总支书记、营教导员、团政治处主任、团政委、师政治部副主任、军政治部副部长、军干部部副部长、丹东军分区第二政委、丹东市市委常委,丹东军分区政委。1982年离休。2006年2月15日在辽宁丹东逝世。

1955年被授予大校军衔,并荣获三级八一勋章、二级独立自由勋章、二级解放勋章。1988年被授予二级红星功勋荣誉章。

傅林标(1913—1991)连城县朋口镇池溪人。1929年参加红军,同年加入共青团,1932年转为中共党员。历任红四军、红十二军战士、班长、传令员。1930年7月参加第二次攻打长沙时,为敢死队员,战斗中负重伤,伤愈后留下残疾(二等二级残废)。同年9月留在湘赣军区独立第一师卫生队当卫生员。1931年入军区卫生部医训队学习。毕业后被分配到红八军卫生部当卫生员、司药员。1934年参加长征,任卫生队药材科科长。抗日战争初期,在八路军三五九旅军医处工作。1939年11月后与国际友人白求恩共事。三五九旅回延安后,奉命带卫生队参加大生产运动。在抗战后期和解放战争时期,担任过旅卫生部长、师卫生部长等职。参与了百团大战、上苍、天峰等战役战斗中伤病员的救助工作。新中国成立后,曾入军医大学深造六年,后任中南空军后勤部卫生部第一副部长兼四五七医院院长、部长等职。1991年7月在广州逝世。

1955年荣获二级八一勋章、三级独立自由勋章、三级解放勋章。

黄　鹏(1916—2004),又名黄礼因,连城县朋口镇黄岗村人。1929年10月参加少先队,任少先队队长。同年12月参加红军。1930年12月加入共青团,1935年加入中国共产党。历任连、师部宣传员,连、师、军部文书,红一军团译电员、股长。参加过攻打上杭城、湖南省文家市和围攻长沙、攻打吉安等战斗。参加了中央苏区第一至五次反"围剿"战争和长征。到达陕北后,参加了直罗镇、山城堡、东征、西征等战役、战斗。抗日战争时期,历任晋察冀军区科长、团副政委、政委。参加了平型关战斗、晋察冀军区历次反扫荡战斗、百团大战等。1945年参加中国共产党第七次全国代表大会。解放战争时期,历任师政治部副主任、主任、副政委,参加了集守、易满、正太、青沧、大清河、平津等战役、战斗。新中国成立后,历任华北军区运输部政治部主任、华北军区车管部副主任、副政委,河北省保定军分区政委。1955年入解放军政治学院学习。1966年后历任南京气象学院党委书记、革委会主任、河北省军分区顾问等职。2004年3月1日在南京逝世。

1955年被授予大校军衔,荣获二级八一勋章、二级独立自由勋章、二级解放勋章。1988年被授予二级红星功勋荣誉章。

第十节　主要革命遗址和革命纪念物

连城是第二次国内革命战争时期中央苏区的根据地之一,毛泽东、朱德、陈毅、谭震林等老一辈无产阶级革命家以及工农红军在此战斗过、生活过,他们在革命活动中留下的许多遗迹和遗物,是当年革命斗争历史的见证。同时,为缅怀老一辈无产阶级革命家以及工农红军在连城的战斗生活和革命精神,激励后人继续奋斗,连城保存或新建了许多革命纪念物。

连城县革命遗址和革命纪念物有多处,主要有新泉革命旧址群(包括红四军前委机关、政治部旧址望云草室,工农妇女夜校旧址"张家祠",红四军司令部旧址"于溪公祠",连南区革命委员会旧址"张氏家庙"等),庙前镇庙前村毛泽东、朱德接见闽西地方武装领导人旧址"孔清祠",庙前镇芷溪区苏维埃政府旧址"翠畴公祠",朋口镇池溪村中共汀连特别区革命委员会暨池溪区苏维埃政府旧址,朋口镇文坊村文(温)坊战斗纪念碑,朋口镇文坊村松毛岭战役纪念碑、纪念广场等。

这些革命遗址和革命纪念物广泛分布于莲峰、朋口、新泉、庙前、北团、塘前、林坊、姑田、赖源等多个乡镇。

一、莲峰镇

(一)连城县革命历史纪念馆暨革命烈士纪念馆

连城县革命历史纪念馆暨革命烈士纪念馆位于连城县城关革命烈士陵园(怀英园)内。

连城县革命历史纪念馆暨革命烈士纪念馆于2001年批准建造,占地面积10032平方米,建筑面积1024平方米。革命烈士纪念馆陈列布展于2007年7月完成,主要陈列展出革命先烈的英名、部分先烈的光辉业绩以及连城籍革命前辈的丰功伟绩。连城县革命历史纪念馆陈列布展于2010年11月底完成,主要陈列展出连城人民革命斗争历史、艰苦卓绝的战斗历程和前赴后继、百折不挠的革命精神。中共中央原政治局委员、中央军委原常委、空军原司令员张廷发将军题写馆名。

(二)连城革命烈士陵园暨革命烈士纪念碑

连城革命烈士陵园暨革命烈士纪念碑(怀英园)位于连城县城关。

为缅怀革命先烈的光辉业绩,弘扬革命传统,经上级批准,1992年建造连城县革命烈士陵园(怀英园),内建一座革命烈士纪念碑。总占地面积33000平方米,建筑面积128平方米。全国人大常委会原副委员长聂荣臻元帅题写碑名:"革命烈士纪念碑"。全国政协原副主席、杨成武上将题字"革命烈士永垂不朽"。中央军委原副主席张震上将题写"怀英园"。全国人大常委会副委员长叶飞题字:"功载千秋"。

(三)纪念项南"清气亭"

纪念项南"清气亭"位于冠豸山风景名胜区内。

纪念项南"清气亭"是为纪念原中共中央顾问委员会委员、中共福建省委原书记项南而建造,以全国政协副主席赵朴初撰写的《项南哀辞》为内容,由项南生前友人,新加坡著名的实业家、慈善家、爱国侨领李陆大先生慷慨捐建。工程于2007年10月动工,2008年3月底完工。"清气亭"的"清气"二字取自于元代画家王冕的《墨梅诗》:"不要人夸颜色好,只留清气满乾坤。"这是项南生前最常吟诵的诗句,也是项南的座右铭和精神写照。"清气亭"三字,由香港国学大师饶宗颐先生题写。亭上大气磅礴的诗句"天地有正气,江山不夕阳",出自已故著名诗人、画家、文学家潘主兰先生之手。这是潘主兰先生得知项南逝世后留下的墨宝,也是一件难得的书法艺术珍品。

"项南纪念诗碑"和"清气亭"的建成,不仅是对项南的永恒缅怀,同时也为冠豸山风景名胜区增添了一处十分宝贵的人文景观,可供后代仰慕先贤,勤勉立身,弘扬正气!

二、朋口镇

(一)松毛岭战斗遗址

松毛岭战斗遗址位于连城县朋口镇文坊村。

松毛岭是位于连城与长汀交界处的一座主山,南北横亘80多华里,崇山峻岭,森林茂密。它是连城通往赣南的必经之路。此山中段是其要冲,只有两条通道,一是主峰,叫白叶洋岭;另一为刘坑口。发生在1934年9月松毛岭战役的前线战斗在连城界文坊村(原名温坊村)一侧。1934年8月底,国民党进攻中央苏区的东路军在温坊战斗中惨败后,即调北路军总司令顾祝同取代蒋鼎文,加强东路军的指挥力量。1934年9月23日,松毛岭保卫战全面展开。为了扼守具有战略地位的松毛岭,红军第九军团和红二十四师以及闽西地方武装10000多人,据守各制高点重地。此时的国民党派出攻打松毛岭的部队,不仅兵力剧增,而且部队装备精良,除了德式武装外,还配有大炮和轰炸机。红军在松毛岭东侧(连城地界温坊村)坚守阵地七天七夜,与强敌进行了顽强的决战。最后因力量悬殊,部队撤至长汀钟屋村。松毛岭保卫战为阻碍敌人进攻苏区做出了贡献,但此仗有一万余名红军将士和闽西地方武装人员牺牲,长眠于山岭。据史志记载:死亡枕藉,尸遍山野,战事之剧,空前未有。

松毛岭战斗现留存遗址有战壕、碉堡、指挥所、隐蔽所、升旗台等。

(二)中共汀连特别区革命委员会暨池溪区苏维埃政府旧址"福兴屋谦语堂"

中共汀连特别区革命委员会暨池溪区苏维埃政府旧址"福兴屋谦语堂"(又称"庆善堂")位于连城县朋口镇池溪村田背路115号。

1929年农历十月十三日,共产党员傅铁人等在连南武装暴动队部分队员和闽西红军游击总部第四大队指战员的支持下,发动池溪村贫苦民众400多人,举行了继连南十三乡农民武装暴动之后的池溪暴动,点燃了连城、长汀、上杭三县边界的革命斗争烈火,建立了中共汀连特别区革命委员会。接着,在主席傅铁人的领导下,短短一个月时间里,周边的大岗头、小鱼潭、上村等十几个村庄相继成立乡村苏维埃政府,把三县边区红色区域连成一片。因革命的需要,特区革委会决定将傅福炘富豪大宅院作为办公场所,后为池溪区苏维埃政府办公所在地。

中共汀连特别区革命委员会暨池溪区苏维埃政府旧址,建于清光绪后期。该幢大宅院的建筑面积952平方米,砖木结构,有上下两厅堂,下厅前是大雨坪,雨坪外是围屋,左边有两排横屋,右边一排横屋,屋背后是砖砌围墙,大门为条石柱建构,大门上方横匾有"金玉遗风"4个大字。大门外有小坪和砖砌矮围墙,大院内设有31个房间。院内全是三合土地面。

(三)项与年故居"居敬堂"

项与年故居"居敬堂"位于连城县朋口镇文地村,建于清末咸丰八年(1858年),坐西向东,大门朝北。总建筑面积3500平方米,为砖木结构的农家大宅院。门厅外有上坪和下坪,下坪外又有围屋。厅堂左右有四排横屋,有内中外三进大门。大门外又有雨坪,侧向设有750平方米的学堂。大屋有大小天井7口,有大小房间60间。

(四)项南故居"杰山公祠"

项南故居"杰山公祠"位于连城县朋口镇文坊村。

"杰山公祠"是文坊迁居至文地村的项姓裔孙共建的祖祠屋,地处村中地带,既可供春秋祭祖之用,也作为文地村人出山赴墟、办事、求学的住宿之用。该屋建筑面积1000平方米,砖木结构,一厅堂两直厢房,共有10多个房间。神龛上方的黑漆堂匾书"德积流辉"4个金字,神主牌上书"辽西郡"3个金字,均完好无损。

(五)杨尚儒故居"通棋堂"与"生琦堂"

杨尚儒故居"通棋堂"位于朋口镇鱼潭村杨屋下新屋,"生琦堂"位于朋口镇鱼潭村杨屋上新屋。

"通棋堂"地处鱼潭村棕树下,建筑面积133.5平方米,具有明清时期的客家建筑风格。进入故居,可见上下厅堂,中间有长方形天井。正厅两旁,左右有横屋。横屋也有上下厅,中间有天井。横屋上下厅一面建有5间房屋,作子孙卧室。1931年此故居被反动民团烧毁,1937年其父亲按原貌重建。

"生琦堂"为杨氏十八世祖生琦公于清乾隆三十五年(1770年)建造。

(六)朋口战役纪念碑

朋口战役纪念碑位于朋口镇朋口村留田坑。

为粉碎国民党十九路军对中央苏区的军事进攻,打通中央苏区的东面通道,巩固和扩大中央苏区,1933年7月初,中革军委命令红三军团红四师、红五师等组成东方军入闽作战。同月底,由彭德怀为总司令、滕代远为政委的东方军驻扎在连城县的朋口,采取"围点打援"的巧妙战术,出奇制胜地消灭了国民党第十九路军七十八师1个旅又3个团,还消灭了卢新铭残部2个团,俘敌2000余人,缴获各种武器700多支,重新解放了连城、新泉、姑田和小陶等大部分苏区。这次战役为促使国民党十九路军将领李济深、蒋光鼐、蔡廷锴等反蒋势力发动"福建事变"和推动全民抗战,产生了积极的影响。朋口战役取得了胜利,也牺牲了许多革命烈士。为纪念朋口战役和牺牲的烈士,1997年6月在朋口留田村山上建了一座纪念碑。此碑柱四面分别刻有中央军委副主席张震上将,原福州军区副参谋长熊兆仁少将,原福州军区副政委王直少将,中共中央顾问委员会委员、中共福建省委原书记项南的题词。碑座基长4.52米,宽6.066米,高16米。

(七)文(温)坊战斗纪念碑

文(温)坊战斗纪念碑位于朋口镇文坊村。

文坊村原名温坊村。正值第五次反"围剿"的1934年8月下旬,红一军团在林彪、聂荣臻等领导下,在朋口镇的温坊村消灭了国民党第三师、第九师等计4000余人,缴获各种枪支3000余支,挫败了蒋鼎文指挥的东路军在东线战场上的进攻。这次战斗,在当时邓小平主编的红军机关杂志《红星报》的报道中称:"这是红军历史上永不磨灭的一页"。温坊战斗是红军第五次反"围剿"中的一次胜仗。

为纪念这一战斗的胜利,1997年7月在文坊村修建了一座纪念碑。此碑柱三面有全国政协原副主席杨成武上将,福建省军区原副司令、正军职顾问李德安大校,中共中央顾问委员会委员、中共福建省委原书记项南的题词。

(八)池溪革命烈士纪念碑

池溪革命烈士纪念碑位于朋口镇池溪村。

为缅怀革命烈士,池溪村于1963年3月15日建有一座纪念塔,坐落在池溪村大桥头。塔高约9米,占地面积12平方米,塔座正面镶嵌的大理石板刻有革命烈士英名,其余三面分别是红军少将杨尚儒、老红军黄鹏、傅林标的题词。此纪念塔是为纪念在土地革命战争、三年游击战争和抗日战争中为民族独立、人民解放和新中国的建立而光荣献身的池溪、大岗头、鱼潭、竹溪、李庄、张屋田、金龙山、瑶里、上村等10多个乡村革命先烈而建造。因该纪念塔年久失修受损严重,于2003年改在池溪村村口新建池溪革命烈士纪念碑,同年8月1日落成。碑高12米,占地面积344平方米。碑名由福建省军区原副司令员李德安题写,碑的正面刻有傅铁人、黄才胜等218位革命烈士芳名,其余三面仍刻有杨尚儒、黄鹏、傅林标的题词。

(九)松毛岭战役纪念碑、纪念广场

松毛岭战役纪念碑、纪念广场位于连城县朋口镇文坊村。

松毛岭战役纪念碑、纪念广场始建于 2015 年 1 月,2016 年 10 月竣工。纪念碑碑体高 19.34 米,碑体正反两面题刻由中华人民共和国中央军事委员会原副主席、国防部原部长迟浩田上将题写的"中央苏区松毛岭战役纪念碑",侧面则是中共中央军事委员会原副主席张万年上将题写的"军魂"两个大字。碑座正面是解放军原副总参谋长李景上将题写的"松毛岭战役烈士永垂不朽",其他三面则为"温坊战斗""血战松毛岭""十送红军"的大型石雕,壮阔、激烈、感人。与之相配套的 5000 平方米的纪念广场和埋葬 3000 余具遗骸的红军无名烈士墓,形成了一个完整的红军纪念广场。

(十)松毛岭战役郭公寨前线指挥部旧址

松毛岭战役郭公寨前线指挥部旧址位于朋口镇文坊村。

1934 年 8 月下旬,林彪、聂荣臻等领导红一军团、红九军团、红二十四师和闽西地方武装,在温坊袭击国民党军。9 月 23 日,红军在松毛岭阻击国民党军。在此战斗期间,红军在郭公寨设立前线指挥部。

(十一)松毛岭战役红军战地临时医院旧址

松毛岭战役红军战地临时医院旧址位于朋口镇文坊村。

1934 年 9 月 23 日,罗炳辉率领红九军团、红二十四师及闽西地方武装在松毛岭进行阻击国民党军的进攻。期间,征用民宅作为红军战地临时医院,救治前线伤员。

(十二)温坊苏维埃政府旧址"盈吾公祠"

温坊苏维埃政府旧址"盈吾公祠"位于朋口镇文坊村,建于明末嘉庆甲子年间(1624 年)。

1929 年 7 月,红四军第四纵队开往朋口一带活动。文坊村成立乡苏维埃政府和农会,办公地点设在"祥兴公祠"。1934 年春,温坊苏维埃政府第三次改选,办公地点改设在"盈吾公祠"。

(十三)红一军团运动会主席台旧址"温坊古戏台"

红一军团运动会主席台旧址"温坊古戏台"位于朋口镇文坊村。1934年8月下旬,林彪、聂荣臻等领导红一军团、红九军团和红二十四师,在温坊村消灭了国民党军的进攻。战后,红二十四师在"温坊古戏台"举行运动会。

(十四)无祀会旧址

无祀会旧址位于朋口镇文坊村。

在1934年9月底的松毛岭战役中,一万余名红军战士壮烈牺牲。红军撤离战场后,文坊村村民项仲炳、项汝韶等19位村民,自发组成"无祀会",简易埋葬红军遗体,并用"倒粥"方式祭祀红军烈士。

(十五)松毛岭战役红军政治部旧址

松毛岭战役红军政治部旧址位于朋口镇文坊村。

1934年9月,罗炳辉、蔡树藩指挥红九军团、红二十四师及闽西地方武装,在松毛岭阻击国民党军的进攻。为加强前线红军指战员的思想政治工作,在文坊村设立红军政治部。

(十六)温坊战斗旧址"文昌阁"

温坊战斗旧址"文昌阁"位于朋口镇文坊村。"文昌阁"系清代所建的八角亭,20世纪30年代毁于战乱,1994年重建。

1934年9月1日晚上至2日拂晓,红一军团的红五团、红六团消灭了固守在杨背附近堡垒和温坊南面"文昌阁"的国民党军。

(十七)文坊赤卫队指挥所旧址"怀岗公祠"

文坊赤卫队指挥所旧址"怀岗公祠"位于朋口镇文坊村。

1929年7月,红四军四纵队"七月分兵",开往朋口、宣和一带活动。文坊村在红四纵队帮助下,在"怀岗公祠"成立了乡苏维埃政府、农会和乡赤卫队。

(十八)朋口战役东方军前线指挥部旧址"张氏宗祠"

朋口战役东方军前线指挥部旧址"张氏宗祠"位于朋口镇张家

营村,建于宋淳祐年间,清乾隆六十年重建。

1933年7月底,彭德怀、滕代远率领红军东方军,在"张氏宗祠"设立前线指挥部,采用"围点打援"战术,取得了朋口战役胜利。

(十九)池溪党组织暨池溪暴动秘密联络点旧址"庆善堂"

池溪党组织暨池溪暴动秘密联络点旧址"庆善堂"(又称"福兴屋谦语堂")位于朋口镇池溪村田背路115号。

1929年3月,共产党员傅铁人在"庆善堂"秘密筹建农民协会和建立党支部。同年10月13日,傅铁人在"庆善堂"召开会议,举行池溪暴动,开展打土豪、分田地运动。

(二十)松毛岭红军亭

松毛岭红军亭位于朋口镇文坊村。

1934年9月23日,红九军团、红二十四师及闽西地方武装在松毛岭进行阻击国民党军进攻。此战役,红军伤亡惨重。2011年9月,社会热心人士组织兴建红军亭,以缅怀革命先烈。

三、新泉镇

(一)新泉红军旧址群

新泉红军旧址群(古田会议新泉旧址群或新泉革命旧址群)位于连城县新泉镇。

土地革命战争时期,毛泽东、朱德、陈毅等老一辈无产阶级革命家在连城新泉进行过革命实践活动。1929年5月21日,中国工农红军第四军第一次进驻连城,在新泉北村的大榕树下,毛泽东向广大连南群众作了热情洋溢的演讲。同日下午,红四军进驻庙前,毛泽东、朱德在孔清祠召见闽西武装领导人傅柏翠和曾省吾。1929年6月10日,红四军"二打龙岩"后转入新泉休整一个星期。同时,在新泉竹背山宣布建立由闽西子弟组成的——红四军第四纵队,连南十三乡武装暴动领导人李云贵担任红十九大队大队长;帮助成立连南第一个红色政权——连南区革命委员会;帮助建起苏区第一所妇女学校——新泉工农妇女夜校。

1929年12月3日,红四军前委根据"长汀会议"决定,部队开到已经建立苏维埃政权的连城新泉开展为期10天的政治、军事整训(史称新泉整训)。部队进入新泉后,毛泽东、陈毅亲自抓政治整训,目的是要让红军指战员明确红军的主要任务,除了打仗消灭敌人以外,还要负责宣传群众、组织群众、武装群众和帮助地方建立苏维埃政权。这就要求部队自觉克服各种非无产阶级思想和旧军队陋习,建立一支真正具有无产阶级性质的新型人民军队。朱德亲自抓军事整训,目的是要严肃军人风纪,以过硬的实战本领,提高部队的战斗力。新泉整训期间,毛泽东在"望云草室"主持召开红四军党的第九次代表大会预备会,并起草红四军党的第九次代表大会决议案。红军纪律"八项注意"的两条"洗澡避女人,大便找厕所"就是在新泉革命实践中增补完善的。新泉红军旧址群主要包括红四军前委机关及政治部、中央苏区第一所工农妇女夜校、红四军司令部、农民调查会、红四军士兵调查会、红四军军人大会暨纪念广州暴动两周年大会等处革命旧址。

　　新泉革命旧址群是古田会议决议草案的酝酿、准备和起草地,它在思想上和组织上为古田会议的胜利召开做了最充分的准备,是古田会议旧址群的有机组成部分,是不可分割的重要组成部分。

　　新中国成立后,新泉革命旧址群作为见证了毛泽东、朱德、陈毅等老一辈无产阶级革命家艰苦奋斗的革命战斗历程的重要窗口,于1979年10月列为连城县第一批文物保护单位,1985年10月被列为第二批省级文物保护单位,2006年5月被国务院公布为全国第六批重点文物保护单位,2007年11月被福建省人民政府公布为福建省国防教育基地。

　　新泉红军旧址群共有7处,具体为:红四军前委机关、政治部旧址"望云草室"、工农妇女夜校旧址"张家祠"、红四军司令部旧址"于溪公祠"、连南区革命委员会旧址"张氏家庙"、毛泽东农民调查会旧址"愧山公祠"、红四军士兵调查会旧址"新屋里"、红四军军人大会旧址暨纪念广州起义两周年大会旧址。

(二)红四军前敌委员会机关、政治部旧址"望云草室"

红四军前敌委员会机关、政治部旧址"望云草室"位于新泉镇新泉村温泉路。

1929年5月和12月,毛泽东、朱德、陈毅率领中国工农红军第四军两次进驻新泉,都在"望云草室"居住和办公。6月10日,为麻痹国民党龙岩陈国辉部,毛泽东、朱德、陈毅率领红四军由上杭旧县进抵新泉休整,在此住了8天。红四军前敌委员会机关、红四军政治部均设于此。在此期间,红四军领导着重研究了红军向何方发展等重大问题,策划三打龙岩城的计划;指导建立连城县第一个红色政权——连南区革命委员会;毛泽东写了致林彪的信,系统地提出了党对军队的绝对领导和红军建设的一系列根本原则问题。12月3日,根据长汀前委会议精神,毛泽东、朱德、陈毅率领红四军到当时政治基础和物质条件较好的新泉开展为期十天的政治军事整训——史称"新泉整训",这是红军史上首次正规的政治军事整训。为纠正红四军党内各种非无产阶级思想和错误倾向,毛泽东在此多次召开大队、支队以上干部联席会议;并且深入连队、农村进行调查,多方听取红军战士、农民群众的意见;主持召开了红四军党的第九次代表大会预备会(即"古田会议"预备会),认真总结建军两年来正反两方面的经验教训,并起草了红四军党的第九次代表大会决议草案(即《古田会议决议》草案)。

"望云草室"是建于清代咸丰年间的书院,过去是私塾学堂,为一厅四室的砖木结构小平房,翘角门楼,条石门框,石门楼横额刻"望云草室"四字,两旁石刻正楷竖联为"座中香气循花出,天外泥书遣鹤来",正厅横匾刻唐代诗人韩愈行草字体"鸢飞鱼跃"四字,墙壁上还保留当年红军宣传标语"打到潮州广州去——铁的红军"。室内有前后厅和天井,三合土地面,进深15.5米,面积163平方米,当年毛泽东、朱德、陈毅居住卧室的各种用具都按原样陈列,目前旧址保存完好。

红四军前敌委员会机关旧址"望云草室"于1979年8月被连城县革命委员会公布为连城县文物保护单位。1985年10月被福建省人民政府公布为福建省文物保护单位。2006年5月被国务院公布为全国第六批重点文物保护单位,成为古田会议旧址群的重要组成部分。

(三)中央苏区第一所工农妇女夜校旧址"张家祠"

中央苏区第一所工农妇女夜校旧址"张家祠"位于新泉镇新泉村"望云草室"隔壁。

1929年6月10日,红四军从上杭旧县进驻新泉休整期间,毛泽东了解到新泉妇女还没有从封建社会的"四权"(政权、族权、神权、夫权)束缚中解放出来,便指示新泉区革命委员会负责人张瑞明、张育文等,要关心群众疾苦,要使苏区人民在政治上、经济上得到翻身,特别是要让广大妇女得到翻身,要改变过去那种愚昧无知的状况,建议办一所妇女夜校,发动妇女起来学政治、学文化、学军事和生产知识,动员她们投身革命。在毛泽东的关怀下,区苏主席张瑞明等在这里创办了一所妇女夜校。学习教材由苏区干部自己编写。他们从革命斗争的实践出发,编写出《看图识字》《识字课本》《群众课本》。文娱课主要是教唱革命歌曲,如《国际歌》《妇女解放歌》《十二月革命歌》等。教员开始由区苏干部轮流担任,后来逐步采取"兵教兵"的方法,由学员边学边教。同年12月,红四军到新泉整训时,毛泽东住在"望云草室",看到夜校灯火通明,听到琅琅书声,心里十分高兴。他和朱德曾多次亲临夜校看望学员们,并亲自为学员讲课。通过夜校的学习,连南妇女都普遍觉悟起来。她们在苏区政府的号召下,带头解除缠脚,摘掉耳环,剪去发髻,提倡自由婚姻,实行男女平等。新泉妇女夜校越办越红火,后来发展到18所,学员达700多人,为苏区培养了一大批妇女干部。

妇女夜校旧址"张家祠"原是新泉区苏负责人张育文的住宅。该祠为清代建筑,四合院歇山顶中轴式祠堂,砖木结构,雕花斗拱,由上下两厅、天井、上厅左右各一偏房、大门外雨坪组成,正厅一横匾"忠信诚敬",正厅左右墙壁上各刻有宋朝理学家朱熹字体"忠孝""廉节"四个大字,另左右墙壁上还保存红军标语"军事政治训练,加强少先队"。该祠进深10.5米,面积196平方米,建筑保存完好。

（四）红四军司令部旧址"于溪公祠"

红四军司令部旧址"于溪公祠"位于新泉镇新泉村新中路74号。

1929年6月、12月，红四军在新泉休整和进行军事政治整训期间，司令部均设于此。毛泽东和朱德曾在这里指挥军事行动。

红四军司令部旧址"于溪公祠"建于清同治年间，整座房屋建筑面积402平方米，分上厅、天井、中厅、后厅、左右各一厢房及雨坪，有24根屋柱，墙上保存古代壁画、红军标语和革命漫画，为斗拱穿架结构，三合土地板，保存完好。现为新泉村老年人和退休干部活动中心。

（五）连南区革命委员会旧址"张氏家庙"

连南区革命委员会旧址"张氏家庙"位于新泉镇新泉村街道边。

1929年6月，红四军进驻新泉休整期间，毛泽东亲自领导新泉工农群众建立起了连城第一个红色政权——连南区革命委员会，张瑞明任区革委会主席。

连南区革命委员会旧址"张氏家庙"是新泉张姓开基始祖祠堂，建于明万历四十五年（1617年），坐东朝西，建筑面积540平方米，砖木结构。其雕花斗拱门楼，飞檐翘角，建筑形式别具一格，为祠堂建筑中较为罕见的精华部件，保存较为完好。

（六）毛泽东农民调查会旧址"愧山公祠"

毛泽东农民调查会旧址"愧山公祠"位于新泉镇官庄村。

1929年12月，为开好中共红四军九大，更完整准确地写好党的决议案，红四军在"新泉整训"期间，毛泽东曾亲自深入部队基层，深入群众调查研究。12月的一天，毛泽东头戴斗笠，脚穿草鞋，在3位警卫的陪同下，迎着刺骨的寒风，步行来到离新泉5华里的官庄村。当村民们得知毛委员来到官庄的消息，都不约而同地到村口迎接。毛泽东笑容可掬地和大家打过招呼后，让当地干部挑选出十几名男女农民到村口不远的"愧山公祠"进行座谈。

毛泽东平易近人，亲切地跟大家拉起家常。毛泽东和蔼慈祥的音容,消除了到会农民的拘谨。大家热情地回答着毛泽东提出的问题,都竖起大拇指同声称颂红军的好处。当问到农民兄弟对红军有什么意见时,农民们也坦率提出了自己的建议和批评。在这无拘无束的言谈中。毛泽东调查到群众的疾苦和农民对红军的企盼。

毛泽东主持召开的农民调查会旧址"愧山公祠"(又名"报一公祠"),砖木结构,歇山顶四合院平房,门楼饰鳌鱼花草翘角,石条横额刻"愧山公祠"四字,门联书"过庙景风清远溯东京光先业,入门思雪立遥追南剑绍前徽"。该祠进深13.9米,有上、下厅,上厅左右各一厢房,面积228平方米。

(七)红四军士兵调查会旧址"新屋里"

红四军士兵调查会旧址"新屋里"位于新泉镇新泉村。

1929年12月,为开好红四军党的九大,毛泽东深入部队基层调查研究。12月的一天,毛泽东为了详细了解战士们的思想和红军中存在的问题,亲自到战士驻地新泉村"新屋里",亲切地与十多位战士坐在一起促膝谈心。战士们你一言,我一语,踊跃发言,气氛十分活跃。虽然有陪同的干部做记录,毛泽东还是一边认真地倾听,一边习惯地挥起羊毫,迅速地在面前一叠毛边纸上记下了战士们的发言。

红四军士兵调查会旧址"新屋里"为土木结构小平房,一厅两室,天井中砌一鱼池,进深8.7米,面积84.9平方米。

(八)红四军军人大会旧址暨纪念广州起义两周年大会旧址

红四军军人大会旧址暨纪念广州起义两周年大会旧址位于新泉镇新泉村竹山背,现改名为"新泉广场"。

1929年6月中旬,红四军在新泉村竹山背召开军人大会,由军长朱德宣布中国工农红军第四军第四纵队正式成立。主要兵源来自闽西各县地方武装,任命傅柏翠为司令员,李任予为党代表,谭震林为政治部主任,罗瑞卿为参谋长。红四纵队下辖第七、第八两个支队。闽西地方红军第五十九团,李云贵领导的连南十三乡工农武装暴动队,长汀赤卫队,永定的溪南、湖雷游击队编为第七支队;永定、龙岩、上杭东五区武装编为第八支队。红四纵队的正式成立标志着闽西地方工农武装正式升编为主力红军。同年12月11日,红四军全体指战员和连南群众一万余人在新泉村竹山背集会,隆重纪念广州起义两周年。毛泽东、朱德等在大会上做了演讲。同时,就在这个大操坪里,首长检阅了红四军和连南地方武装的军事演练。晚上,举行了军民联欢会。红四军于6月在新泉休整期间和12月在新泉整训期间,都曾多次组织官兵在新泉村竹山背开展政治学习和军事训练,所以也是红四军开展"新泉整训"军事演练的旧址。

(九)连城县苏维埃政府旧址"光德堂"

连城县苏维埃政府旧址"光德堂"(也叫"资政第")位于新泉镇新泉村洋湖路13号。

1930年4月,连城县第一次工农兵代表大会在此召开。大会宣布成立连城县苏维埃政府,选出县苏主席董成南。县苏辖1市4区,即新泉市、芷溪区、儒畲区、良福区、池溪区共23个乡。各区(市)还成立游击大队。

连城县苏维埃政府旧址"光德堂"建于清代末期,坐南向北,为砖木结构平房,占地面积1500平方米。由前坪、门楼、天井、下厅、天井、上厅组成,大门门楼石门额刻有"资政第"三字。硬山顶屋顶,三合土地板,保存较完好。

(十)连南十三乡暴动旧址

连南十三乡暴动旧址位于新泉镇儒畲村连大坪。

1929年7月,连南人民在红四军的影响下,以李云贵、俞炳荣为首的地方党组织领导,发动了震撼闽西的连南十三乡工农武装暴动。成立连南十三乡工农武装暴动队之后,首次在此举行暴动。大家高呼"打倒土豪劣绅、实行分田分地"等口号。此后,这支队伍所到的连南大小乡村,地主民团无不闻风丧胆,农民扬眉吐气,纷纷加入暴动的行列。

连南十三乡暴动旧址建于民国,门楼上画有五角星。新中国成立后为连大坪初级小学。大门进去,正中是天井,左右两边各一横屋,但因失修,已没有厢房。

(十一)连南十三乡暴动代表大会旧址"罗家祠"

连南十三乡暴动代表大会旧址"罗家祠"位于新泉镇联溪村岭下。

1929年7月22日,在联溪岭下"罗家祠"召开了有远近数十华里的连大坪、岭下、良坑、吕坊、大垅坪、赛头背(包括官庄)、陂头(包括五坑)、仙坪、连坑尾、背头科(包括安岭)、百鱼岭、儒畲、陈屋坪等13乡武装暴动代表30人会议。为了配合红四军第四纵队十九大队行动,扩大和保卫红色苏维埃政权,会议决定把分散在各村的武装力量联合起来,成立连南十三乡工农武装暴动队,有130余人。会议还决定本年各户所分得土地谁种谁有,不要向地主交租等等。

连南十三乡暴动代表大会旧址"罗家祠"建于清代,坐东向西,面积300平方米,建筑中轴线上由围墙、雨坪、大门、下厅、天井、上厅及左右厢房和回廊组成,为砖木结构平房。现大部分已经倒塌,没有上厅及左右厢房和回廊,屋内外到处杂草丛生,保存状况很差。

(十二)红四军召开群众大会遗址"大榕树"

红四军召开群众大会遗址"大榕树"位于新泉镇北村村桥头边。

1929年5月21日上午,红四军在毛泽东、朱德、陈毅率领下,从长汀出发攻打龙岩时经过新泉镇北村。在大榕树下,前委书记毛泽东向连南地下党干部和几千名群众做了热情洋溢的演讲,阐明红军来意,宣传红军宗旨,号召劳苦大众团结起来打土豪分田地,建立人民自己当家做主的新政权。

(十三)新泉红井栏旧址

新泉红井栏旧址位于新泉镇新泉村"祖庆公祠"旁边。

1929年12月红四军在新泉整训期间,驻地红军救起当地一位落井农民。之后红军战士在井口砌起井栏,并在井坪边砌井围,阻止污水入井,以保证水源清洁。群众因此称之为"红井栏"。

新泉红井栏井口直径0.59米,井口边沿用砖石围砌,合围直径1.2米。井口四周向外延伸达3米宽。

（十四）中共汀连工作委员会遗址

中共汀连工作委员会遗址位于新泉镇良坑村东坑岩。

1937年夏秋间，受闽西南军政委员会派遣，俞炳辉率领的游击小分队回到连南开展游击活动，重新整顿连南区委，成立中共汀连工作委员会，并组建良坑、连大坪、丰图三支小分队。汀连工作委员会多次在此召开会议，布置工作。他们活动于汀、连、杭边界，向富户捐募款项。10月，俞炳辉奉命调回闽西南军政委员会，汀连工作委员会书记由罗化成接任。

（十五）张南生故居"思源堂"

张南生故居"思源堂"位于新泉镇北村山背堰。

"思源堂"坐东朝西，门庐朝北，占地1300多平方米，具有客家地区"九厅十八井"建筑风格。"思源堂"系张南生祖父所建，距今有100多年历史。

（十六）红十九军阵亡烈士公墓

红十九军阵亡烈士公墓位于新泉镇温坊村。

1933年3月，谭震林率领的红军十九军与国民民党十九路军六十师一七八旅在温坊村的圆墩子、洋梅崇发生了一次遭遇战。红军部队发挥山地游击战优势，沉着应战，坚持与敌军激战三昼夜，使"敌人七团之众，完全击溃"。当月《红色中华》曾以《打垮十九路军七团》详细报道了这场战斗。

红十九军阵亡烈士公墓于1961年12月建造，占地110平方米，安葬着红军十九军阵亡革命烈士54人。

（十七）新泉革命历史纪念馆

新泉革命历史纪念馆位于新泉镇新泉村。

新泉是土地革命战争时期中央苏区县连城的重要组成部分。毛泽东、朱德、陈毅、谭震林等老一辈无产阶级革命家在这里进行过伟大的革命实践活动。他们从事革命活动留下的许多革命遗物，是当年革命历史的见证。新泉革命历史纪念馆陈列内容主要包括新泉整训、古田会议决定草案起草、连南区革命斗争历史等内容，全面反映苏区时期连城新泉革命斗争的历史。

新泉革命历史纪念馆建于1987年6月,占地面积320平方米,建筑面积400平方米,为二层砖混结构。

(十八)新泉革命烈士纪念碑

新泉革命烈士纪念碑位于新泉镇新泉村。

新泉革命烈士纪念碑原建在新泉村印山顶,1999年10月因集镇建设需要,改建于新泉村所在地的翠平山半山腰。此纪念碑坐北朝南,占地面积3500平方米,基座面积达400平方米,碑身外围三圈,碑身高10.7米,至外围17.3米,正面竖刻"新泉革命烈士纪念碑"及新泉革命烈士纪念碑改建记,背面竖刻"为国牺牲永垂不朽"。该碑主要是纪念在土地革命战争时期牺牲的新泉镇革命烈士。在革命战争年代,新泉有700余人参加红军、游击队,还有不少人参加了武装暴动和其他形式的武装斗争。这些参加革命活动的群众,许多人壮烈牺牲了,其中有名有姓的烈士就有869名,还有很多无名英雄。碑名由中央军委原副主席张震上将题写。

(十九)李云贵烈士纪念碑

李云贵烈士纪念碑原位于新泉镇乐江村西山坡上。

李云贵(1903—1930),新泉镇乐江人,中共党员。1926年黄埔军校潮州分校毕业,1927年以国民党连城县党部执行委员的公开身份,秘密发展中共党员。1929年上半年与俞炳荣等人领导发动连南十三乡工农武装暴动。曾任中共连城支部书记,红四军四纵队七支队党代表、十九大队大队长。1930年初,在长汀涂坊与敌作战中负伤牺牲。李云贵烈士纪念碑于1980年由乐江村村委建造,坐北朝南,为方柱形,碑高5.3米,碑身宽1.6米,碑身南面镌刻"革命烈士李云贵纪念碑",下方立一石碑,石碑上刻着李云贵生平革命事迹。

李云贵烈士纪念碑2018年4月新建于乐联村,占地500平方米,碑高10.5米,碑底座宽2.75米,顶宽1.35米。

(二十)红色交通线旧址田罗下"张氏祠堂"

红色交通线旧址田罗下"张氏祠堂"位于新泉镇温坊村。

1933年9月下旬,红三师张参谋长和机要科参谋吕黎平的小战斗队来到温坊村田罗下,接送红军军事顾问李德,经南岭往瑞金。1932年5月,福建省军区随营军事学校驻扎在此地。

(二十一)红独立四团团部旧址"月塘公祠"

红独立四团团部旧址"月塘公祠"位于新泉镇新泉村温泉路连南河畔左侧,建于清代乾隆年间。

1930年4月,连城县苏维埃政府成立后,"连城赤卫总队"改编为"连城赤卫独立第四团",团部设在"月塘公祠"。

(二十二)俞炳荣、俞炳辉兄弟故居"荣德堂"

俞炳荣、俞炳辉兄弟故居"荣德堂"位于新泉镇良坑村。

俞炳荣(1900—1931),1927年夏入厦门警官学校学习,不久加入中国共产党。1928年夏,由中共闽西南特委派回连城开展建党工作,任中共连城临时县委书记。

俞炳辉(1912—2004),1929年5月参加革命,1931年加入中国共产党。曾任中国人民志愿军二十军参谋长、解放军安徽省军区副司令员。1955年10月被授予大校军衔。

四、庙前镇

(一)毛泽东、朱德接见闽西地方武装领导人旧址"孔清祠"

毛泽东、朱德接见闽西地方武装领导人旧址"孔清祠"位于庙前镇庙前村。

1929年5月21日,红四军第一次攻打龙岩城的前夜,进驻庙前村"孔清祠",毛泽东、朱德在此召见刚从上杭蛟洋赶来的闽西地方武装领导人傅柏翠、曾省吾和连南党组织领导人李云贵、俞炳荣。毛泽东、朱德等在听取闽西革命斗争形势和敌我双方力量对比的汇报后,做了重要指示:要组织地方武装发动群众,攻守阵地阻止追敌四小时以上;要加强侦察敌情,摸清来追之敌,及时报告;要傅、曾两人后天(23日)赶到龙岩。第二天,红四军进军龙岩。

"孔清祠"亦是最早的中共连城临时县委所在地,1928年冬在此成立,书记俞炳荣。1929年春,中共闽西临时特委派官螯、官近玖前来整顿和改组连城临时县委,由官近玖任书记、俞炳荣任副书记。

"孔清祠"建于清代,坐落在庙前村晨光巷。坐南朝北,大门朝东,占地面积1200多平方米。建筑中轴线上依次为围墙、半月塘、院坪、大门、下厅、天井、正厅。三进五开间,面阔五间,进深四柱,砖木结构,三合土地板。雕刻精美,壁画彩绘完整,柱础浮雕精致。建筑保存完好。

"孔清祠"于1979年8月被连城县革命委员会公布为连城县文物保护单位。

(二)红四军第一纵队司令员林彪旧居"乔荫堂"

"乔荫堂"位于庙前镇芷溪四叉路12号。

1929年7月,红四军"七月分兵"和12月新泉整训期间,红四军第一纵队司令员林彪率部在芷溪开展发动群众、帮助地方组织建立红色武装,曾签署拨一批枪支充实芷溪乡苏赤卫队的命令。此期间,纵队机关在"乔荫堂"办公,林彪居住"乔荫堂"。

"乔荫堂"又称"福昌店",建于清光绪年间,建筑规模较大,主体坐西朝东,由倒座、两坪、大厅组成,南侧有一直横屋,北侧有两直横屋。不对称布局。房屋至今保存完好。

(三)芷溪区苏维埃政府旧址"翠畴公祠"

芷溪区苏维埃政府旧址"翠畴公祠"位于庙前镇芷溪村。

1932年初,根据中共福建省委决定,撤销汀连县,成立新泉县。该县管辖儒畲、池溪、南阳、茶溪、芷溪等5个区和新泉市。此时芷溪成立了区苏维埃政府,主席邓鉴汤、文书杨必麟。区苏机关就设在"翠畴公祠"。当时芷溪区苏管辖6个乡苏。

"翠畴公祠"又称"明馨堂",位于赤树乾,为芷溪黄姓开基祖庚福公第三房十七世裔孙所建造。始建于光绪十八年(1892),于光绪二十五年(1899)竣工。该宗祠有类似客家"围屋"的风格,大门朝南,正厅两侧为对称厢房,建筑面积 700 余平方米,总占地面积约 900 平方米。

(四)中共汀连工作委员会旧址

中共汀连工作委员会旧址位于庙前镇水北村仙坪村杨玉姜家。

1937 年夏秋,俞炳辉受闽西南军政委员会派遣,率领一支短枪队回到连南,帮助连南重新建立党组织和组建起一支 20 多人的武装,在地下交通员杨玉姜家中成立"中共汀连工作委员会",由俞炳辉任书记,何志远任副书记,在汀连一带开展游击战争,建立统一战线,帮助闽西南军政委员会筹款。这里是俞炳辉、游荣长、李斯元等领导人多次隐蔽活动的落脚之地。

(五)江一真故居"泰兴堂"

江一真故居"泰兴堂"位于庙前镇庙上村。

"泰兴堂"为典型的客家砖木结构建筑,建于清光绪年间,三进厅坐东朝西北,门楼则转而朝东。总建筑面积 1680 平方米。厅左两排横屋,厅右因门楼所占,只有一排横屋,共计 40 余间房。因年久失修,有些破旧,但瓦栋之飞檐翘角仍保存完好。

(六)江一真祖祠"采陔公祠"

江一真祖祠"采陔公祠"位于庙前镇庙上村复兴店,建于清代。

(七)江一真陈列馆"江氏家庙"

江一真陈列馆"江氏家庙"位于庙前镇庙上村村后山坡地。

(八)芷溪革命烈士纪念碑

芷溪革命烈士纪念碑位于庙前镇芷溪村华屋。

1929 年 5 月,毛泽东、朱德率领的中国工农红军第四军进入芷溪。随后,芷溪成立了区苏维埃政府。在整个革命战争年代,芷溪人民为新中国的建立,不惜抛头颅洒热血,与敌人进行不屈不挠的斗争。据不完全统计,在新民主主义革命时期,芷溪参加红军游击队的就有 1000 多人,在册烈士有 82 位,还有许多刚参加红军就牺牲在战场,成为无名英雄。

芷溪革命烈士纪念碑于 2004 年 12 月开工建设,占地面积 1300 平方米。

(九)庙前镇吕坊村革命烈士纪念碑

庙前镇吕坊村革命烈士纪念碑坐落于吕坊村老虎坑。占地面积 1000 平方米,碑高 12 米。2014 年 6 月动工兴建,2015 年 4 月竣工。

(十)庙前镇丰图革命烈士纪念碑

庙前镇丰图革命烈士纪念碑坐落于丰图村岗下山(丰图小学背后)。占地面积 500 平方米,碑高 13.8 米。2016 年 9 月动工兴建,2016 年 12 月竣工落成。

(十一)毛泽东召开农工商学代表座谈会旧址"澄川公祠"

毛泽东召开农工商学代表座谈会旧址"澄川公祠"位于庙前镇芷溪村沙圳西北角。

1929 年 7 月下旬,毛泽东在傅伯翠的陪同下来到庙前芷溪,在"澄川公祠"召开了农工商学座谈会,听取与会代表对红军和苏维埃政府工作的意见。

(十二)王淑振旧居"文清公祠"

王淑振旧居"文清公祠"位于庙前镇芷溪村委会旁。

1930 年底,闽西特委妇女部长王淑振到芷溪,开展妇女运动工作,居住于此。1931 年 3 月 20 日,王淑振将未满月的男孩刘熊生送给芷溪苏区文书黄荫达抚养,并与丈夫红五军团政治部主任刘伯坚写下《嘱子书》。

(十三)芷溪游击队兵工厂旧址止斋公老屋

芷溪游击队兵工厂旧址止斋公老屋位于庙前镇芷溪村松树坝,为清代建筑。

1937 年 7 月,汀连工委书记俞炳辉和何志远、罗化成等在芷溪松树坝鸭坑头秘密集会,并在该屋上厅后创办制造枪弹的简易兵工厂。

（十四）芷红游击队地下党活动旧址"谷堂"

芷红游击队地下党活动旧址位于庙前镇背园，为清代乾隆年间所建。

红军长征后，汀连游击队二分区游击队负责人俞炳辉、李斯元、游荣长等人利用"谷堂"作为联络点和会议点。

（十五）芷红乡苏维埃政府旧址"宗旺公祠"

芷红乡苏维埃政府旧址"宗旺公祠"位于庙前镇芷红村三角坪，建于明末清初。

1929年12月，红四军第一纵队司令林彪在宗旺公祠召开地方赤卫队、慰劳队及乡苏维埃干部座谈会，号召大家团结起来，建立自己的武装。

（十六）连城临时革命委员会旧址"继志堂"

"继志堂"位于庙前镇庙前村寨下自然村。

1929年11月，在红四军政治部、闽西特委和连城临时县委的领导下，在庙前村寨下"继志堂"成立连城县临时革命委员会。

五、北团镇

（一）红军东方军标语群旧址

红军东方军标语群旧址位于北团镇山龙村后龙山脚下。主要分布在如下三处：

(1)沈氏祠堂，建于1811年。

(2)沈九生旧宅，建于1830年。

(3)黄美群旧宅，建于1830年。

1933年7月1日，为收复沦陷的连城、新泉苏区和开辟闽北新苏区，以便争取江西革命的首先胜利，中革军委命令以红三军团的红四师、红五师为主，包括福建军区所属的红十九师，组成东方军，开赴闽西作战。司令员彭德怀（总指挥）、政委滕代远率领东方军在部署"朋口战役"之前，所属部队驻扎于连城北部的北团镇山龙村时，在该村祠堂和民房墙上刷写了上百幅标语。至今仍清晰可见的有:"欢迎十九路军的士兵拖枪过来当红军!""白军士兵是工农出身,不要拿枪打工农红军!""童工女工实行八小时制,增加工资实行失业救济与社会保险""杀死不许士兵抗日的反动长官,欢迎拖枪走到红军中来!""欢迎十九路军士兵来打土豪分田地!"等等。

(二)红十二军汀东游击队活动旧址"红军楼"

红十二军汀东游击队活动旧址"红军楼"位于北团镇大张村。

1933年春,红十二军汀东游击队第一大队进驻大坑源,开展休整,队部设在大堂屋,活动时间长达近半年。

(三)红十二军汀东游击队活动旧址"红军桥"

红十二军汀东游击队活动旧址"红军桥"位于连城县北团镇大张村。

1933年春,红十二军汀东游击队第一大队进驻大坑源,开展休整,红军经常出入这座桥。同年7月底,东方军部分红军经过这座桥到长汀童坊后攻打朋口。

六、塘前乡

红十二军活动旧址"宝鉴堂"位于塘前乡塘前村,建于清光绪年间。

1932年11月,红十二军来到塘前,部分红军驻扎在"宝鉴堂"。1934年7月,红军北上抗日先遣队经过塘前,部分红军也驻扎在"宝鉴堂"。

七、林坊镇

林坊区苏维埃政府旧址"叶清公祠"位于林坊镇塘垱门梅树下,建于清朝同治十二年。

1930年7月,红十二军三十四师进驻林坊开展革命斗争,在此成立林坊乡苏维埃政府和赤卫队。1931年4月,成立林坊区苏维埃政府,区苏设在"叶清公祠"。

八、姑田镇

（一）朋口战役庆功会旧址"公王庙"

朋口战役庆功会旧址"公王庙"位于连城县姑田镇上堡村，建于明嘉靖元年，乾隆五十六年（1791 年）重建。

1933 年 7 月 28 日，彭德怀，滕代远率领东方军发动朋口战役。8 月 1 日，东方军在"公王庙"胜利会师，召开纪念"八一"建军六周年大会。

（二）红四军活动旧址"蒋氏家庙"

红四军活动旧址"蒋氏家庙"位于姑田镇上堡村东洋路，建于乾隆五年（1740 年）。

1929 年 7 月 10 日，红四军二纵队 700 余人，从华坑小洋地进入姑田上堡。红军首长在"蒋氏家庙"登台演讲。

（三）红二十一军活动旧址"敦厚堂培桂居"

红二十一军活动旧址"敦厚堂培桂居"位于姑田镇中堡村民主路 59 号，建于道光年间。

1930 年 8 月，胡少海率领红二十一军驻扎在姑田，组织姑田成立红色政权——中国红军上堡、中堡、下堡革命委员会，部分红军住在"培桂居"。

（四）红二十一军活动旧址"存恕堂"菊圃

红二十一军活动旧址"存恕堂"菊圃位于姑田镇中堡村民主路 54 号，建于道光年间。

1930 年 8 月，胡少海率领红二十一军驻扎在姑田，组织姑田成立红色政权——中国红军上堡、中堡、下堡革命委员会，部分红军住在"菊圃"内。

九、赖源乡

（一）赖源乡上村陈家村毛泽东故居"太原堂"

连城县赖源乡陈家村毛泽东故居"太原堂"革命遗址位于赖源乡乡政府西面，距乡政府所在地 10 公里。

古田会议结束后,1930年1月7日,毛泽东指挥红四军二纵队从上杭古田出发,经步云、莒溪、万安到达赖源。在赖源期间,毛泽东居住在陈家村太原堂。至今,村里还留有多处红军标语遗址,在毛泽东故居的左厢房外墙壁上保存有清晰的"红军是工农自己的军队""农民暴动起来打土豪分田地"等标语。

1930年7月,由红四军四纵队和红十二军一纵队合编成立的红二十一军,在军长胡少海的率领下深入赖源开辟革命根据地。其中有一支部队分排分班驻扎在陈家村太原堂和上村、下村等地。现仍保留有红二十一军政治部和青年科刷写的"商人要使商业发展,只有赞助土地革命,发展农村经济""加强农民的购买力""勇敢觉悟的青年加入共青团来"等标语。

1933年春,连城红军独立团(时称明光独立营)、红九团400余人进驻赖源陈家村太原堂,帮助条件较成熟的乡村建立红色政权。

"太原堂"原系一座温氏祖祠,坐落于该村水尾,坐南朝北,面积3000余平方米,始建于1842年。该建筑为木质结构,工艺精湛,造型独特,至今已有170余年的历史。

毛泽东故居"太原堂"是连城县革命党史教育基地,被列入县政府第六批县级文物保护单位。

(二)赖源乡苏维埃政府旧址"关公殿"

赖源乡苏维埃政府旧址"关公殿"位于赖源乡上村村,距离乡政府所在地3公里。

1933年赖源乡苏维埃政府成立,政府机关设于此。现墙头仍保留有红二十一军政治部刷写的"共产青年团是为青年无产阶级谋利益的""勇敢觉悟的青年加入共产青年团来""商人要使商业发展,只有赞助土地革命,使农村经济发展,加增农民的购买力"等标语。

该旧址始建于19世纪末,至今已有100多年的历史,土木结构,占地面积300余平方米,有较高的文化、艺术、历史和科学价值。2012年3月被县政府列为第七批县级文物保护单位。

(三)红九团指挥所旧址"徐氏家庙"

红九团指挥所旧址"徐氏家庙"位于赖源乡政府所在地下村村

石尾洋。

1934年4月,原属福建军区的地方部队独立第九团根据中革军委命令改为中国工农红军独立第九团。全团1200余人,团长吴胜,政委方方。同年5月,方方率部队由永安进驻赖源开展游击战争,红九团指挥所设在下村"徐氏家庙"。11月,红九团转移至赖源河祠,建立了以马池塘、芹菜洋、陈地坑、邹家山为中心的岩连宁游击根据地。此后,在以张鼎丞、邓子恢、谭震林为首的闽西南军政委员会的领导下,开展了艰苦卓绝的三年游击战争。在此期间,"徐氏家庙"成为红九团后勤补给和情报交流的重要场所。1938年初,红九团改编为新四军第二支队,开赴皖南前线抗日。

红九团指挥所旧址"徐氏家庙"至今已有200余年的历史。属砖木混合结构,占地面积320平方米,由门厅、天井、正厅、回廊组成,面阔20米、进深16米,穿斗式、硬山顶,工艺精湛,造型独特,有较高的文化、艺术、历史和科学价值,2012年3月被县政府列为第七批县级文物保护单位。

十、莒溪镇

"红军洞"位于莒溪镇陈地村垒口自然村。这是个天然岩洞,洞口狭窄,洞内宽敞,可容纳20多人歇息。1935年3月至8月,谭震林同志率警卫排黄治平、杨金保等10多名干部战士住在洞内,指挥开展游击斗争。

十一、宣和乡

宣和乡培田村"官厅",原称"大屋",为吴氏接待过往官员使用,而称"官厅"。其屋"九厅十八井"结构,布局为前塘后阁式五进厅。中央红军北上前的温坊、松毛岭战役中,"官厅"成为红军的指挥部,朱德、彭德怀、谭震林、林彪、罗炳辉等在此几次召开红军团以上干部会议,研究战斗方案。这里还是红九军团长征出发地。

第十一节　连城人民的重要贡献

1929年6月10日,毛泽东、朱德率领红四军进驻连城新泉,进行为期一周的"新泉休整"。在此期间,毛泽东、朱德在新泉召开军人大会,宣布将闽西各县地方武装组建成立红四军第四纵队,帮助建立连城第一个红色政权——连南区革命委员会。同年6月14日,毛泽东在新泉撰写了近8000字的"给林彪的信",第一次在人民军队初创时期比较系统地提出了党对红军的绝对领导和红军建设的一系列根本原则,为后来古田会议决议的起草提供了科学的理论框架。同年12月3日,毛泽东、朱德率领红四军离开长汀,第二次进驻连城新泉,进行了我军历史上一次大规模新式整军运动——军事、政治整训,历史上称"新泉整训"。毛泽东主持召开了红四军党的第九次代表大会预备会,在新泉"望云草室"毛泽东亲自起草了《古田会议决议(草案)》,为古田会议的胜利召开在政治上、思想上、组织上都做了充分的准备。连城是毛泽东军事思想发祥地之一。

在第二次国内革命战争时期,当时仅11万人口的连城县,就有近3000人加入中国共产党,10300余人参加了红军、游击队,占全县当时人口的10%以上。同时还有60%以上的群众参加地方游击队、赤卫队和少先队。据1933年11月福建省第三次党代表大会统计,连城县参加红军的有1000人,新泉县2600人参加红军。在第二次国内革命战争时期牺牲的连城人民被评上革命烈士的有1489人,被评为"五老"人员的有912人,更多的成了无名英雄。

据1953年不完全统计,在第二次国内革命战争时期和三年游击战争中,连城全县736个村庄36409户中,被毁灭82个村庄,绝灭5540户;被杀害1269人(仅营级以上干部被害的就有30人),被抓走3799人;全县逃往外地的803户,2947人;饥饿疾病死亡23348人;被抢杀耕牛3464头;荒芜土地23481亩;全县原有房屋153158间,被烧毁6574间,被迫移民而倒塌的房屋15170间。

1934年6月,新泉、连城两县先后沦陷,两县县委和县苏、游击队坚持游击战斗。在抗日战争和解放战争时期,连城县连南游击队在闽西铁长总支游荣长等人的领导下,坚持地下游击活动,与敌人进行了斗智斗勇的斗争。以戴炳辉同志为首的工作团在连城各地发动群众,开展秘密活动,配合解放大军闽粤赣边游击武装,不断打击国民党反动派,连城人民坚持斗争,红旗不倒,终于同全国人民一道赢得了新民主主义革命的最后胜利。

　　连城人民为中国革命做出了重大贡献,付出了巨大的牺牲。

第三章　开拓进取　七十载风雨兼程

第一节　剿匪肃反　巩固人民政权

　　1949年11月6日,连城宣告解放。1950年6月和7月,连城县人民政府和中共连城县委相继成立,革命老区建立了新生的人民政权,连城老区人民奔走相告无不欢欣鼓舞。

　　新成立的连城县委、县人民政府按照党中央的部署,为巩固新生的人民政权,建设新中国,带领全县人民群众恢复和发展生产、促进社会各项事业进步。但是反革命残余势力绝不甘心于他们的灭亡,总要作最后的垂死挣扎。连城虽已解放,然而境内匪患还十分严重,国民党残余势力与地方土豪劣绅相勾结,加紧从事破坏和捣乱活动,危害人民财产生命安全,反革命气焰十分嚣张。因此,彻底剿灭匪患,肃清地方反动势力,成为巩固新生人民政权的首要任务。

一、反动势力垂死挣扎

　　连城位于福建西部,是东南沿海连接江西内地的主要通道,地理位置十分重要。抗日战争时期,国民党福建省党部曾一度迁至连城城关。解放前夕,国民党福建省政府主席刘建绪曾亲自策划和部署,动用其主要兵力对共产党地下组织及党领导的游击队进行疯狂的"清剿",设立了不少便衣队,并在各乡村安排情报人员,编织了一张围剿革命力量的"总清查、总围剿"的大网。当时党的地方组织和人民武装力量相对薄弱,而国民党残余势力、土匪、民团则人多势广,且极其嚣张。

当时连城的主要匪首有华仰桥、罗松涛等,他们都是横行乡里、无恶不作的大恶霸。华仰桥号称连城"东方大王",拥有轻重机枪10余挺,长短枪700余支,主要盘踞在以姑田为中心的连城东部山区。罗松涛则是城郊、文亨一带土匪的总头目,其势力影响范围大,称霸一方。除了这两股连城境内最大的封建反动势力,还有罗子余、肖尧政、肖铳孜、罗其淼、傅兰生、曹半溪、林兆河等几股民团也持有枪支弹药各竖其帜,占山为王。各股势力之间虽然尔虞我诈,但都具有反革命的共同性质。

1949年的夏天,中国人民解放军解放全国的步伐势如破竹,大部分国民党军政人员闻风丧胆,失去战斗意志。此时国民党龙岩行政专署以专员李汉冲为首弃暗投明,宣告起义接受共产党的领导,连城的地方武装也只好听从李汉冲的指令,同意易帜起义。但是各股民团还是迟迟不肯交出枪支弹药,一些散兵游勇依然蠢蠢欲动,经常有抢劫和骚扰破坏连城和平起义的行动。

1949年11月6日,中国人民解放军福建军区第八军分区(即龙岩军分区)警备八团和军事代表团进驻连城,对连城实施军事管制,宣告连城和平解放。为了掌控错综复杂的形势,军事代表团暂时留用一些旧政权人员,利用部分民团头目充任区长或副区长等职。如:大同区(姑田)区长华荫铭就是华仰桥的儿子;光明区(朋口)区长吴乃昌,副区长傅兰生,新民区(文亨)区长罗义胜等人都是地方民团的首脑;共和区(北团)区长陈体仁也是有武装实力的土豪劣绅。在这些人的掌控管辖下的区、乡匪患不断,社会秩序混乱、百姓不得安宁。

1950年3月,败退台湾的蒋介石亲自委派唐宗为反共"救国"闽粤赣纵队司令,要求唐宗尽快地将大陆的反革命残余力量组织起来,在闽粤赣区域收编反共"自由军",配合国民党军反攻大陆。唐宗,真名李森,四川省成都市人,1914年出生在豪绅家庭。青年时代曾参加黄埔军校六期学习班学习,后转至国民党川军第二十八军军官教导团受训。而后历任国民党第二十八军十师排长、连长、营长、团长、旅长、少将师长等职。逃至台湾后,任国民党国防部第三厅参谋部主任,潜入大陆后升为中将。

唐宗带领80余人于4月间潜入大陆。他看中了连城有较集中的反动势力和特殊的地理环境,就在连城境内莒溪与文亨交界处的清风山成立所谓"中国人民自由军闽粤赣总司令部",并计划在上杭、长汀、武平、宁化等12个县组建14个纵队。唐宗仅用了2个月的时间,就在连城组建了以文亨匪首罗柏盛为司令、周明乾为副司令的第一纵队,以宣和匪首吴锦林为司令的第五十五纵队,以清流长校匪首江雄生为司令的第三十六纵队,其势力范围包括四堡、北团和罗坊。

由唐宗组建的所谓"中国人民自由军闽粤赣区总司令部"组织十分严密。唐宗任总司令;王潜(真名汪泰辅,国民党军少将)、吴佑(真名吴寿潮,国民党军少将)为副总司令;文亨的罗廷徐(曾任国民党军团长)为总司令部参谋长;姑田的华仰桥为汀连龙督编处处长。此外还设有副参谋长、侍从长、侍从副官等官佐10名,下设参谋处、秘书处、政工处、总务处、闽西指挥部、托编处、直属大队等官佐296名。

司令部下属的反共"自由军"纵队的编制虽各有不同,但是组织严密。如第一纵队就设有司令、副司令、参谋长、随从参谋、副官、上尉情报员等11人。纵队下设参谋处、政工处、补给处、军医处、戒哨司令部、警卫联队、独立大队、大刀队等,共有大小官佐448人。

反共"自由军"的成立,无疑给连城国民党的残渣余孽以及反革命的地方恶势力注入了强心针,原来无奈起义或混入革命队伍中的阶级异己分子有些出现"反水"叛变,残存的地方民团、散兵游勇也变得嚣张起来。他们以为反戈一击的时机已到,便由隐蔽转为公开,由小股局部对新生政权的骚扰转为有组织有目标的统一行动。唐宗更是得意忘形,下令"先打区公所,后联合攻城",叫嚣要争取当年就在县城过中秋节,年底占领龙岩,甚至决定委派罗岐山任福建第七专区(龙岩)专员。

在唐宗的操控下,1950年8月1日,混入县大队第一中队担任中队长的项文俊率领部下叛变,在施计枪杀军事代表团派进去的连排干部4人后上山为匪。接着担任朋口区中队长的傅兰生也紧随其后拉着队伍叛变为匪。

在这期间,唐宗直接指挥的反共"自由军"第一纵队罗柏盛的大刀队和独立大队,率先组织围攻文亨区公所,杀害区委书记陈刚。匪首华仰桥、江雄生、吴锦林以及莒溪的民团头目罗其淼也分头率领匪部围攻姑田、北团、朋口和新泉区公所。9月10日晚和17日的凌晨,反共"自由军"匪部第一纵队和三十六纵队乘连城县正在召开第一届各界人民代表大会期间,先后两次攻打连城城关。由于连城军民的坚决还击,匪徒两次攻城均未得逞。

唐宗在两次攻城失败后,又指使部下烧毁东门大桥,并在各地破坏公路、阻塞交通、砍倒电杆、切断通讯、抓人派款、强行抢掠、奸淫妇女、谋杀干部群众。据1950年底统计,全县被烧毁大小桥梁17座,砍断电杆800余根,盗剪电线8万多斤,被抢劫宰杀耕牛2500余头;群众被强行派款7万余块光洋,大米30多万斤,稻谷12万多斤,被抢税款2000万元;全县被杀害致死的基层干部32人,被暗杀的群众46人。

唐宗为首的反共"自由军"的反革命破坏活动不仅局限在连城,乃至影响到整个闽北、闽西、闽南,这些地方的土匪也跟着猖狂起来。当时的福建省委主要领导叶飞回忆说"建国初期福建的土匪多如叶片"。匪患所带来的严重危害,惊动了党中央。1950年11月17日,毛泽东主席亲自电报指示:"闽浙两省剿匪工作极为重要,特别是福建匪患必须使用四五个主力师用全力穷追猛打,限期肃清……我提议从现在起要与广泛开展土地工作相结合(福建必须迅速实行土改),限6个月内剿灭一切成股土匪,责成叶飞、张鼎丞全力以赴做出成绩。只要福建的土匪消灭,土改完成,即蒋介石登陆进犯,也是容易对付的。"

二、集中优势　合力剿匪

闽西解放后,中共龙岩地委对连城匪患情况十分重视,对剿匪做出重要部署。1950年6月,将省军区警备八团的主力由游梅跃团长率领从上杭调至连城朋口,接着把由警备八团副团长罗铭率队在外参战的两个连队调回一并进驻朋口,控制了朋口这一交通枢纽,有力地削弱莒溪、朋口、宣和的匪徒力量,并遏止匪徒参与城关周围土匪的联合行动。警备八团扼守朋口之后,经常主动出击,打了不少胜仗。但由于匪首唐宗把连城城关作为主攻方向,而城关剿匪兵力又不足,处于守势的党政军民虽然做了很大的努力,土匪、特务的活动仍然十分猖獗。

1950年11月下旬,中国人民解放军第十兵团领导坚决执行党中央、毛泽东主席及朱德总司令关于坚决铲除匪患的有关指示,派出了二十九军八十五师的主力二五三团到闽西参加剿匪。

二五三团于11月下旬由厦门前线奉命调往连城,由该团党委书记张茂勋和副团长王健行、参谋长沙杰指挥。参加剿匪的有该团的一营、二营和团部的炮兵连、担架连、警卫连等11个连队,总兵力2700余人。

进驻连城后,一营和二营迅速分散驻扎于文亨、湖峰、南阳和姑田。团部一个连驻扎在北团区,掌控北团、罗坊、四堡方向的匪情。团直机关和直属连共300余指战员进驻县城。

二五三团部队到达县城后,团部与连城县委、县人民政府合署办公,很快就制订了《今冬明春的任务》以及剿匪反霸的具体部署。张茂勋兼任连城县委副书记,王健行主要负责连城的剿匪反霸工作。由此,二五三团迅速展开了"重点清剿,驻剿挖根,划分地区,全面控制"的军事清剿行动。

在兄弟部队紧密配合和人民群众的支持与协助下,解放军猛烈的军事围剿和强大的政治攻势很快就显露成效,数天之后各路匪徒开始动摇和瓦解,纷纷主动投降或携械自首。此时的唐宗见势不妙,就采取化整为零的办法,把大部分土匪分散,自己带一名侍从副官、几名警卫员潜伏在清风山坐镇指挥,伺机行事。唐宗的如意算盘是,若是台湾国民党军反攻大陆,就乘机把土匪重新纠合起来,形成力量;若是遭到清剿,他们少数几个核心人物随时都能转移逃跑。

因此，反共"自由军"的总部所在地清风山成了剿匪部队首要的清剿之地。

在警备八团的配合下，二五三团由副团长王健行亲自赴清风山担任战地指挥，集中使用7个连的兵力，将清风山方圆60里地团团围住，形成"白天人连人，夜晚火连火"的包围圈。县人民政府和人民群众也对围剿工作给予大力协助，周边的每个乡村都有4至5个武装工作队员带领民兵、群众担负把守山口要道和守卫乡村的任务。

战地指挥部通过细致的情报分析，不断调整围剿的部署与战术，同时发动群众对敌展开强大的政治攻势。军事围剿开始后，四连三排就在湖峰捉到匪司令部第二课长吴先仁，经审讯确认唐宗仍被围困在山上。但随后的十余天时间，除搜到匪徒驻地的一些物资和个别匪徒外，清剿并无大的进展。直至12月5日深夜两点钟左右，一连八班战士刘万金，终于在哨位上蹲守发现到从包围圈内潜逃出来的匪首唐宗，并一举将其擒获。经过审讯，唐宗供认了他的匪特身份和犯罪事实。在连城关押不久后，被第十兵团兼福建省军区派来的一个连和几辆军用汽车押解到省城福州。1951年4月30日，唐宗在福州被枪决。

在活捉唐宗后的不到一个月时间，全县就俘捕反共"自由军"匪徒1000余名，县城内拥有72名成员的两个特务组织也被彻底铲除。

唐宗被活捉，宣告了国民党反共"自由军"的迅速瓦解，宣告蒋介石反动派妄图反攻大陆阴谋的彻底破灭，是连城剿匪工作取得的重大胜利，大长军威，大快人心。连城县委召开了隆重的祝捷大会，省委、省军区特派了军区副司令刘永生莅临大会祝贺胜利。

三、肃清残匪　镇压反革命

国民党反共"自由军"被瓦解之后，当时连城总体的形势仍然是国民党反动势力和恶霸残匪尚未肃清，政权尚待稳固，地方干部的力量薄弱，广大的人民群众尚未真正发动起来。连城县委和县人民政府以及剿匪部队首长都充分认识到这个胜利只是阶段性的胜利，往后肃清残余土匪、镇压反革命的工作任务会更复杂更艰巨。正如毛泽东主席在1950年11月22日电示："在时局紧张的情况下，必须限期剿灭股匪，加速进行土改，发展地方武装和坚决镇压反革命活动，我党我军方能取得主动，否则有陷入被动的危险。"因此必须坚持走群众路线，充分组织发动群众，才能彻底肃清残余土匪和反动势力，巩固新生的人民政权。

1950年3月18日，中共中央发出《关于严厉镇压反革命分子活动的指示》。7月23日，政务院和最高人民法院又发布了《关于镇压反革命活动的指示》，要求各地迅速开展一场镇压反革命的运动，打击的重点是土匪（匪首、惯匪）、特务、恶霸、反动会道门头子和反动党团骨干。

连城县委根据党中央指示做出重要部署，剿匪部队参与了地方的土地改革和镇压反革命运动。由于部队通过剿匪，熟悉了连城情况，密切了群众关系，各区、乡的工作队深入群众，掌握了大量地主恶霸、土匪、特务等反动分子的罪行事实证据，并确定了抓捕名单和形成罪行材料，等待抓捕时机。

1951年1月12日，连城县委向全县各级党组织发出《中共连城县委关于镇压地霸的工作部署》文件。决定在镇压反革命运动中要抓的五种人是：(1)恶霸、不法地主、狗腿子以及有血债或者为群众所痛恨的坏分子，一律要关。不法地主是指有不法行为的地主，具体规定按照华东地区惩治不法地主条例进行。(2)伪乡保长、伪党团的县、区书记长、干事，个别很坏的伪甲长，一律要关，对伪党团员出布告进行登记。(3)邪教"一贯道"坛长以上、大刀会头子、同善社的负责人，一律要关。(4)叛徒，是指脱离革命以后有反革命行为者。(5)匪属要关到土匪回来自新为止。

在镇压反革命运动中，连城县委严密组织了二五三团部队和地方武装人员在全县进行了两次大规模逮捕行动，短时间内就将附城、文亨、姑田、北团4个重点区以及县境内的恶霸、反革命分子全部逮捕，并分批处决了罪大恶极的反革命分子。对罪恶不是很大的,人民政府则根据政策界限关了一批(土匪396人、特务93人、恶霸21人),管制了一批(由劳动教育所管制149人、自新人员训练所管制230人、押送外地劳改50人)。在镇压反革命运动中,全县共召开了143场公审大会,诉苦群众达1933人,参加公审大会的群众约12万人次。

据不完全统计,从1950年11月至1951年4月,土地改革前后,全县共逮捕土匪2324人、"五种人"749人、匪属68人、特务52人、刑事犯39人,累计3232人。全县被镇压枪毙的反革命分子有47人。

四、巩固新生的人民政权

巩固区、乡政权是剿匪肃反斗争夺取最后胜利的根本保证。在连城县委的统一领导下,二五三团部队乘着军事上取得重大胜利的东风,局部调整了工作方向,抽调团职干部4人、营职干部8人、连职干部26人、排职干部36人、班干82人、战士1202人,参与地方发动组织群众和建立区、乡新政权工作,有效地缓解了连城地方干部严重缺乏的困难,纯洁了区、乡政权干部队伍,极大地提高了区、乡组织的凝聚力和战斗力。到1950年12月初,全县成立了附城区(莲峰、文川)、新民区(文亨)、大同区(姑田)、共和区(北团)、光明区(朋口、莒溪)、康乐区(新泉、庙前)等6个区人民政府。到1951年底,全县63个乡镇通过民主选举产生各界人民代表3417名,先后召开人民代表大会,选举产生正副乡(镇)长140人、委员692人,成立63个乡(镇)人民政府,标志着基层人民民主政权全面建立。同时在全县建立起一支拥有800余人的强大地方人民武装力量,对打开连城的工作局面起到重要作用,有力地推进了全县减租、退租、土地改革运动顺利开展。

1951年3月,二五三团和警备团奉命相继离开连城,残匪的清剿任务交由军分区独立第七旅和地方公安部门担任,1951年4月至10月,又歼灭土匪177人。匪首罗松涛、罗柏盛先后被捉拿归案。在围剿中,匪首周明乾被烧死,匪首华仰桥服毒身亡。118名土匪投案自首。至此,全县土匪基本被肃清。

新中国成立初期,连城这场波澜壮阔、轰轰烈烈的剿匪反霸镇压反革命斗争,从根本上巩固了新生的人民政权,使广大人民群众实现了政治上和经济上的彻底翻身,最终以人民的全面胜利而宣告结束。这场以中共连城县委为领导核心,人民解放军二五三团和警备八团为主力,人民群众为依靠的伟大斗争,彰显了中国共产党的坚强领导作用,彰显了人民解放军既是战斗队又是工作队的英雄本色,彰显了人民群众是真正的英雄,是建设新中国的根本力量。

第二节　肩负使命　基层党建不断推进

在伟大的中国共产党的正确领导下,连城革命老区的各级党组织和广大共产党员,在取得革命胜利建立新政权后,继续发扬革命传统,坚定地紧跟党中央的战略部署,坚决地服从党中央的集中统一领导。在进行社会主义革命和建设中,大力加强党的自身建设和干部队伍建设,基层党组织的凝聚力、战斗力不断提高,党员队伍逐步发展壮大,党的干部队伍整体素质逐步提高。党的十一届三中全会以来,全面纠正"左"的错误,拨乱反正,基层党建不断推进。特别是党的十八大以来,中共连城县委始终在思想上、政治上、行动上与习近平总书记为核心的党中央保持高度一致,立足"不忘初心,牢记使命"这个激励共产党人的根本动力,坚持和加强党的全面领导,全面推进党的政治建设、思想建设、组织建设、作风建设和纪律建设,奋力谱写连城革命老区的社会主义现代化建设新篇章。

一、人民民主政权的建立和向社会主义过渡时期(1949年11月—1956年9月)

1949年11月6日,鉴于国民党原连城县当局已经起义,上级派出军事代表团接管国民党连城县政府,宣告连城解放。1949年12月初,上级又派出福建省第八军分区(即龙岩军分区)警备八团进驻连城。中共龙岩地委决定由警备八团和军事代表团领导组建成立中共连城县临时工作委员会。1950年1月,中共连城县临时工作委员会成立。书记由警备八团副团长罗铭担任,副书记由军事代表团团长戴炳辉担任。

1950年6月1日,连城县召开各界人民代表大会,宣告连城县人民政府正式成立。马力当选为县长。7月,中国共产党连城县委员会正式成立,中共龙岩地委调派刘户文担任县委书记。中共连城县委、县人民政府的成立,标志着连城县人民民主政权的建立。

1952年4月,全县各区(附城、北团、姑田、文亨、朋口、新泉、庙前、罗坊、四堡)在完成反霸剿匪和土地改革中先后建立了党委。连城县委和区党委成立后,重视培养和发展新党员,壮大党的队伍。全县共产党员人数由1949年的38人增加到113人。在全县63个乡(镇)人民政府中逐步建立党的支部,到1953年底建立党支部7个。

随着各级人民政权的建立和完善,县委还积极领导农民、工人、青年、妇女、归侨、商人等社会各界成立自己的团体组织。这一期间,全县先后成立了农民协会、总工会、团工委、妇联、工商联、侨联等人民团体,为党和人民政府紧密联系社会各界人民群众,发挥了桥梁和纽带作用。在这些人民团体中涌现了许多优秀骨干,培养和锻炼了大批当地干部。同时,在剿匪肃反、土地改革运动中考察发现一批优秀青年,及时吸收入党,选拔到县、区、乡政府的领导岗位。南下干部与本地干部密切团结合作,不断地提高干部队伍素质,壮大了连城的干部队伍。1952年,全县仅有干部341人,到1955年底全县干部人数达到1105人。按德才兼备的原则,提拔了县级干部26人,区级干部267人。在培养提拔干部中注意贯彻党中央关于干部地方化的方针,在1955年提拔的107名干部中地方干部占87%,地方干部担任区委书记、区长的占85%,担任区委委员的占88%。

为了纯洁党的思想、作风和组织,从整体上提高党员、干部素质,连城县委按照党中央的决定,从1951年下半年到1954年春,在党内开展整风运动。结合"反贪污、反浪费、反官僚主义"的"三反"

运动,在全县范围内有组织、有领导、有计划、有步骤地整顿了党的基层组织。对政治历史不纯、蜕化变质、腐化堕落的党员干部采取组织措施。从1951年9月中共连城县纪律检查委员会成立以来至1956年6月,全县共查处违法违纪的党员干部71人。其中,县级干部2人、区级干部18人。通过党内整风,基层党支部的组织生活制度开始形成,三会一课(即支委会、支部大会、党小组会、上党课)普及机关、农村。领导干部必须过好双重组织生活。党的基层组织不断地加强,取得了初步成效,至1956年6月,全县党员人数达到1292名,其中农村党员910名。农村党员担任农业合作社干部占42%,担任乡干部的占18%,全县建立了7个基层党委、3个党总支、103个党支部。

1955年7月1日,中共中央发出《关于展开斗争肃清暗藏的反革命的指示》,1956年3月县委成立五人小组,肃反运动在全县内部机关单位全面展开。全县共清查出反革命分子和其他坏分子173名。

为贯彻落实中共中央《关于审查干部的决定》,弄清每个干部的政治历史问题,达到革命队伍的纯洁性,1955年12月,连城县委成立审干工作委员会。解放以来,连城的干部队伍来源有随军南下干部、福建革命大学青年学生、闽西公学学生、部队转业、留用起义人员以及新吸收地方干部。全县属于中央规定审查范围的干部有1111人,其中县级14人、区级209人、一般干部888人。列为重点审查对象的356人的历史问题,历时二年零五个月全部定案。根据交代从宽、隐瞒从严的原则,其中63人不予处分,20人给予纪律处分。

从连城的解放到1956年,在中共福建省委、龙岩地委的坚强领导下,连城县在恢复国民经济、剿匪肃反、土地改革、抗美援朝运动以及"三反""五反"运动中取得了伟大胜利。在社会稳定、生产发展、人民安居乐业的大好形势下,中国共产党连城县第一次代表大会于1956年6月2日至5日胜利召开。到会代表144名、列席代表33名,代表全县1292名共产党员。这次大会主要任务是传达学习毛泽东主席关于社会主义革命和社会主义建设的"十大方针";总结连城6年来工作,提出今后工作任务发展目标;选举产生中共连城县委员会、中共连城县监察委员会和出席福建省第一次党代会代表。中共连城县第一次代表大会的召开,体现了党内民主生活进入正规化、制度化轨道,标志着连城县在党的建设方面进入新的历史时期。

二、社会主义建设中的探索与曲折时期(1956年9月—1966年5月)

1956年9月15日至27日,中国共产党第八次全国代表大会召开。这是党取得全国执政地位后召开的第一次全国代表大会,显示了党的团结和党的事业的兴旺发达。

1957年4月27日,中共中央发出《关于整风运动的指示》。中央决定这次整风的主题是正确处理人民内部矛盾问题,重点解决党内存在的官僚主义、宗派主义和主观主义。连城县委要求各级党员、干部深入基层、深入群众,和群众打成一片,一边参加生产劳动,一边听取人民群众意见,帮助县委和各级党委开展整风运动。整风运动开展起来后,出于对党的忠诚热爱,连城许多党员、基层干部、知识分子、中小学教师向县委以及各级党组织提出了许多批评意见和建议,绝大多数提意见的人态度是中肯的,所提的意见也富有建设性。

6月8日,中共中央发出《关于准备力量准备反击右派分子猖狂进攻的指示》,标志着整风运动转向反击右派。连城县党政机关、企事业单位集中参加整风和反右派斗争人数1825人,写出大字报95177张,共提意见58881条。运动后期,所有参加运动的人划分为左、中、右三种人。确定右派42人,这些人被戴上"右派分子"帽子,成为人民的敌人,长期受到批判打击。其中9人被开除公职,18人被送到农村接受劳动监督改造,15人被精简退职。反右派斗争扩大化,这是新中国成立后的一个沉痛教训。

1957年11月27日,中共中央对福建处理"不纯干部"问题做出批示后,连城县委成立领导小组设立专门办事机构,对历次运动中揭露出来的"不纯人员"重新审理。全县共审查处理"不纯人员"(含反右派划为中右人员17人)共计80人。其中,被清洗、开除公职的68人,被判刑1人,劳动教养1人,其他处分9人,仅1人未受处分。

1958年5月5日至23日,中共八大二次全会召开,会议制定了"鼓足干劲,力争上游,多快好省地建设社会主义"的总路线。会后,全国各地各条战线掀起了"大跃进"运动的高潮。连城和全国各地一样,在党的总路线的指引下,进入"大跃进"年代。由于"大跃进"运动在建设速度上急于求成,夸大了主观意志和主观努力的作用,使得以高指标、瞎指挥、"浮夸风"和"共产风"为主要标志的"左"倾错误不同程度地在全县泛滥起来,在农业、工业、文教、卫生等方面"放卫星",弄虚作假,鼓吹"人有多大胆、地有多高产",全县上下大刮"浮夸风"。当年8月开始,不到二个月的时间,全县成立12个人民公社,实行农村人民公社新体制,被概括为"一大二公",大搞平均主义,大刮"共产风"。随后,大办农村公共食堂,全民大炼钢铁,遭遇了三年的困难时期,导致了国民经济的严重下滑和人民生活的严重困难,由于粮食极其紧缺,一些农村发生水肿病,饿死人。

为了纠正农村工作中"左"倾错误,1960年下半年,县委对连城三年工作进行了检查和反思,迅速调整人民公社的生产关系,稳定农民的生产情绪,鼓励积极生产渡过难关。10月10日,县委出台《关于农村工作十五项政策的规定》,调动了农民生产积极性,缓解了农村经济困难。同时,对县直机关、企事业单位开展紧缩机构精简人员的整编运动。全县撤销合并47个机关和企事业单位,精简下放666人到农业生产第一线,动员回乡当农民190人。至1962年止,全县有1.2万名(其中企事业职工2400人)干部、职工及其家属到农村安家落户。

1960年10月,中共中央发出指示,部署整风整社;11月,下发《关于农村人民公社当前政策问题的紧急指示信》,坚决扫除"五风"(共产风、浮夸风、强迫命令风、生产瞎指挥风、干部特殊化风)。1961年1月下旬起,全县组织395人组成工作队奔赴农村,全面开展整风整社运动。1月13日,毛泽东主席向全党发出大兴调查研究之风,使1961年成为实事求是年。6月,莒溪公社溪源大队党支部书记吴镇豪针对农村工作和干部群众出现思想混乱情况,给省委写了一封《我对当前体制问题的感觉》的信,引起省委书记叶飞的高度重视,亲自对来信做了重要批示,要求各地、市、县委书记对吴镇豪反映的情况进行一次切实的深入的调查研究,也希望连城县委第一书记做一次调查研究解决问题。1961年1月,党的八届九中全会正式决定对国民经济实行"调整、巩固、充实、提高"的八字方针,并决定从1961年起,在两三年内对整个国民经济实行调整。由此,"大跃进"运动实际上已被停止。1962年2月,中共中央正式发出指示,确定以生产队为人民公社的基本核算单位,规定至少30年不变。

1960年2月开始,连城县委组织开展了群众性的"学习毛主席著作"活动,要求把学习、宣传、运用毛泽东思想作为一项重大的政治任务来抓。1964年,要求学习《毛泽东选集》第一、二卷,重点学习《为人民服务》等6篇文章。8月18日,中共中央要求县以上干部学习《实践论》《矛盾论》《关于正确处理人民内部矛盾的问题》等著作,要求理论联系实际,"活学活用,学以致用,急用先学,立竿见影"。1965年6月,县委召开全县学习毛主席著作先进集体和积极分子代表会议,表彰先进集体36个,学习积极分子81人。学习毛主席著作,成为当时推动、激发广大干部群众进行社会主义革命和建设的强大精神动力。

1963年2月,中央决定以抓阶级斗争为中心,在农村开展以"四清"(清政治、清经济、清组织、清思想)为主要内容的社会主义教育运动。在城市(党政机关)开展以反对贪污盗窃、反对投机倒把、反对铺张浪费、反对分散主义、反对官僚主义为主要内容的"五反"运动。全县揭发出贪污粮食38678斤,贪污公款12306元,挥霍公款33455元。1964年1月再次掀起高潮,全县236个生产大队、2157个生产队全面开展"面上"农村社会主义教育运动。1964年9月,按照龙岩地委的统一部署,全县抽调县直机关、企事业单位的干部职工290人、农村积极分子140人组成社会主义教育工作队,参加上杭、长汀和南安的"点上"社会主义教育活动。这次运动错误地批斗了一批农村基层干部。"五反"运动后期成为"整党内走资本主义道路的当权派",并成为"文化大革命"爆发的重要原因之一。

至1965年底,全县共产党员人数为3280名,其中党政机关党员578名,农村党员2172名。全县建立19个基层党委、12个党总支、322个党支部。

三、"文化大革命"运动时期(1966年5月—1976年10月)

1966年5月16日,"中央文化革命小组"成立,发出《中国共产党中央委员会通知》(即"五一六"通知),涉及全国上下的史无前例的"文化大革命"迅速掀起。

1966年8月1日至12日,党的八届十一中全会召开。会议通过《关于无产阶级文化大革命的决定》(即"十六条"),确定"这次运动的重点,是整党内那些走资本主义道路的当权派"。随着"红卫兵"运动迅猛发展,"破四旧""革命大串联"后,1967年进入全面内乱。1月6日,上海造反派组织夺权成为"一月风暴"席卷全国。2月2日开始,连城县委、县人委的主要领导干部以及全县党政机关、县直企事业、农村社队的主要领导干部几乎都被打成"走资派",先后受到揪斗、批判,被戴高帽挂黑牌游街示众,连城各级党政机关几乎陷于瘫痪、半瘫痪状况,党的组织和党员被迫停止党的生活。下半年,因批斗"走资派"观点不同,形成连城"新字派"和"红字派"的两大派系的对立斗争,双方动用枪支弹药发生多次武斗事件。1967年9月,中国人民解放军连城驻军介入地方,成立连城县军事管制委员会,实行"三支两军"(即支农、支工、支左、军管、军训)的任务。

1968年9月,连城县成立以军队干部为主的"三结合"(军队干部、地方干部、群众代表)的革命委员会,取代了原县委、县人委领导机关,实行"一元化"领导。县革命委员会内设政治处、生产指挥处、办事组,取代了原党政机关的全部工作机构职能。

1969年4月,党的九大召开后,"文化大革命"运动转入"斗、批、改"阶段。首先开展的是"清理阶级队伍"。全县被揪斗的5350人中,列为敌我矛盾性质的"阶级敌人"有3858人,这些人被打成叛徒、特务、反革命、走资派、没有改造好的四类分子等等,受迫害致死者55人。1970年1月又开始了"一打三反"运动,全县被打成"现行反革命分子"的有82人,经济问题受审查的有261人,其中定为"贪污盗窃、投机倒把分子"的有33人。这两次运动制造了大量的冤假错案。

1969年初,全县掀起知识青年上山下乡、干部下放劳动的高潮。当年下乡知青4100人,大中专毕业生下乡264人,下乡城镇居民3225户9232人,省、市、县机关及厦门市的下放连城干部781人。全县下乡、下放到农村去的人数总计14274人。

1969年6月开始,进入整党建党。这次整党是在各级革命委员会领导下的开门整风和"吐故纳新"。至1971年2月,全县各公社先后召开党代会,选举公社一级党委班子。在此期间,机关单位、厂矿、农村党支部相继重新组建。1971年5月13日,中共连城县第三次代表大会召开,选举产生了新的中共连城县委员会,标志着全县整党建党工作结束。被"文化大革命"冲击的各级党组织重新恢复,党员的组织生活也恢复正常,对稳定连城局势,推进全县国民经济建设和工农业生产具有非常重要的积极作用。

1971年9月13日发生林彪叛逃事件后,全县转入批林整风运动。在"文化大革命"运动初期被打倒的147名副科级以上领导干部被"解放",重新安排工作,进入各级班子54人。1972年上半年开始到年底,781名下放干部被重新安排工作。

1974年1月,转入"批林批孔"运动。

1975年2月起,开展学习"无产阶级专政理论"。

1976年2月,"反击右倾翻案风"运动开始。

1976年10月6日,以华国锋为首的党中央一举粉碎"四人帮"反革命集团,标志着"文化大革命"运动十年动乱的结束。

至1976年底,全县设立17个基层党委、8个党总支、348个党支部;共产党员5737名,其中农村党员3774名,党政机关党员695名。"文化大革命"前期的1966年至1971年的六年期间全县党员增加398名。(1971年党员数为3678名,1965年党员数为3280名)。1972年至1976年的五年期间全县发展新党员2057人。

四、在徘徊中的二年期间(1976年10月—1978年12月)

粉碎"四人帮"后,全县开展揭、批、查"四人帮"的帮派体系和经济领域的"双打"斗争(打击阶级敌人的破坏活动,打击贪污、盗窃、投机倒把活动)。

1977年下半年开始到1978年1月,连城县委分二期在县直机关、企事业、农村社队中开展整顿领导班子和小整风运动,解决党内思想不纯、组织不纯和作风不纯问题。全县举办党训班20期,轮训党员干部3007人,30名老干部回到领导班子任职,新提拔46名青年干部。在农村选拔84名青年干部进公社领导班子,14个公社党委班子实现老、中、青"三结合"。全县查处贪污、盗窃、投机倒把分子402人,涉及金额13万余元。

"文化大革命"期间,县监察委员会被冲击瘫痪停止工作后,1978年3月24日,在中共连城县第四次代表大会上,选举产生新设立的中共连城县纪律检查委员会。此后,各基层党委也配备专职或兼职的纪检委员。

为了全面扭转"文化大革命"造成的混乱局面和推进拨乱反正,1978年5月开始,连城和全国各地一样开展"实践是检验真理的唯一标准"的大学习大讨论,冲破"两个凡是"的束缚,进一步肃清"左"的思想流毒和影响,解放思想,实事求是,为实现党和国家的历史性转折奠定思想基础。

五、改革开放和社会主义现代化建设新时期(1978年12月—2012年10月)

1978年12月18日至22日,党的十一届三中全会召开。全会做出把党和国家工作重心转移到经济建设上来,实行改革开放的历史决策。从此,开启了改革开放历史新时期。

十一届三中全会后,连城加快平反冤假错案的步伐,先后为"文化大革命"中的各种冤假错案平反。对全县"文化大革命"期间被立案审查的948人进行复查,属于冤假错案的彻底平反。同时,对历史遗留问题也进行复查,为1956年、1957年被打成"右派"分子的45人摘帽,恢复政治名誉,重新安排工作;为"大跃进"时期"反右倾""拔白旗"运动和社会主义教育"四清"运动中受处分的1782名党员干部和群众平反。全县437名干部职工被重新安排工作。

1979年1月起,全部摘掉地主、富农分子帽子,按人民公社社员待遇,家庭出身问题不再影响入党提干。

1980年12月,县革命委员会改称为连城县人民政府。同时,公社革命委员会改称为公社管理委员会。

1981年6月,党的十一届六中全会一致通过《关于建国以来党的若干历史问题的决议》,从根本上否定了"文化大革命"和"无产阶级专政下继续革命"的错误理论,标志着党在指导思想上的拨乱反正胜利完成。

1983年1月,省委确定连城县为整党试点县。中共龙岩地委派出整党工作队进驻连城。县委、县政府、人大、政协4套班子和县直部委办局的63个单位和县直企事业单位、农村社队分期分批开展整党,到1987年3月全面结束。1987年底,全县共产党员人数8417名,设立23个党委、21个党总支、514个党支部。

县纪律检查委员会恢复建立后,围绕严肃党纪、端正党风,组织党员干部学习《关于党内政治生活的若干准则》,开展做合格共产党员活动。分期分批轮训党员、干部5689人。从1979年起至1987年期间,全县共查处违法违纪党员、干部175人,其中开除党籍54人。

1984年上半年开始,按照党中央国务院关于开展县级党政机关机构改革的指示,根据党政合理分工的精神和精简的原则,大力简化和紧缩连城县委、县政府工作部门的设置。县、乡两级领导班子按照革命化、年轻化、知识化、专业化的要求做出调整配备,一大批年轻的知识分子被重用提拔,进入各级领导班子。新组成的县委、县政府班子成员12人,平均年龄41.7岁,其中大中专毕业生10

人,占83.3%;乡镇党委书记、乡镇长30人,平均年龄37岁;新提拔进入县4套班子成员的连城籍干部13人,其中县委副书记2人,副县长3人。

1984年9月开始,连城的15个人民公社先后撤社建乡,改设人民政府。通过召开人民代表大会选举产生乡、镇人民政府组成人员。通过召开党员代表大会选举产生乡、镇党委成员。1987年乡、镇换届选举,增设纪律检查委员会和人大主席团机构。

1988年,在19个党委中的39个党支部开展农村、机关、厂矿、学校的民主评议党员试点工作,时间持续6个月。评出不合格党员30人,占参评党员数的5.5%。1989年,全县24个党委、587个党支部全面展开,参评党员7606人,通过"自我评议、党内评议、群众评议、书面测评、组织评议"的办法,评出优秀党员302人,占3.9%;合格党员3712人,占48.8%;基本合格党员3324人,占43.7%;基本不合格党员196人,占2.6%;不合格党员75人,占1%。此后,民主评议党员成为党内生活制度每年开展。

1988年起,全县22个党委、560个党支部开展党建工作目标管理和党员目标管理。在乡镇党委设立党校,轮训党员,在党支部建立254个党员活动室,建立县、乡、村三级电教网络。

1995年起用三年时间,按照中央部署,在全县党员、干部中开展学习建设有中国特色社会主义理论和学习党章的"双学"活动,围绕提高党员素质、增强党性、充分发挥先锋模范作用的主题,解决党员、干部中存在的信念动摇、组织涣散、纪律松弛、为政不廉等方面问题。

2000年3月至5月,县级领导班子和领导干部开展"三讲"(讲学习、讲政治、讲正气)教育活动。

2001年起,用两年时间,在县、乡、村的领导班子和农村基层干部中有计划、有步骤地开展"三个代表"(中国共产党代表着中国先进生产力的发展要求、代表着中国先进文化的前进方向、代表着中国最广大人民的根本利益)重要思想学习教育活动。要求以实际行动实践"三个代表"重要思想,取得"干部受到教育、农民得到实惠"

的效果。2003年6月,党中央再次做出学习部署后,在全县掀起学习贯彻"三个代表"重要思想的新高潮。

2005年1月至2006年6月,以"提高党员素质、加强基层组织、服务人民群众、促进各项工作"为目标要求,围绕"取得成效"和"成为群众满意工程"两个关键,全县33个党委、592个党支部、12832名党员分三个批次开展"保持共产党员先进性"教育活动。

2008年下半年开始到2010年2月结束,在全县31个党委、607个党支部、13942名党员中分三批开展学习实践"科学发展观"活动。这次实践活动,紧紧围绕"党员干部受教育、科学发展上水平、人民群众得实惠"的总体要求,立足实际高标准推进取得实效。全县共查出突出问题2316个,为群众解决实际困难和问题1762个。

六、党的十八大以来(2012年11月至今)

2012年11月,中国共产党第十八次全国代表大会召开。以习近平总书记为核心的党中央,团结带领全国各族人民高举中国特色社会主义伟大旗帜,进入新时代。

连城县委坚持以改革创新精神全面推进党的建设新的伟大工程,坚持党要管党、从严治党的方针,全面加强党的基层组织建设,充分发挥共产党员的先锋模范作用,确保党的各级基层组织建设成为中国特色社会主义建设事业的坚强战斗堡垒。

2013年至2014年,按照党中央部署,连城县深入开展党的群众路线教育实践活动。通过学习教育、听取意见、查摆问题、开展批评、整改落实、建章立制,教育引导党员、干部牢固树立宗旨意识和马克思主义群众观点,改进工作作风,夯实党的执政基础。县处级干部34人,科局级干部829人,列为重点学习教育范围,率先整改做表率,全县13975名党员参加学习和民主评议。各级党组织发出征求意见书9570份,召开各类征求意见座谈会632场次,征集群众意见5590条。县委制定《深入开展党的群众路线教育实践活动整改落实方案》《关于开展"四风"突出问题专项整治方案》,对20个整治项目提出73条具体措施整改。按照中央八项规定要求,全县共精减各类会议297场次,精简文件简报988份,清理评比达标表彰项目37个,清理行政审批项目220项,压缩"三公"经费支出509万元,清理超标办公用房987.9平方米,清退17名干部在企业兼职领薪265.52万元,建章立制39项。县纪检监察机关加大查处违反八项规定和侵害群众利益的案件,群众反映强烈的公款吃喝、公款旅游、公车私用等不正之风得到基本遏制。

2015年,重点开展"三严三实"专题教育。32名县处级领导干部被列入重点教育范围。共查找问题186条,逐项整改。全县2077名机关党员干部集中学习受教育,对为官不正、为官不廉、为官不实、为官不为问题重点整治。开展干部经商办企业专项治理,全县181名党员干部退出投资入股资金1362.8万元,83名党员干部收受礼金礼品问题被追责,17名乡镇党政领导干部转岗,多名重要领导干部因严重违法违纪被查处。

2016年,开展"两学一做"学习教育活动,深入学习党章、学习系列讲话,做合格党员。32名县处级干部和821名科局级干部在各单位、各支部上党课。始终坚持带着问题学、针对问题改,始终坚持把转变作风、解决问题、推动发展贯穿学习教育全过程。

2017年,推进"两学一做"学习教育常态化、制度化。在全县基层党支部实施"五大工程":"红土学风工程""先锋模范工程""战斗堡垒工程""示范引领工程""提升进位工程"。县委学习中心组集中学习12次,全县调干集训450人。全县28项基层党建重点工作任务取得实质性成效。

2017年10月,中国共产党第十九次全国代表大会召开后,全县31个党委、667个党支部采用多种形式迅速组织17615名党员掀起学习贯彻党的十九大精神的高潮。县委举办6期宣讲骨干培训班,组建664人的宣讲团深入基层、深入群众开展巡回宣讲。全县1654名公务员(含参公)在互联网接受学习培训和测试。

党的十九大以来,连城县委全面加强基层党组织组织建设,取得显著成效。

农村党建:集中整顿软弱涣散基层党组织,确定30个后进支部全面整顿升级。帮助51个农村党支部投入310万元建设服务场所。县乡干部3240人挂钩帮扶贫困户,65名党员干部下派挂职驻贫困村脱贫攻坚,在农村党支部中建立农村民情收集点、民事调解点、政策宣传点、脱贫攻坚点。同时,建立基层组织工作新机制,实施村主干考评激励机制,提高村主干补贴标准,补助支部活动经费,慰问困难党员。

社区党建:成立11个社区党总支、39个小区党支部。建立党建工作联席会议制度和社区党员志愿服务队伍,91个县直单位与11个社区结对共建精神文明片区。

"两新"组织党建:成立连城县委非公有制企业工作委员会,53家规模企业建立46个党组织,449家规模以下企业中单独组建23个党支部、联合支部29个。78家各类社会团体组建党支部26个。32家农民专业合作社组建党支部27个。

国企党建:建立国企党组织活动阵地24个,成立工会组织10个,共青团组织5个。配有专职党务干部5人,兼职26人。

机关党建:引导机关党组织和党员干部争创"五个好"支部、"五带头"党员,建立党员示范点、示范岗、示范单位。

连城革命老区的党建工作正沿着党的十八大、十九大指引的航向不断推进,向纵深发展。

第三节　农村经济逐步发展　农民生活不断改善

新中国成立以来,特别是改革开放以来,连城革命老区的农业生产、农村面貌、农民生活发生了翻天覆地的变化,农村的改革和新农村建设取得了显著成就。

中共连城县委、县人民政府在农村的改革中,始终坚持把调动广大农民的生产积极性、发展农村生产力、提高农民生活水平作为改革的出发点、落脚点,始终坚持把党中央、国务院一系列"三农政策"和改革措施在连城广大农村落地生根。党的十八大以来,在习近平新时代中国特色社会主义思想的指引下,连城全面深化农村政策,实施精准扶贫攻坚,实施乡村振兴战略,为实现农民幸福家园和美丽乡村,推进农业、农村现代化而继续努力奋斗。

连城的"三农"问题同全国一样,也经历了不平凡的道路,有过辉煌和成就,有过曲折和失误。革命老区人民始终同共和国同呼吸、共命运。

一、土地改革,实现历史性转折

新中国成立前,连城的农村土地大多被封建地主阶级占有,农民仅有小部分自耕地,60%以上农民靠租赁地主掌控的土地耕种,地租一般按粮食产量的50%左右交纳,被剥削压迫的农民阶级过着穷苦落后的生活。

1929年,毛泽东、朱德率领红四军在连城新泉建立苏维埃政权,管辖一市四区23乡(新泉市、芷溪区、儒畲区、良福区、池溪区)。农村政权建立后,组织发动农民开展土地改革运动,提出"打土豪分田地""耕者有其田"的革命口号,把土地分给农民耕种,第一次摧毁封建土地所有制。1934年,红军长征撤离苏区后,封建势力复辟,恢复封建土地所有制。

连城在1949年11月6日解放后,建立县、区、乡各级人民政权,结束了半封建半殖民地的历史。在中国共产党的领导下,革命老区人民翻身当家做主人。

1950年6月,《中华人民共和国土地改革法》正式颁布。中共连城县委、县人民政府组织了强大舆论宣传政治攻势,广泛地发动人民群众参与,掀起了一场声势浩大的土地改革运动。县委成立了土地改革运动指挥部,人民解放军驻连城剿匪部队与县委派出的土改工作队进驻各区、乡,在继续开展剿匪肃霸镇压反革命分子的同时,全面开展划分阶级成分,组织发动农民起来诉苦、清算、斗争地主恶霸的罪行,参与土地丈量与分配。

在土地改革运动中,按党的方针政策规定要求,全县没收、征收土地共计16.76万亩(占总耕地的63.71%),无偿地分给无地和少地的农民耕种。雇农每人平均分得土地一亩七分,贫农分得一亩五分,中农除自己原有的土地每人平均也分得七分。在土地改革运动期间,还开展减租退租运动,全县共减退给农民被地主、富农剥削的粮食200多万斤。此外,还没收地主、富农的房屋3564间、耕牛153头、农具391件、粮食17.38万斤。

1951年12月,县人民政府向全县农民颁发《土地证》。土地改革运动后,农民安居乐业、自食其力、自由种植、多劳多得,农副产品自由上市交易,农村的政治社会稳定,农民生活逐步提高。农民分得土地后,极大地调动了生产积极性,全县当年粮食总产量3.84万吨,比1949年3.18万吨增长20.77%,农民人均生产粮食306公斤,完成人民政府分配的统购统销任务后,人均实有粮食237公斤。

党和人民政府领导广大农民进行的废除封建土地制度的土地改革运动,是历史上一场深刻的社会变革。从此,连城革命老区人民获得了政治上、经济上的彻底翻身,在中国共产党的领导下,走上社会主义道路,实现了重大的历史性转折。

二、组织起来,走集体化道路

随着土地改革任务的基本完成和国民经济的恢复发展,中共中央提出对个体农业实行社会主义改造,提倡个体农民"组织起来"走共同富裕的社会主义道路。1951年9月中央召开第一次全国农业互助合作会议后,下发《关于农业互助合作决议草案》,要求采取典型示范、逐步推广的方法,实现农业互助合作化。

1951年底,连城县开始试办农业生产互助组。附城区李彭村沈长功等16户农民,根据自愿互利原则,率先成立连城县第一个常年性的农业互助组,开展换工代耕互助,解决土地改革后农户劳动力和耕牛不足的困难。附城区李彭村的试点示范,迅速在全县推开,至1952年底,全县常年性的农业互助组和临时性的互助组发展到1538个,入组农户1.45万户,占全县农户总数的45.46%。

1953年3月,中共中央发出《关于农业生产互助合作的决议》,12月又发出《关于发展农业生产合作社的决议》,把农业生产互助组引向更高层次的农业生产合作社的方向发展,引导农民走集体化的社会主义道路。从1953年7月至1954年夏,连城的农业生产互助组进一步发展的同时,全县已组织成立20个初级农业生产合作社,有350户农民入社。到1956年底,全县入社农户已达到28605户,占全县农户总数90%。其中成立高级农业生产合作社80个,农户有15456户,并且呈现办社越办越大的趋势,300户以上的大社有13个,100户至300户的中型社有48个。此后,中共中央、国务院又连续发出文件,规范农业生产高级合作社的各项管理措施,标志着中国农业社会主义改造进入更高的阶段。至1957年5月,全县共组织起农业合作社303个,入社农民32277户,占总农户的97.1%。其中高级社275个,入社农民31548户,占总农户数的94.9%。

农业社会主义改造的完成,废除了农民土地私有制。农业合作社将农民私有土地、耕牛和生产工具,全部作价收归集体所有,取消土地分红,成为统一经营、统一管理和统一分配的社会主义新型农业生产集体组织。

1958年5月,中共八大二次全会提出"鼓足干劲、力争上游、多快好省地建设社会主义"的总路线,全国各地各条战线迅速掀起"大跃进"运动的高潮。8月,中央决定在全国农村中建立人民公社新体制,由高级农业生产合作社向人民公社过渡。中央认为,人民公社"一大二公"适合大办农业,是加快农业生产发展和过渡到共产主义的一种最好组织形式。连城县从8月份开始办社试点,到10月底,在不到两个月的时间就急速实现农村人民公社化。全县原有的24个乡、4个镇调整合并为12个人民公社。1959年上半年又调整为14个人民公社,设有219个生产大队、1853个生产队,入社农户3.37万户,占农户总数的99.5%。农民成为人民公社的新社员,实行公社、生产大队、生产队三级管理的集体所有制。

农村实行人民公社化后,搞事业人多力量大,如开公路、兴修水利、上山造林,农业生产方面运用人海战术搞突击,见效快,取得的成绩很明显。但是,由于人民公社基本上是搞"一平二调",实行平均主义大拉平,大刮"共产风",造成"集体共了个人的产、穷社共了富社的产",这种分配不公、吃大锅饭的做法,实际上也挫伤了社员的生产积极性。由于"大跃进"运动掀起的全民大炼钢铁,农村大办公共食堂,以及生产管理上出现的"浮夸风""瞎指挥",造成全县农业生产连续三年下滑和农村严重饥荒的"三年困难"时期。1961年全县粮食总产由1957年的4.43万吨下降至3.47万吨,减产21.67%,人均粮食由300公斤降至200公斤,减少33.3%。在完成国家的征购粮任务后,农民剩下的口粮已不多。

1962年6月,《农村人民公社工作条例修正草案》下达后,开始纠正"左"的错误,人民公社体制实行"队为基础,三级所有",基本核算单位下放到生产队,实行按劳分配、多劳多得的原则,纠正了平调风,使农业生产得到逐步恢复。1965年,全县粮食总产回升到5.22万吨,人均粮食恢复到299公斤。由于农村政策调整,允许农民保留适当的自留地、开荒地,自主种、养,农民生活开始好转。

1966年5月开始,"文化大革命"全面爆发。运动期间,各级党政领导干部几乎被打成"走资本主义道路当权派"受批斗,县委、县人委以及各级党政机关、农村社队处于瘫痪、半瘫痪状况,无政府主义自由泛滥,"造反派"闹派性、搞武斗,连城一片动乱。虽然广大的农民群众坚持生产一线"抓革命、促生产",1968年全县粮食总产仅3.87万吨,比1965年减少1.35万吨。

1969年9月,连城县革命委员会成立,连城的动乱局面开始扭转,社会秩序、工作秩序和生产秩序逐步恢复正常。1971年6月,中共连城县委重新建立,各级党的基层组织通过整党建党也重新建立。连城县委在整顿工农业生产方面取得初步成效,1971年,全县粮食生产总量达到6.35万吨。从1972年起至1976年期间,全县掀起"农业学大寨"群众运动的高潮,通过大规模的平整土地、改造低产田和推广杂交水稻新品种,全县的粮食总产连续增产增收,涌现许多水稻亩产超千斤的生产大队、生产队。1976年,全县粮食总产达到7.39万吨。但由于学大寨运动坚持"以粮为纲""割资本主义尾巴",限制农民家庭发展种植业、养殖业,农业生产单一、产值低,粮食增产,农民不增收,全县农民人均年收入仅60余元,大多数农民成为超支户、困难户。

三、农村改革,推行家庭联产承包责任制

1978年12月,党的十一届三中全会做出把党和国家工作中心转移到经济建设上来,实行改革开放的历史性决策。农村改革来自四川、安徽等省份的农民自发组织起来实行"大包干",这种家庭联产承包责任制很快影响全国,快速推广起来。尽管1960年代初期,连城和全国的一些地方农民尝试实行家庭承包制,但不久就被制止取消,因为这与人民公社集体化制度不能并存。1980年,中央发出《关于进一步加强完善农业生产责任制的几个问题的通知》,连城个别地方搞了一些试点。如城郊公社在城北片搞了5个生产大队的责任制,一些边远山区的生产队暗中操作包产到户。直到1981年1月,福建省委召开扩大会议统一思想认识后,家庭联产承包责任制在全省各地全面推开。1982年1月,中共中央发出一号文件《全国农村工作会议纪要》,明确指出"目前实行的各种责任制,包括小段包工定酬计酬,专业承包联产计酬联产到劳,包产到户、到组,包干到户、到组等等,都是社会主义集体经济的生产责任制"。从此,农村改革得到中央的肯定,农民吃上了"定心丸"。以家庭联产承包责任制为主要形式的农业生产责任,开启了公有制为主体、多种所有制经济共同发展的新格局。

连城县实施家庭联产承包责任制以来,农民种田的积极性日益高涨,粮食生产连年大丰收,农民收入不断提高。1981年到1987年的7年中,全县平均每年粮食总产达10.36万吨,比1958年到1980年人民公社集体经营23年的平均粮食总产5.7万吨增产81.75%,到1987年人均占有粮食391.5公斤,农业产值275元,比人民公社23年的平均每人每年有粮食285公斤、农业产值174元分别增长37.3%和58.5%。粮食不仅连年增产,农民家庭种植业、养殖业也快速发展,实现增产增收。农村也开始办起工业企业,大量的农民进入企业务工。到1990年底,全县农村乡镇集体企业达112家,工

业产值实现 2737.5 万元。到 1993 年底,全县共办乡、村企业 782 家,其中乡办 162 家、村办 620 家,从业人员 26489 人,乡、村工业产值实现 1.334 亿元,为促进农民增收开辟了新的空间。

随着农村改革的深入,现代农业发展初具规模。截至 2011 年,全县建立现代农业示范园 8 个,共投资 1.96 亿元,有农产品加工企业 228 家,各类农民专业合作组织 337 家,农民会员 12480 人,带动农户 45423 户,全年实现农产品销售 5.98 亿元,农产品加工总值 7.91 亿元。其中,地瓜干 10.3 万吨,产值 7.07 亿元;茶叶产业 612 吨,产值 4435 万元;食用菌鲜品 1986 吨、干品 944 吨,产值 4100 万元;果蔬 9200 万元。农村劳动力大规模流动和进城务工经商,全县转移农村劳动力 9.92 万人,其中外出转移 5.77 万人,外出劳务收入 5.81 亿元,成为农民增加收入的重要支柱。土地流转 9.47 万亩,占耕地总面积的 39.04%。

农机装备水平保持快速增长。2011 年全县农机总动力达到 10.92 万千瓦,其中拖拉机 3100 台,耕整机 893 台,插秧机 167 台。农村公路实现 1938.6 公里。建立 19 个新农村试点村,40 个"一村一品"试点村,99 个村开展家园清洁行动。到 2011 年,连城县实现农林牧渔总产值 32.46 亿元。其中,种植业产值 13.09 亿元,林业产值 6.04 亿元,牧业产值 10.23 亿元,渔业产值 2.33 亿元,农林牧渔服务产业产值 7700 万元,农民人均收入 7484 元,粮食总产 17.25 万吨。

四、进入新时代,实施乡村振兴战略

2012 年 11 月党的十八大召开,提出到 2020 年实现全面建成小康社会的宏伟目标。党中央把解决好"三农"问题作为全党工作重中之重,聚焦发展现代农业和深化农村改革。

连城县委、县政府始终把发展现代农业,增强农业综合生产能力放在首位,确保粮食安全和农产品有效增产增收,大力培育新型经济实力,发展农民专业合作和股份合作,带领全县人民脱贫致富奔小康。这期间,在确保粮食生产稳产高产的同时,积极推进连城白鸭、地瓜干、铁皮石斛等特色农副产品发展及精深加工,至2016年,全县农产品加工业产值达72.9亿元。其中,连城白鸭4.4亿元,地瓜干加工产值32亿元,铁皮石斛产值1.1亿元;省级农民创业企业55家,总投资21.96亿元;万亩现代农业示范园实现产值1.05亿元。茗匠竹业、连城兰花等13家企业被评为省级农业产业化龙头企业。发展农民专业合作社875家,家庭农场682家。全县农机专业合作社17家,有拖拉机1131台、插秧机239台、联合收割机106台。

休闲农业与乡村旅游加快发展,宣和、赖源、曲溪获得省级休闲农业与乡村旅游示范乡镇称号。全县共培育休闲农业点66个,年接待游客24.4万人,营业收入6429万元,带动农户2630户。"千村整治、百村示范"稳步推进,完成投资3200万元,农村家园清洁行动顺利实施,开工建设农村垃圾中转站6个。朋口、新泉被列为市级城镇化建设重点镇。

2016年,连城县实现农林牧渔总产值51.22亿元。其中,农业产值24.51亿元,林业产值8.7亿元,牧业产值14.43亿元,渔业产值2.43亿元,农林牧渔服务业产值1.07亿元。全县粮食播种面积43.13万亩,粮食总产16.83万吨。生猪存栏数22.68万头,耕牛存栏数4.62万头,白鸭出栏380万只,鱼产量1.75万吨。全县烤烟种植面积3.23万亩,产烟9.23万担,收入1.23亿元。农民人均可支配收入12810元。

党的十九大以来,连城县全面实施乡村振兴战略目标任务,按照产业兴旺、生态宜居、乡风文明、治理有效、生活富裕的总要求,建立健全城乡融合发展体制机制和政策体系,加快推进农业现代化。

1.粮食安全有效落实

始终把吃饭问题当作治国安邦的头等大事和农业发展的首要任务,努力提高农业良种化、机械化、科技化、信息化水平。全县完成4个水稻工厂化机插育秧示范点建设,组织实施水稻"五新"技术示范推广6.11万亩,甘薯标准化栽培7.32万亩,全县农作物良种覆盖率98.3%,农作物品种优质专用率85.9%。大力推进农业机械化,完成机耕面积32.52万亩、机插7万亩、机收14.59万亩,水稻耕种收综合机械化水平达到58.7%。

2.特色产业做优做强

始终把产业体系、生产体系、经营体系作为发展现代化农业的"三大支柱",充分发挥红心地瓜干、连城白鸭、富硒农业等品牌优势,促进产业提质增效。地瓜产业方面,推广示范甘薯新品种62个,推广面积1万亩。成功入选"2017年最受消费者喜爱的中国农产品区域公用品牌",成功申报省级现代甘薯产业园。全年加工地瓜干10万吨,产值32亿元,比增10%。连城白鸭方面,充分发挥闽西"八大珍、八大鲜"的品牌效益,全县建立40个保种家系和60个选育家系,建成标准化养殖基地17家,近10万羽连城白鸭实现了产品质量安全可追溯。全年出栏白鸭288万羽,产值3.6亿元。富硒农业方面,获授"中国客家硒都"地域品牌,全力开展"基地与平台建设年"活动,全年发展富硒农业种植基地2.23万亩,富硒农产品从业人员6116人,开发硒农产品45种,实现产值5.51亿元。

3.园区农业、智慧农业加快发展

通过园区集聚效应,引导企业入园发展。省级农民创业园,围绕地瓜干、连城白鸭、花卉、中药材四大产业,重点推进省级专项资金项目建设,16个项目完成投资2.2357亿元、补助环节完成投资2293.4万元。食品加工园区,开发面积750亩,入驻企业18家,累计完成投资13.55亿元,实现产值10.12亿元。万亩现代农业示范园,进一步改善示范园耕作条件,全年完成投资2300万元,新建钢架大棚260亩,新植鲜切花190亩,实现产值1.8亿元。

4.绿色农业、生态农业大力推进

强化农产品质量监管,开展农药、农资打假,农残超标等八项专项整治,建立完善"两个平台",20家农药经营企业、42家兽药经营企业被纳入平台监管。下达乡镇农产品抽检任务5100个,全年共抽检食用农产品8425个,农残合格率98.9%。大力培育农业品牌,引导扶持新型经营主体申报"三品一标",全县无公害农产品品牌7个,绿色食品品牌2个,地理标志产品品牌3个,"三品一标"产品种植面积11.5万亩。全力推进生猪养殖业污染防治,严格控制生猪总量,全县控制出栏规模32.99万头,全面完成拟保留276家生猪养殖场标准化改造任务。

5.调整农业结构,发展二、三产业

做强做大农产品加工业,加快推进福农公司新厂房生产线、紫心薯业新生产线及农业废弃物资源化利用试点县等重点项目建设。全县农产品加工企业228家,省级龙头企业13家,市级龙头企业27家,全年农产品加工产值达80亿元,增长10%。大力发展休闲农业和乡村旅游,充分发挥乡村物质与非物质资源富集优势,推进农业与旅游、文化、健康等产业深度融合,全县共有66个休闲农业观光点,建成了培田古村落、朋口兰博园、冯地三江源等16个规模较大的休闲农业与乡村旅游示范点。大力实施"现代农业＋互联网",依托农村淘宝、阿里巴巴、电子产业园等电商平台,扩大农产品线上销售,全县农产品电商销售企业100家,从业人员4800余人,实现电商交易额4.6亿元。

6.积极培育新型经营主体

大力扶持龙头企业,共培育省级龙头企业13家,市级龙头企业14家。做好新型职业农民素质提升,认定新型职业农民185人、扶持15名大学生回乡创业、培训31名现代青年农场主、组织33名农民参加专科学历教育。切实加强对农民专业合作社的扶持和服务,发展家庭农场1001家、农民专业合作社918家,带动农户6.119万户。

2017年全县实现农林牧渔业总产值53.21亿元,农村居民人均可支配收入14091元。全年农作物播种面积72.89万亩,其中粮食作物面积43.61万亩,总产量17.2万吨;新植果树4500亩,水果产量46171吨;茶叶面积7498.8亩,产量729吨;食用菌栽培袋1280万袋,产量10618吨。全县肉类总产量4.29万吨、禽蛋产量1.39万吨,生猪存栏18.31万头,肉猪出栏33.97万头,牛存栏4.31万头、出栏2.29万头,家禽存栏306.07万羽、出栏614.78万羽,水产品产量1.82万吨。

2018年9月,中共中央、国务院印发《乡村振兴战略规划(2018—2022年)》,部署了一系列重大工程、重大计划、重大行动,这是我国出台的第一个全面推进乡村振兴战略的五年计划,是统筹谋划和推进乡村振兴战略的行动纲领。连城县委、县人民政府紧密结合连城实际认真贯彻落实,夯实思想基础,确保认识到位,聚焦重点难点,确保措施到位,以只争朝夕的精神状态和稳中求进的工作举措,把乡村振兴的美好蓝图一步一步变为现实。

第四节　地方工业快速发展

新中国成立初期,连城的工业十分薄弱,全县仅有一所简陋的印刷社和一座8千瓦的小火力发电厂,由个体手工挖掘少量煤炭供城区居民生活用煤,造纸业全靠手工操作,还有一些为农业生产、群众生活服务的分散生产经营的个体手工业,人民群众生活所需的工业品全部从外地输入。1950年全县工业总产值只有76万元,仅占当年工农业总产值7.2%,而且大多是以陶瓷、造纸、煤炭、印刷、食品类为主的手工业产品。

新中国成立以来,中共连城县委、县人民政府按照党的"以工业为主导,以农业为基础"的国民经济发展总方针,坚持两条腿走路,一手抓工业,一手抓农业,根据连城山区农业县的特点,充分利用当地木材、矿产资源优势,从手工业改造起步,逐步发展壮大连城地方基础工业。党的十一届三中全会以后,在改革开放40年期间,连城初步建立起具有一定规模的地方工业,到2018年8月,全县工业总产值实现180亿元,其中规模工业企业120家,产值144亿元,占GDP比重达38.5%,实现税收1.15亿元。随着工业企业的结构调整和经济体制改革,全县形成以"一园两区"为平台,以光电新材料、矿冶化工、生物医药、食品竹木、运动用品、锂电池等6个产业为主体的工业发展新格局。工业产品名类繁多,已有光伏、电子、手机、电视、新型显示、保温隔热材料、复合材料、LED、蓝宝石、新能源锂电池、运动用品、医疗耗材、兽药中间体、冶炼、采矿、煤炭、电力、造纸、化工、建材、食品、服装、竹木等一大批工业、手工业产品,形成一个比较完整的连城地方工业体系。

连城的地方工业发展的历程主要可分为以下几个阶段:

一、解放初期到改革开放前(1949年11月6日—1978年11月)

新中国成立后,连城县委、县政府在努力帮助手工业恢复和发展的同时,积极引导个体手工业者走合作化道路,逐步地对个体手工业实行社会主义改造。到1956年底,全县共组建了手工业生产合作社(组)43个,从业人员1732人,手工业总产值达34万元。同时,全县还相继创办起地方国营松香厂、煤矿、电厂、文具厂、烟纸厂、瓷厂、酒厂、食品厂等一批地方国营工业和公私合营企业,为连城地方工业、手工业的发展壮大奠定了重要基础。1957年,全县工业总产值实现704万元,是1950年的9.3倍,每年递增12.8%。

1958年的"大跃进"时期,全国掀起大办地方工业的热潮。连城县委提出"县办工业、部门办工业、农村办工业、全民办工业"的方针和五年内实现工业总产值达到四千万元,超过农业总产值的奋斗目标。县委成立地方工业建设委员会,全县上下总动员,形成全党全民办工业的高潮。在组织发动全民大炼钢铁的同时,充分利用连城当地矿山丰富资源,在庙前矿区就地办起炼铁厂和采煤、冶炼铁矿、锰矿以及开发矿山机械、火力电力等配套工矿企业,并组建企业联合公司(煤铁公司)。1959年春,庙前铁厂首创白煤炼铁成功。同年秋,省委书记叶飞在该厂主持召开十三个省、市代表参加的白煤炼铁经验交流现场会,年底该厂还出席了1959年召开的全国群英会。与此同时,全县还先后办起了造纸厂、农械厂、化工厂、磷肥厂、水泥厂、耐火材料厂等一批新工业企业,全县工业产值实现1473.2万元。当年农村各地的人民公社还兴办各类社办工业企业43家,从业人员1732人,年产值115万元。连城和全国各地一样,由于组织发动全民大炼钢铁的群众运动和"工业基建过了头,摊子铺的太大,战线拉得太长"的问题,削弱了农业一线,引起了国民经济严重失调,加上农业战线上"大跃进""人民公社化"运动大刮"共产风""浮夸风",造成三年的国民经济严重的困难时期。1961年初,在贯彻党中央关于国民经济"调整、巩固、充实、提高"的方针中,连城县在"大跃进"运动兴办起来的工业企业在"关、停、并、转"的政策调整下大部分下马停办。至1962年底,全县的地方国营工业企业减至19个,工业产值下降到313.31万元。

1963年开始,连城县坚持贯彻以"工业为主导、农业为基础"的国民经济建设的总方针,抓好企业结构调整,提高企业生产效率,工业生产迅速回升,1965年全县工业总产值完成680万元。

1966年进入"文化大革命"运动,由于造反派夺权斗"走资派",社会动乱严重破坏了社会、生产秩序,连城工业生产徘徊不前。到1970年底,全县工业产值为749万元,五年中平均递增1.62%。1971年5月,中共连城县第三次代表大会召开,重新建立县委领导班子后,全面开展整顿工农业生产,恢复了正常生产秩序,通过掀起"工业学大庆"群众运动,充分调动和发挥企业工人生产积极性,到1972年底,全县工业产值迅速回升达到1455.81万元。此后几年,连城工业稳步发展,产值逐年提高,并相继创建合成氨厂、水电厂、膨润土矿和水泥厂等一批新型工业企业。

二、改革开放后到党的十八大召开前(1978年12月—2012年11月)

1978年12月,党的十一届三中全会召开后进入改革开放的新时期。由于党和国家的中心工作转移到以经济建设为中心,极大地推动连城经济建设,工业生产又有新的发展,先后创建北团煤矿、汽车修配厂、啤酒厂、陶建厂、第二塑料厂、塑料彩印厂等一批新企业。到1987年底,全县共有国营工业企业25家,县属集体工业16家,全县工业总产值达1.12亿元,占工农业总产值56%(其中:全民所有制工业产值4188万元,集体所有制工业产值4371万元,村以下工业产值2634万元)。实现工业企业税利1431万元,比1950年增长147.8倍。在总产值中,重工业占61.83%,轻工业占38.17%;全民所有制工业占47.2%,集体所有制工业占33.37%,村及村以下工业占19.13%。工业产品名类有冶炼、采矿、煤炭、机械、电力、造纸、化工、森工、建材、食品、塑料、纺织、服装、鞋革、竹木藤器制品等。

1988到2000年,全县工业企业加大力度抓好"三改一加强"(改革、改组、改造,加强企业管理),围绕"立支柱、创品牌"战略,坚持以品种、质量、效益为中心,加强技术改造、技术引进和技术创新,重视搞好新项目的开发。13年间,全县工业企业实施技术改造项目208个,完成项目投资4.62亿元,共开发新产品88项,其中达国际水平2项,国内首创1项,国内先进水平26项,保持全县工业生产持续、快速、健康发展的势头。至2000年底,全县工业完成产值15.6亿元。

随着国家经济体制的重大改革和社会主义市场经济的建立,连城的国有企业改革进入新阶段。通过采取积极慎重和分期分批的做法,先后对一批"五小"企业和长期亏损企业进行"关、停、并、转"。1989年6月,关闭经营管理不善多年亏损的县纺织厂。1992年7月,县啤酒厂兼并食品厂;县膨润土矿实行租赁经营,并更名为连城县非金属矿加工厂。1992年9月,县水泥厂破产。1994年6月,县陶瓷建材厂关闭;1994年8月,县二化厂下放新泉乡政府管理,次年破产;1996年10月,县造纸厂实行政策性关停,并于1999年破产;1998年1月,县印铁制罐厂关停;1999年1月,庙前煤矿实行政策性关闭;1999年,县铁合金厂整体拍卖,更名为润翔冶金(福建连城)有限公司,为外商合资企业;1999年4月,县罐头厂关停。与此同时,也兴办了一些企业。1990年9月,县山峰水电厂、县黄坊煤矿竣工投产。1997年,县林业部门创办华龙饲料厂,粮食部门创办朋口酱油厂。至2000年底,全县共有国有企业18家,实现产值1.01亿元,占全县工业总产值的6.53%。

2001到2006年,连城工业坚持在改革中发展,在发展中改革,全面实施项目带动战略,"抓项目、上工业"取得较好成效,工业发展迅速。全县实施工业技改项目93项,累计完成投资6.92亿元。其中2006年实施技改项目32项,完成投资3.36亿元,比2001年的

11项5497万元,增长6.1倍。6年来新开工建设工业项目累计104项,累计完成投资9.3亿元。通过实施工业项目带动战略,全县工业总产值从2001年的14.94亿元,发展到2006年的28.12亿元,比增88.35%;规模以上工业企业从2001年的32家发展到2006年的81家,增长153%,规模工业产值从2001年的4.01亿元发展到2006年的16.01亿元,增长4倍。2001年,全县有国有工业企业19家。到2006年底基本完成企业改制,其中转让10家,合并1家,租赁4家,注销1家,股份制改造2家。全县安置企业下岗职工3098人。

在稳步推进国有企业改制工作的同时,连城县积极开展招商引资,加快发展工业项目,壮大经济实体,先后动工兴建"一园两区"(连城工业园区、朋口工业集中区、庙前工业集中区)。2003年5月,成立连城县(姚坪)工业园区开发建设指挥部,进入规划、征地和厂区建设。同年7月,园区被列入省级工业园区建设基地。2004年6月,成立连城县莲冠工业园区开发建设领导小组和园区管委会,2006年6月,更名为福建连城工业园区。

朋口工业集中区于2002年开始建设,以化工产业小区建设为龙头,大力发展化工、机械、鞋革、食品、竹木加工、物流等六大产业。

庙前工业集中区由319国道旁的南区、北区及矿冶加工区、新泉官庄小区组成。2005年8月起,按照建设现代工业集中区的整体思路和工业化带动城镇化,推进社会主义新农村建设的工作目标进行规划设计。截至2006年底,累计投入3167万元建设资金完成工业集中区的水、电、路等配套基础设施。

从2007年开始,连城工业企业开始往园区集中发展,进入园区时代。至2012年底,连城工业园区已入园企业达33家,投产并列入规模工业企业16家,产值达11.22亿元,占全县规模工业产值的13.4%。朋口工业集中区有入驻企业38家,其中已投产并列入规模工业企业17家。庙前工业集中区暨台商工业集中区有入驻企业33家,其中已投产并列入规模工业企业15家。2007年,开始实施龙岩市委市政府"百家千户"培育工程(百家亿元企业,千家规模企业)后,连城的规模企业从 2006 年的 101 家增长到 2010 年 153 家,亿元企业发展到 23 家;2011 年调整统计口径,规模企业从(年销售收入 500 万元以上提高到 2000 万元以上),至 2012 年全县规模企业为 137 家,亿元企业为 34 家。2012 年,全县工业总产值完成 40.8 亿元,比 2006 年增长 33.4%。其中,规模工业企业 101 家完成产值 25.9 亿元,增长 61.7%;规模工业增加值完成 10.81 亿元,同比增长 42.3%。同时,注重兼顾连城的资源优势、产业基础和后发优势,依托"5·18""6·18""9·8""11·18"等各类洽谈会、展销会的投资平台,有效地开展项目洽谈推介和对接,5 年来先后引进了鑫晶精密刚玉人造蓝宝石项目、泰德视讯 LED 显示屏项目、天域高科液晶显示模组项目、赛特新材真空隔热板项目、新奥生物饲料添加剂、台迈生物兽药中间体项目等新项目,形成光电、新材料、生物医药等新兴产业的发展。同时,2009 年开始在莲峰镇朱坊兴建占地 1500 亩的县食品加工园区,推动连城传统地瓜干加工产业集约化发展。

三、党的十八大以来(2012 年 11 月至今)

2012 年 11 月党的十八大召开后,连城县委、县府准确判断重要战略机遇期内涵和多种变化,全面深化经济体制改革,加快形成新的经济发展方式,优化产业转型结构,围绕"立足工业主导,壮大产业支撑"的工作重点,着力实施"1+5"产业发展战略,工业发展迅速,取得较好成效,至 2013 年全县工业总产值完成 107.82 亿元。规模工业企业达 136 家,完成产值 104.9 亿元。连城工业园区被认定为第一批省级山海协作共建产业园。

2015 年县委县政府提出重点发展"321"产业,即做大做强光电新材料、旅游、现代农业三大主导产业,改造提升矿冶化工两个传统产业,加快发展现代服务业,倾力育龙头、铸链条、建平台、促集聚,打造连城地方特色工业,育强工业产业。到 2016 年底,连城的工业总产值达 159 亿元,工业占 GDP 比重达 40%,拉动 GDP 增长 3 个百分点;工业固定资产投资 83.4 亿元,规模以上工业企业 128 家,总产值达到141亿元。"一园两区"累计投入基础设施建设资金5.9亿元,入驻企业132家,培育亿元企业42家,实现产值67.5亿元。矿冶化工等传统产业持续改造提升。新兴产业加快壮大,占GDP比重提高10个百分点,光电新材料、生物医药产业产值年均分别增长26.6%和25%。

2017年初,县委提出新的5年发展目标,建设"三个连城"(美丽连城、创业连城、幸福连城),攻坚"三大战役"(项目落地、生态环保、脱贫攻坚),突破四大板块(工业经济、文化旅游、现代农业、城乡建设)。并成立工业板块工作推进组,提出"突围突破工业、决战园区"发展战略,重点发展"3+3"产业(3个百亿级产业、3个50亿级产业),至2018年底,连城工业发展取得多项突破,5项主要工业指标中4项位列全市前2名(规模工业增加值市第二、工业投资市第一、工业技改投资市第二、工业用电增速市第一),首次引进投资超10亿元工业项目(冠睿),龙头企业产值首次突破5亿元(中触、丰海)、10亿元(冠睿电子),首家企业在"新三板"挂牌交易(富润科技)。

随着连城工业持续发展,园区平台建设日趋完善。连城工业园区现已完成5.7平方公里的道路、供水、供电、通讯、排水、排污、用地平整的"六通一平"等基础设施建设。同时,认真实施园区污水处理设施技改扩建,提升园区污水集中处理能力。规划建设了海峡光电产业园、蓝宝石产业园、新材料产业园等专业园区。启动连城工业园区第三期建设工作,对三期规划进行调整完善并初步与福清市对接建设福清产业园。园区生活配套逐步完善,海峡光电产业园生活区已投入使用,连城工业园区幼儿园、卫生院、电商物流园等配套设施建成投放使用,园区人行道、通讯、绿化、公交等配套设施正在日趋完善。海峡光电产业园一期5栋6万平方米、二期2栋1.2万平方米标准厂房,全部投入使用,入驻光电企业11家。海峡电光源产品质量检验中心通过省级验收。

朋口工业集中区已征地1.45平方公里,已开发建设1.1平方公里,目前入驻企业36家,拥有规模工业企业19家、高新技术企业1家、省级企业工程技术研究中心1家、省级"科技小巨人"领军企业

5家、工业设计中心企业1家。

庙前工业集中区是龙岩首个以台商投资为主的工业集中区,总规划面积2.2平方公里,已开发建设1平方公里,产业定位以生物医药、体育用品、矿产品深加工为主,目前入驻企业33家(其中台资企业7家),拥有规模工业企业18家、高新技术企业1家、省级"科技小巨人"领军企业1家。

连城地方工业从无到有,从小到大,特别是在党的十一届三中全会以来,在改革中发展,在发展中改革,工业产值快速增长,效益明显。三个工业集中区的开发建设日新月异,一批新型企业落地发展壮大,标志着连城工业生产进入新时代,在实现工业化强县的征途中必将绘画出更加美好灿烂的工业发展蓝图。

第五节　交通事业突飞猛进

新中国成立以来,党中央亲切关怀革命老区人民,全力扶助老区公路建设,发展交通事业。特别是改革开放以来,中共连城县委、县人民政府积极带领全县人民群众发扬老区革命精神,抢抓机遇、团结拼搏、艰苦奋斗,使连城老区的交通事业取得了迅猛发展,为推进连城老区经济社会发展和提高人民群众生活水平提供了强有力的保障。

一、公路网络四通八达

连城早期的公路交通建设始于1932年,至1939年全县先后开通了龙岩—朋口—长汀、永安—文亨、朋口—连城、连城—宁化等公路,开通县境内的公路总里程145.55公里。由于战争的破坏,常年失修,山洪水毁,路桥中断,连城原有公路在解放前夕均不能通车。

1949年11月6日连城解放后,百废待兴、百业待举,政权的巩固,人民生活的供给,经济的恢复和支前军运,无不亟待交通的恢复和发展,抢修恢复公路成为首要任务。新成立的连城县委、县政府组织发动人民群众进行一年多的全力抢修,1950年底,连城境内公路基本恢复通车,但是大多数属于勉强通行,维护困难,不少路段仍是晴通雨阻,公路坑坑洼洼,桥梁、涵洞失养。由于生产力落后,路况维修全靠人工操作,直至1955年10月才完成了全县145.55公里的公路抢修,实现了晴雨通车,全面恢复正常运行。

经过解放初期三年的经济恢复时期后,在实施国民经济第一个五年计划时期间,由于县地方财政收入不多,投入公路建设资金不足,到1957年底,连城通车公路仅增加36公里。

1958年进入"大跃进"时期,在"全党全民办交通""依靠地方,带领群众,先普及后提高"的发展公路交通方针指导下,公路建设也进入"大跃进"行列,大搞群众运动"全民动手、遍地开花",新成立的人民公社无偿调动生产队的农民,实行大兵团作战的方式,大规模修建农村公路。1961年,党中央、国务院调整国民经济发展计划后,连城的公路建设有计划地分期分批安排施工建设,各级人民政府开始投入项目资金,帮助地方进行公路建设。主要开工的路线有:北团—李家、朋口—莒溪、庙前—水北、翠华亭—徐地、罗家坊—田心、城关—林坊、城关—塘前、文坊—吴坊、新亭—黄地、庙前—江畲、城关—西山等,新增公路里程146.99公里。至1965年底,全县公路总里程达到328.54公里。

"文化大革命"期间,由于受到极左路线的严重干扰,红卫兵造反批斗"走资派",闹派系、搞武斗,各级党政机关处于瘫痪和半瘫痪状态,整个国民经济建设受到严重冲击破坏。1968年9月,连城县成立革命委员会后,稳定了社会秩序,各项工作逐步恢复,但由于继续开展各项政治运动,搞阶级斗争,阻碍了经济建设,交通建设步伐缓慢。在1966—1978年的13年中,先后开工建设黄地—赖源、童坊—北团、北团—岗头、张地洋—黄泥坪、朋口—渔潭、文坊—上莒、斑竹—福地、张家营—马埔、八钱亭—黄坑、升星—黄泥坑、文亨—田心等农村公路85.7公里。至1978年底,全县公路总里程达到414.24公里。

1978年12月,党的十一届三中全会胜利召开,党和国家工作重心转移到经济建设上来,实行改革开放的历史性决策,交通建设进入新时期。连城的公路建设通过"民办公助""以林换路""以工代赈"等方式先后开工建设了一大批公路。主要建设线路有:芷溪—丰图、姑田—上余、赖源—黄宗、村子洋—罗胜、北团—柯坊、文亨—湖峰、新泉—良坑等公路。至1992年底,全县新增公路里程达到422.66公里,全县公路总里程达到836.9公里。

1993年开始的"先行工程"建设,县境内的国、省道干线公路提级改造全面展开,连城的公路交通事业进入高速发展阶段。县成立国、省道改扩建工程总指挥部,县委书记、县长先后担任总指挥,全县抽调110名领导干部、工程技术人员进入一线,设立8个路段指挥部。有30个专业施工队伍、60个施工合同段,上场机械车辆120多部,日上场劳动力2000多人。"先行工程"建设总规模为146.58公里,总投资4.2亿元。至1997年底,国道205线、319线,省道204线全部完成提级改造建设任务,国、省道公路干线铺上了水泥路面,全部达到二级公路标准,大大提高了公路的通行能力,交通先行工程建设为连城经济发展提供了重要基础。

2003年,连城县第一条高速公路龙长高速公路开工建设;2007年,建成通车。永武高速公路于2006年开工建设,2010年建成通车。交通运输进入了快车道。

2003年,全省开展"年万里农村公路建设",连城县通村公路"路面硬化"工程全面开展,至2007年底全县所有行政村实现"村村通水泥路",完成路面硬化总里程670多公里。新建公路里程达到1334.7公里。至2012年底,全县公路总里程达到2171.6公里(其中:高速公路93.5公里、国省道139.4公里、农村公路1938.6公里)。

党的十八大以来,连城县委、县政府认真组织实施"十二五"国民经济发展规划,把公路建设向高标准、高水平方向推进。至2018年底,完成国道朋口松毛岭至文亨天一路面白改黑工程,长20.6公里,总投资5000万元。完成长深高速公路连城出口连接线扩建工程1.38公里,按二级公路标准建设,路基宽30米、路面宽30米,水泥混凝土路面,总投资1800万元。完成隔川乡井坑村至莲峰镇新兴村公路改建工程4.26公里,按二级公路标准建设,路基宽24米、路面宽12米,水泥混凝土路面,总投资5205万元。完成县道朋口镇文坊村至宣和乡培田村公路改建工程9.55公里,按二级公路标准建设,路基宽10米、路面宽9米,水泥混凝土路面,总投资7018万元。完成县人民法院至工业园区公路改建工程1.3公里,按二级公路标准建设,路基宽40米、路面宽15米,水泥混凝土路面,总投资2600万元。完成县道莲峰镇大坪村至莲峰镇江坊村公路改建工程3.1公里,按二级公路标准建设,路基宽21.5米、路面宽15米,水泥混凝土路面,总投资4100万元。完成县道"镇镇有干线"项目隔川井坑至揭乐吕屋公路改建工程5.2公里,按二级公路标准建设,路基宽12米、路面宽12米,水泥混凝土路面,总投资6400万元。完成县道"镇镇有干线"项目北团上江至罗坊邱赖公路改建工程2.8公里,按二级公路标准建设,路基宽12米、路面宽12米,水泥混凝土路面,完成投资3400万元。完成省道横八线莒溪詹坑至朋口王城段公路工程10.2公里,按二级公路标准建设,路基宽12米、路面宽12米,水泥混凝土路面,总投资1.5亿元。完成205线至松毛岭战役遗址工程2.7公里,三级公路,沥青路面,投资1000万元。完成县道"镇镇有干线"莲峰镇江坊村至林坊乡林联村公路改建工程4.7公里,按二级公路标准建设,路基宽60米、路面宽31米,水泥混凝土路面,总投资1.5亿元。至2018年底,全县完成农村公路提升改造工程360公里,总完成投资4.5亿元。

为贯彻落实《海峡西岸经济区发展规划》,加快构建现代综合交通运输体系,根据交通运输部和省交通运输厅的统一部署,连城县组织编制了《连城县农村公路规划》。在普通国、省干线网布局重新调整后,对全县农村公路的布局做了重新调整。使农村公路网络更加合理、布局更加完善、路线功能更加明确、规模配置更加优化。规划期限为2013—2030年,规模公路总里程为2826.62公里(其中:高速公路规划4条,150.3公里;国省道规划4条,184.9公里;县道规划7条,300.21公里;乡道规划165条,999.01公里;村道规划

656条,1192.2公里),路网密度109.6公里/百平方公里,乡(镇)建制村连通度达到100%。至2017年底,全县所有乡镇实现通三级以上公路。农村路网改造提级工程有序展开,力争到2020年基本实现县道公路等级达到三级以上标准,到2030年基本实现乡、村道公路等级基本达到四级以上标准,全面实现镇镇有干线、村村通乡道的目标。

二、铁路动车穿越县境

经过县委、县政府和全县人民共同努力争取,得到国家铁道部、福建省委的关心支持,连城县终于实现铁路通车,这是老区人民盼望已久的一件大喜事。途经县境内的庙前、新泉、朋口、宣和等4个乡镇的20个自然村的赣龙铁路南北向穿境而过,铁路自江西省赣州市至福建省龙岩市,全长290.1公里,为国家Ⅰ级铁路干线,于2001年12月8日开工,2005年4月1日竣工通车。赣龙铁路在赣州东站与京九铁路连通,在龙岩西站与漳龙铁路、龙厦铁路连通。在连城境内所设的冠豸山火车站目前有12趟列车通过,与北京、太原、贵阳、福州、厦门等重要城市直接连通。

赣龙铁路复线2010年9月开工建设,2015年9月正式开通动车。

2016年4月,跨越连城境内40公里,途经北团、隔川、林坊、朋口等5个乡镇的浦梅铁路连城段开工建设。

三、航空客运横空万里

冠豸山机场距连城县城区3.9公里,距龙岩市区106公里,距永安市101公里。冠豸山机场原为空军连城机场,1956年12月动工兴建,1958年7月投入使用。连城空军机场建设工程当时对外称"7962"工程,共征用土地3900余亩,拆迁房屋4864间,迁移人口1112户4484人。连城抽调大批干部开展征地拆迁和后勤保障工作,抽调3049名民工参与工程建设。连城老区人民为国防建设做出了巨大贡献。

1996年4月,连城县委、县政府正式提出要求空军连城机场改建为军民两用机场的请示逐级上报。在申请期间,得到福建省委、省政府,中央有关部委、空军部队以及许多老红军、老领导的关心和支持。2000年6月,经国务院和中央军委批准,同意空军连城机场实行军民合用。龙岩冠豸山机场扩建工程于2002年5月1日正式动工建设,机场按照2010年旅客吞吐量14万人次,货邮800吨规模建设,为4C级民用支线机场。由地方负责扩建航站区、飞行区、办公生活区,工程投资1.5亿元,与空军共同改造飞行跑道,工程投资4500万元。2004年4月25日通航以来,机场相继开通了连城—深圳、连城—厦门、连城—福州、连城—上海、连城—成都、连城—桂林、连城—北京、连城—昆明、连城—南京的往返航线。

四、公路养护管理提升

在改革开放40年期间,连城县在公路建设突飞猛进的同时,注重公路的管理和养护。为巩固农村公路的建设成果,促进农村公路的可持续发展,2010年成立了连城县农村公路养护管理中心,建立和完善农村公路养护管理体制,做到长效管理、建养并重、有路必养,使农村公路保持长期良好的技术状态,全县路况质量稳步提高,通行能力大幅提升。2018年全县农村公路列养里程为1763.1公里,其中县道249.6公里,乡道942.5公里,村道571公里。

在做好日常养护管理的基础上,重点做好汛期、台风、暴雨等恶劣天气的公路巡查、抢险、水毁修复等工作,确保农村公路安全畅通。2016年以来,累计清理溜方900余处22万立方米,抢通农村公路171处,实施农村公路水毁修复工程3700万元。为了减轻水毁修复资金负担,自2015年5月起,每年实施农村公路灾毁保险,全县累计保费707万元,累计获得保险理赔资金1950余万元。其中,2015年连城发生"7·22"特大洪灾获得1500万元的理赔上限保险资金。

由于早期建设的农村公路技术等级低,普遍存在线形差、视距不合理、坡度过大、弯多弯急、临崖临水等诸多问题。为了消除安全隐患,提高农村公路安全防护水平,每年开展农村公路安全隐患排查,并制定台账,按照"轻重缓急"的原则,逐年整治。自2012年12月以来,全县实施农村公路安保工程累计967公里,投资3300万元;危桥改造70座,完成投资7200万元,进一步优化完善公路通行运输条件。

为深入贯彻党的十九大精神和习近平总书记关于建设"四好农村路"重要指示,根据《福建省人民政府关于进一步创新农村公路管理体制的意见》,连城县结合实际制定了《连城县农村公路路长制实施方案》,全面落实农村公路路长制,成立县、乡(镇)两级路长办公室,完成县、乡、村三级路长体系建设。同时,制定了乡村道专管员管理制度,新增招聘乡村道专管员47名,加强农村公路管理力量,推进农村公路管养水平全面提升。按照"路面平整、路缘清晰、标线醒目、标志完整、排水顺畅、绿化美化"的要求,2018年6月完成了2条11.8公里市级示范路建设,引领带动全县"四好农村路"建设。2018年底,全县完成517公里的县级示范路建设。

五、运输产业稳步发展

全县现有道路客运企业2家,以福建龙洲运输股份有限公司连城分公司经营为主。道路客运班线28条,客运车辆89辆,客运从业人员158人,道路客运站15个。道路货运企业9家,货运车辆365辆,道路货运经营从业人员402人。

随着城市建设的加快,公交客运有了一定的发展,全县现有公交企业1家,公交汽车20辆,公交线路9条。2014年,建成公交总站,现有40个公交停靠站。

2009年10月,连城县实现全省首条县域短途农村客运班车,全县共有32辆农村客运班车实行"公车公营",农村客运公车公营比例达71%。客运候车亭共建成116个。实行"公车公营"后的农村客运班车快捷安全、班次增多、准时准点,受到群众普遍赞扬。

水路运输主要是连城县冠豸山旅游风景区管理委员会下属企业经营的"两湖"(石门湖、九龙湖)水上旅游客运,共有旅游船舶10

艘。2017年水路运输平安运送游客33.9万人次，连续5年无发生事故。

六、交通综合执法规范

连城县交通综合行政执法大队自2011年11月正式挂牌成立以来，紧紧围绕"政治坚定、素质优良、纪律严明、行为规范、廉洁高效"的队伍建设目标，积极推进大队"三基三化"建设，不断提高依法行政、规范执法、文明执法水平。执法大队成立以来，依照有关法律、法规，行使公路路政、道路运政、水路运政、港政、航政、地方海事等方面的行政监督、行政处罚等行政执法职责。建队以来共办理案件1710件，罚款291.28万元，查处各类违规车辆1680辆，有力地维护交通运输正常秩序，优化交通运输环境。

新中国成立以来，特别改革开放以来，连城的交通事业突飞猛进，公路网络四通八达，开通了火车、飞机客运，形成强大的立体交通体系。

第六节　水利建设、水土保持成绩斐然

水是人类生存基础，水利是农业的命脉。新中国成立以来，党和人民政府十分重视水利建设、水土保持工作，并作为生态文明建设的重要组成部分。习近平总书记在党的十九大报告中指出："绿水青山就是金山银山。"连城的水利工程建设和水土流失综合治理从立足农业生产需要过渡到水资源综合利用改造，不断地发展取得成效，形成人与自然和谐发展的现代化建设新格局。

一、水利建设综合利用效益显著

连城县地处闽江、汀江、九龙江"三江"上游，有"水流三江"之称。境内流域面积200平方公里以上的溪流有6条（北团河、文川河、姑田河、朋口河、新泉河、蒲竹溪），分属闽江沙溪水系、汀江水系

和九龙江北溪水系。闽江水系包括塘前、揭乐、莲峰、隔川、林坊、四堡、北团、罗坊、文亨、姑田、曲溪、赖源等12个乡（镇），流域面积1219.58平方公里，占全县总面积的47%；汀江水系包括宣和、朋口、莒溪、文亨、曲溪、新泉、庙前等7个乡（镇），流域面积1004.85平方公里，占总面积的38.7%；九龙江水系包括莒溪、曲溪、赖源等3个乡（镇），流域面积371.11平方公里，占总面积的14.3%。

解放前，连城农民经营土地，大部分靠山涧河水自流灌溉，或由农民自发捐资和投工拦溪筑坝、建坡造塘、引水灌溉，至1949年全县农田水利灌溉面积仅占总耕地的17%，群众生活用水靠井水、河水。全县没有一座水电站，城区仅有一个小型火力发电厂。

新中国成立后，县人民政府于1951年首先修建城郊的邓公陂和北团的石固城陂两大引水工程，解决农田灌溉和群众生活用水。1956年，实行农业合作化，全县掀起兴修水利高潮。在大力发展农业生产过程中，中共连城县委、县人民政府把农田水利基本建设摆在突出位置，按照《全国农业发展纲要》，从1956年开始争取7年内基本消灭普通的水灾和旱灾，在12年内基本消灭特大的水灾和旱灾，一切小型水利工程如打井、开渠、挖塘、筑坝和各种水土保持工作，均由农业生产合作社有计划地大量地负责兴修。全县农村采取专业队伍与群众运动相结合的办法，采用土法上马和手挖肩挑的人海战术，边规划边开工，有重点有计划地进行中小型农田水利工程建设。

1956年，全县开工建设水利工程37处，可减少旱灾耕地1.8万亩，主要在罗坊、北团、林坊、隔川、莲峰兴修大陂5处，在四堡、揭乐、张坊、城西、芷民兴建小型水库5座，在北团兴修水圳1条，在新泉、朋口沿河加筑河堤防洪排涝。还在全县农村发动打井、挖塘50多口，在城北、姑田、芷民成立抽水基站，一些农田陆续开始受益，解决了长期靠天下雨的"望天田"问题，农民群众看到了农业发展的希望。

1957年上半年，全县开工建设小型水利工程107处，可灌溉农田2.56万亩，新上重点水利工程5处，新建山塘、池塘470口，水陂

54处,水圳57条,全县新增小型抽水机50台。建成文亨乡小棉渠道总长12公里,沿途渡槽19座237米,支渠2条14公里,投入劳动力39.8万工日,受益面积1600亩。这一年,全县投入兴修水利的民工18662人,占农村劳动力31.8%,到年底,全县新开工的水利工程达438处,可灌溉面积13304亩。

1958年的"大跃进"时期,农村实行人民公社化,全县农田水利基本建设再次掀起高潮。主要是大搞群众运动,依靠自力更生,发动农民投工投劳,实行"一平二调"和大兵团作战。县委成立农田水利基本建设指挥部,直接向各公社抽调民工,无偿调用生产队的劳动力,劳动报酬多是回生产队评工记分。在"大跃进"运动推动下,1958、1959的两年中,全县兴修中小型水利16处,其他水利设施1060处,保灌面积57896亩,比解放前兴修水利的总和还要多36.9%。城郊城西村的湖塘水库、洪山村的赖桥水库、四堡雾阁村的高坑水库、北团的石固城坡、双石坡引水工程陆续完工投入使用。库容量259万立方米的城郊五寨水库动工建设,至1964年完工。

在70年代的"农业学大寨"运动中,城郊的石门岩水利工程于1970年9月动工建设,至1975年5月完工,水域面积350亩,总库容量327.2万立方米,有效灌溉面积4200亩,基本解决了城区居民生活用水和农田灌溉问题。文亨的大石岩水库于1974年12月动工建设,至1978年底完工,总库容量664万立方米,灌溉面积25700亩。此外,还有1974年竣工的四堡团结水库,总库容量405.2立方米,灌溉面积4200亩。

改革开放后,连城县水利工程建设快速发展,全县已基本形成了"蓄、引、提并举,灌、排、供并重,兴利除害相结合"的水利工程防灾减灾体系。1978年以来,全县共建成水库20座,总库容量4051万立方米,受益灌溉面积5.05万亩,完成26座小型水库除险加固任务,全面保障水库的正常运行。

1993年12月7日,龙岩地区在连城召开农田水利基本建设现场会,地委书记黄小晶到会指导,肯定了连城的经验做法。1997年12月16日,全部水利建设现场会又一次在连城召开,推广新经验。

党的十八大以来,水利工程建设发展速度和投资进一步提高,建成了八军坑水库、将军山水库、丘塘水库等3座水库,完成16座小型水库除险加固任务,正在建设福地水库、龙咀水库、石槽坑水库等3座水库。目前,全县拥有蓄水工程316处,其中:中型水库1座、小(1)型水库11座、小(2)型水库17座,总库容量5158.74万立方米,设计供水能力1.44亿立方米;塘坝数量288座,窖池数量76座。全县有效灌溉面积29.415万亩,占全县耕地面积的92.5%。

从城区到农村,群众生活供水工程发展快速。全县已建成乡镇供水工程16处,村级供水工程269处,供水受益人口26.88万人,解决农村饮水不安全人口24.16万人。全面提高乡镇供水能力,村镇自来水供水普及率达到100%,行政村通水率达到100%。其中,党的十八大以来,改扩建乡镇供水工程12处,新建及改造村级供水工程156处,解决农村饮水不安全人口14.5万人。

河道治理初见成效,防洪工程建设进入高潮。1978年以前,连城县河道防洪排泄能力差,几乎没有水泥浆砌的防洪堤。改革开放以来,特别是2010年以后,全县防洪堤工程建设进入高潮,河道全面清理疏通,河堤浆砌加固加宽,河旁植树绿化、生活休息综合改造利用。目前已建成高质量的防洪堤44.87公里,在建21公里,拟建34.32公里,规划6.39公里,合计建设总长达106.58公里。

小水电工程建设快速发展。1978年,全县拥有电站189处10890.6千瓦,设计年发电量3182万度。其中:水电站160处9590.6千瓦;火电站(含自备电站)29处1300千瓦。1990年,大型发电站山峰水电厂投产。1996年12月投产的曲溪蒲竹溪电站是全县第一个个人股份集资电站,它的兴建为私人投资办电开创了良好的局面。紧接着1997年投产的朋口垂珠坝电站、1998年投产的赖源三级站和重建的李屋福坑电站、1999年投产的曲溪洋尾电站、邓屋电站均属私人投资电站,从而掀起了21世纪个私投资办电的热潮。从2001年至2010年短短十年时间,全县水电总装机从63处3.198万千瓦猛增到147处13.448万千瓦,增加了84处10.25万千瓦。截至2017年底,全县拥有水电站147座14.871万千瓦,总库容量 5930.9 万立方米。

灌区续建配套与节水改造有了较大发展,农业节水水平普遍提高,灌溉用水量有所下降。全县有效灌溉面积 29.415 万亩,占全县耕地面积的 92.5%。节水灌溉工程 215 处,节水灌溉面积 18.165 万亩,占有效灌溉面积的 61.75%。其中高效节水面积 6 万亩,灌溉用水有效利用系数提高到 0.56。全县现有引水工程 3579 处,其中千亩以上引水工程 11 处,小小型引水工程 3568 处,设计供水能力 2.1237 亿立方米;提水工程 127 处,设计供水能力 0.2 亿立方米。

2017 年起,全县推行县、乡、村三级河长制,在大、小河流,水库配有河长和专管员,负有护河、治水的责任,整治乱占、乱堆、乱采、乱建行为,建设河畅、水清、岸绿、景美的美丽乡村,取得了显著成效。

二、水土流失综合治理初见成效

连城县历史以来水土流失严重,解放前造纸业的繁荣和经营木材商人的增多,造成森林无计划砍伐。新中国成立后,连城县森林和植被遭到几次严重的破坏,水土流失惊人。1958 年全民大炼钢铁时,大量砍伐森林烧炭炼铁。1961 年国民经济困难时期为渡粮荒,号召开发"万宝山",农民上山开荒造田,大面积植被遭到破坏。"文化大革命"运动中的无政府主义和森林火灾失控,偷盗木材、乱砍滥伐,造成严重的水土流失。

党的十一届三中全会后,县人民政府恢复水土保持办公室机构。1982 年,在文亨龙岗、城郊松洋建立 290 亩水土流失区进行综合治理的试验区。1983 年,组织 43 人的水土普查队,进行首次全县性水土流失普查。1984 年公布普查结果,全县水土流失总面积为 39.69 万亩,并编写《连城县水土流失调查报告》。1987 年,在强、中度流失区治理荒山 2.98 万亩,种植牧草 1.66 万亩、果树 0.55 万亩、薪炭林 0.76 万亩。

《中华人民共和国水土保持法》颁布后,连城县委、县政府高度重视,认真组织宣传贯彻,把水土保持工作列为发展县域经济的重要战略决策,每年6月份组织开展宣传月活动,提高公民水土保持的意识。1990年,县人民政府发布《关于开发利用水土资源中必须做好水土保持工作的通告》,提出水土流失的现状和治理对策,采取"谁破坏谁治理"的强制措施。1988年至2000年,全县立案查处水土流失案件180起。根据不同强度流失区,采取相应治理措施,既有效控制了水土流失,又增加了农民收入。1988年至1993年,全县治理水土流失面积3000公顷,其中封禁治理2133.3公顷,营造水土保持林786.6公顷,种果80公顷。通过重点治理文川、文亨、朋口、庙前、北团、四堡等乡镇水土流失区,至2000年全县共治理水土流失面积4539公顷,治理面积占水土流失面积18.67%。治理后,林土质量得到提高,水土流失对河流下游的危害得到减轻,农业生产条件得到改善,年均直接经济效益达1500万元,增加了农民收入,为农村农民脱贫致富营造了良好基础。

党的十八大以来,福建省委、省政府高度重视水土保持工作,把连城县列入22个水土流失综合治理重点县之一,属省级资金补助三类县。连城县水土流失综合治理由于过去模式单一,治理区林分结构简单,树种多数为马尾松和芒萁,马尾松中幼纯林,生长差,存在林下水土流失现象。根据2011年遥感调查再次统计,全县共有水土流失面积238.8平方公里,占土地面积的9.26%。县人民政府高度重视,投入治理资金,2012年以前共投入水土流失综合治理资金2943.76万元(其中上级补助资金1390万元),综合治理水土流失面积16.594万亩。

2012年以来,连城县委、县政府全面贯彻落实习近平总书记关于长汀水土流失治理重要批示精神,按照市委、市政府决策部署,始终高度重视水土保持和生态环境建设工作,以"六大工程"为抓手,扎实推进新一轮水土流失治理攻坚战,加快生态强县建设,全面推进水土保持工作,并取得了阶段性成效。全县已完成国家水土保持重点建设工程12个、中央预算内投资项目1个、福建省22个重点县水土流失综合治理项目5个,福建省100个重点乡镇水土流失综合治理项目9个,龙岩市重点乡镇水土流失综合治理项目4个。综合治理崩岗60座(其中:揭乐乡治理3座,文亨南坑村治理15座、文亨鲤江村治理37座,隔川乡治理5座)。全县各有关部门共投入水土流失综合治理资金达到20898万元(其中上级补助资金8335万元),投入资金创历史最高水平。综合治理水土流失面积39.32万亩,其中:水土保持造林4.815万亩、低效林改造2.912万亩、种草1.055万亩、封禁治理29.868万亩、坡改梯0.67万亩。兴建小型水利工程包括引排水渠29.041公里、道路15.3公里、护岸护坡21.48公里、河道清障4.4公里、蓄水池40口。

通过治理,项目区治理度达78%以上,土壤侵蚀模数下降到每年每平方公里1000吨以下,植被覆盖率提高到80%以上,减沙率达70%以上,有效地减轻水土流失的危害,林地质量和涵养水源能力大大提高,全县水土流失治理区的10个乡镇98个村的80740人受益。连城县通过大面积的水土流失治理,减轻了自然灾害的破坏,改善了农业生产条件,土壤肥力明显提高,生态环境向良性转化。

连城县在治理水土流失中,加强组织领导,全面落实治理责任制。成立以县委书记为总指挥,县长为第一副总指挥的水土保持和生态建设指挥部。县领导和县直部门挂钩联系帮扶重点乡(镇),切实加强对水土流失治理工作的指导、协调和督促。通过召开全县水土流失综合治理工作动员大会,举办专家教授关于"学习水土流失治理经验 加快建设生态连城"讲座,全面落实工作责任,层层签订目标责任状,把水土流失治理任务分解下达到乡、村,把各项治理措施、资金落实到具体项目和山头地块、林班,确保全面完成水土流失综合治理任务。同时,充分发挥水保办、林业站、农技站、水利站技术人员的作用,加大现场施工的技术力量,实现了对工程材料和施工标准的全程监督。通过学习借鉴长汀经验,创新水土保持做法,探索生态循环治理模式,把水土流失治理与畜牧业养殖、菌业发展和沼气利用有机结合起来,有效地促进全县农业发展与林业生态平衡。同时,也促进社会主义新农村建设。

第七节　林业生态文明建设实现新跨越

连城属于福建省山区县,也是林业重点县。全县现有林业面积22万公顷,有林地面积21万公顷,森林覆盖率达到81.45%,名列龙岩市第一、福建省第二。森林总蓄积量1666.6万立方米,林业产值2018年实现68.12亿元。丰富的林业资源为连城的经济发展和生态文明建设提供了重要基础和发展空间。

新中国成立后,中共连城县委、连城县人民政府高度重视林业工作,不断地组织发动人民群众参与植树造林,充分利用和发展森林资源,正确处理科学规划造林绿化和砍伐生产两者关系,使绿水青山常在,林业产值持续提升,为连城的国民经济收入做出重要贡献。改革开放以来,特别是党的十八大以来,坚定地紧跟党中央的战略部署,牢固树立"绿水青山就是金山银山"的理念,始终坚持生态优先的发展战略,紧紧围绕提高森林覆盖率和单位面积森林蓄积量的"双增长"目标,抓住时机,攻坚克难,谱写林业发展新篇章。经过长期的努力,连城被列入全国10个封山育林示范县之一,获得"全国造林绿化先进单位"和"全国造林绿化百佳县"称号,使连城的林业建设、生态文明建设实现新的跨越。

一、新中国成立至改革开放前

新中国成立前,连城县历代政府未设立林政管理机构,森林资源未得到有效管理和综合开发利用,森林处在自然生长与消耗状态。

新中国成立后,连城县委、县政府高度重视林业工作,认真贯彻党中央关于"植树造林、绿化祖国"的重要指示,坚决执行党和国家一系列发展林业的方针、政策、法规,鼓励和扶持广大人民群众造林护林。1953年春,连城县成立木材采购站,在林区设立国营木材收购点,开始生产、收购、调拨木材,每年采购量2500立方米。1956

年,县人民政府设立林业科(1958年5月更名为连城县林业局),同年成立森林防火委员会。随后逐步建立和健全各级林业管理机构,兴办一批林业企业和事业单位,林业生产建设得到较大的发展。进入1958年的"大跃进"时期,由于发动全民大炼钢铁运动,上山砍伐木材烧炭,森林资源遭到严重破坏。1966年开始的"文化大革命"动乱期间,由于无政府主义泛滥的影响,导致山林权属不落实,乱砍滥伐时有发生,山林火灾不断,森林病虫害缺乏防治,森林资源再次遭到严重破坏。

1958年全国进入"大跃进"年代,国家建设需要大量木材,连城县开始兴办国营伐木场采伐木材,至1960年全县先后办起梅村头、溪源、郑地、黄地等4个国营伐木场,实行国营生产与社队收购同时并举。这一年,全县木材经销产量达4.52万立方米。1961年,按照国家调整国民经济发展方针,这4个国营伐木场撤销停产。1962年,又新建新亭伐木场,1971年改为新地林场、1975年9月改为新地伐木场,年生产木材达1.4万立方米,成为县木材生产的主要产地。1972年创办县综合林场。1972年10月,创办国营邱家山林场(现为省属市管)。1978年,经省政府批准,在曲溪再建一个国营伐木场,经营面积14万亩。这些林场贯彻边砍边造的方针,至1979年这4个国有林场当年木材采伐量达1.43万立方米,产值130万元。至1987年4个国营林场造林面积累计达到8.27万亩。农村实行人民公社新体制后,地处林区的公社和一些生产大队陆续办起集体林场,通过采伐木材增加集体收入,同时边砍伐边造林,提高森林覆盖率。

1972年开始历时两年,全县开展大规模的森林资源普查。全县林业用地面积332.23万亩,有林地面积215.30万亩(其中用材林177.8万亩,毛竹林34.09万亩),森林覆盖率为64.7%,林木蓄积量为648.2291万立方米,毛竹3406万株。普查工作结束后,以公社为单位编制林业基本图,编印小班调查簿、证明书。县林业部门编制全县森林资源分布图,为各级制订林业生产发展计划提供可靠依据。

二、改革开放后到党的十八大召开前

党的十一届三中全会后,连城县林业战线坚持"改革、开放、搞活"的总方针,林业生产得到迅速发展。

1980年开始,连城县采取有效措施强化森林资源保护,建立健全护林防火指挥机构和专业队伍,完善扑火物资装备和灭火机具配备,组建8支县级半专业化扑火队伍,全县各乡镇行政村陆续配备护林员,建设瞭望台、开设永久性防火路和营造防火林带,建立有线、无线的森林防火通信网络,强化护林防火宣传,科学组织扑救森林火灾,使全县森林火灾逐步得到有效控制。为了做好森林病虫害防治工作,1986年9月成立县森林病虫害防治站,加强对森林病虫害的调查和监测。采取综合措施有效防治境内松毛虫灾害和竹蝗灾害的发生。1985年5月4日,省政府批准建立闽西梅花山自然保护区。连城的莒溪乡、曲溪乡、庙前镇3个乡镇9个行政村、22个自然村被划入梅花山自然保护区,土地总面积为17.56万亩,占保护区总面积的52.9%。1996年12月,连城县建立了第一批92个自然保护小区、点;2009年,调整设立自然保护小区83个,面积13.29万亩。1981年8月,连城县开始筹建县林业公安、检察、法庭等机构,加大执法力度,打击各种破坏森林资源的违法犯罪行为。次年5月3日,成立县公安局林业公安股,下设朋口、姑田两个林区派出所。同时成立县检察院林业检察科和县法院林业法庭。1999年10月,连城县公安局林业公安分局更名为连城县公安局森林分局,下设7个森林派出所。1999年5月,林业检察科归编连城县人民检察院。1998年12月,林业法庭归编连城县人民法院。2006年成立林业执法大队,下设7个中队。林业公安、检察、法院、执法大队等部门在保护国家和集体森林资源,维护林区治安稳定,发展林业生产等方面发挥了重要作用。

1981年,全县开展林业"三定"(定山权、定林权、定责任制)工作,在稳定集体山林权属的基础上,落实各种形式的经营管理责任制并发给山林权证,把一部分集体山林划为自留山,分给农户经营,山权仍属集体所有。1988年,县内开展林业"三定"扫尾工作。全县定权的山林面积达21.87万公顷。1990年10月至1995年4月,历时4年半,全面完成国有山林定权发证工作。全县国有林面积3.07万公顷,发放国有林权证125份。

1985年起,县林业部门集中资金、力量开展林业站租山造林。全县有10个林业站分别与山权单位签订租山合同,经县公证处公证生效,合同期定为60年,截至1987年共计租山造林面积7.7万亩。

1986—1987年期间开展两次飞机播种造林12万亩。1989年开始实施"三五七"造林绿化工程,连城县被列入全省第一批消灭荒山的县,要求3年消灭荒山,5年绿化连城。1989—1991年,全县投入2700万元,完成人工造林1.67万公顷。其中,荒山造林0.84万公顷,迹地更新0.83万公顷,新封山育林0.87万公顷,实现基本消灭宜林荒山的目标。1992年,连城县被确认为"三五七"造林绿化达标县。1996年3月,连城县被国家人事部、绿化委、林业部授予"全国造林绿化'百佳县'"称号;被国家绿化委授予"全国造林绿化先进单位"称号。通过实施"三五七"造林绿化工程,全县森林覆盖率大幅度提高,为林业生态体系建设和林业产业体系建设打下坚实的基础。

20世纪80年代末至90年代初,通过租赁村集体林地,实行规模化造林、集约化管理,共建成12个县办国有林场,经营面积达46万亩。这期间由于高度重视封山育林工作,连城县于1995年被国家林业部列为全国十个封山育林示范县之一。

1998年,长江流域发生特大洪涝灾害后,国家开始实施天然林保护工程,木材生产逐年下降,国有森工企业效益在下滑,甚至出现了亏损。1999年9月,连城县林业局按照省、市林业主管部门关于林业经济体制改革的精神,成立企业改革领导小组,编制《连城县国有森工企业定岗定员及转岗分流方案》,并获县政府批准实施。至2000年12月止,经企业与职工解除劳动关系,企业人员减幅达67.7%。

2000年9月,县政府批转县林业局《连城县明晰集体林木产权工作方案》。在全县推广4种明晰集体林木产权的模式。通过林改,明晰产权面积253.11万亩,其中自留山面积0.82万亩,家庭承包面积66.86万亩,集体统一经营89.7万亩,其他方式承包44.93万亩。

2001年根据国家森林分类经营要求,福建省开展生态公益林区划界定工作,连城县界定生态公益林92.03万亩。2008年4月,成立连城县生态公益林管理站,这一年起实施生态公益林补偿制度。2010—2011年连城县按照"生态优先、确保重点、因地制宜、因害设防、集中连片、合理布局"的原则,在全县范围内区划了重点生态区位林地面积128.6万亩。

2009年底,为了从根本上改变文川河的生态环境以及水质水量,打造绿色生态连城,连城县委、县政府部署文川河绿色环保行动计划。该项目规划范围为文川河流域城区及城区以上汇水区林地,规划期10年,涉及莲峰、隔川、林坊、揭乐、文亨等5个乡镇,沿河两岸总规划造林绿化面积为18.7万亩。2010年4月,成立连城县文川河流域绿化管理站,负责实施该规划和相关工作。

三、党的十八大以来

党的十八大以来,连城县紧紧围绕提高森林覆盖率和单位面积森林蓄积量"双增长"的目标,牢固树立"绿水青山就是金山银山"的理念,加强森林资源培育,强化生态公益林管护,落实天然林保护工程建设,推进林业生态建设。认真贯彻生态优先发展战略,围绕"不砍树,也致富"的目标,大力扶持花卉苗木、竹业和林下经济等非木质利用产业发展,促进林农增收,2018年实现林业产值68.12亿元,林业建设、生态文明建设实现新跨越。

(一)大力培育森林资源　全面推进城乡绿化

自2011年以来至2018年底,全县完成造林绿化34.91万亩,全面超额完成省、市下达的各项任务。其中人工造林3.4万亩,人工更新12.11万亩,生物防火林带建设2.25万亩,珍贵树种造林0.47万亩,林分修复补植12.24万亩;四绿工程建设3.98万亩(含绿色屏障 0.11 万亩、绿色城市 0.65 万亩、绿色村镇 2.77 万亩），绿色通道 0.66 万亩（含高速景观林 1270 亩）。2014 年全面开展"福建省级森林县城"创建工作，2017 年 11 月通过省级检查验收，被福建省绿化委员会、福建省林业厅授予"福建省级森林县城"称号。2017年在全县林场造林范围中，实施林业碳汇交易试点，提升森林附加值，选取 5 万亩开展森林经营碳汇项目，总碳汇量 29.5 万吨（2006年 1 月 3 日至 2026 年 1 月 2 日，计 20 年），年均碳汇量 1.48 万吨。同时，继续实施文川河绿色环保行动计划，规划范围内森林覆盖率、林分郁闭度、混交林比例都有大幅度提高，效果显著。

（二）积极培育良种壮苗　打造现代国有苗圃

为保证林业生产所需的良种壮苗，2016 年连城县恢复建立县苗圃，更名为连城县国有苗圃，并挂靠县林木种苗站。现有经营面积 222 亩，其中，苗木培育生产区面积 61 亩，大苗培育生产区 156亩。2016 年县国有苗圃进行总体规划，规划年限为 3 年（即 2017—2019 年），项目总投资 589.05 万元，拟建设成为现代国有苗圃。县国有苗圃参与 2017 年省现代农业（花卉）生产发展资金项目建设，项目总投资 90 万元，建设 3200 平方米智能温室大棚，项目顺利通过省市验收。同时做好种质资源库建设。连城县苗圃现有南方铁杉采种基地 80.2 公顷，马尾松母树林基地 17.3 公顷，马尾松种子园基地 13.3 公顷，油茶采穗圃基地 13.53 公顷，乐东拟单性木兰采种基地 6.87 公顷。

（三）强化森林资源管理　提高森林覆盖率

2016 年，随着国家和省政府有关禁止采伐天然林和天然林保护政策的出台，连城县的林木采伐量逐年下降，林业生产经营活动从采伐林木为主转变为生态保护为主，着力于改善生态环境，建设生态美的新连城。根据连城县第四次森林资源规划调查，2018 年连城县林地面积 220075.3477 公顷（其中商品林 158708.9068 公顷，生态公益林 61366.4409 公顷），有林地面积 210073.4543 公顷，森林蓄积 1666.6 万立方米，森林覆盖率 81.45%，位列全市第一，全省第二。

（四）强化组织领导　扎实推进森林防火

一是加强领导，及时调整和充实县乡两级森林防火指挥部成员；二是做好《森林防火条例》《福建省森林防火条例》的宣传教育工作，提前部署防控；三是加强生物防火林带建设；四是加强森林消防队伍建设，创新护林员管理机制；五是保障防火经费、及时完善和补充防火物资储备；六是加强值班调度值，保证火情信息畅通，科学组织扑救；七是开展森林防火问责。通过以上综合措施把森林防火受害率控制在0.8‰内，"双控"均未突破省双控指标，山火当日扑灭率达到100%。2016年9月，连城县森林消防队在龙岩市森林消防技能竞赛中荣获第一名。2017年连城县人民政府荣获龙岩市森林防火责任书考核评比第一名，取得历史性的突破。2018年连城县人民政府森林防火工作取得省考核满分的优异成绩。2016年、2017年连城县人民政府连续两年荣获福建省第一护林联防区先进县称号。2017年连城县人民政府荣获龙岩市电力走廊生物防火林带建设先进单位。2014—2017年连城县森林防火指挥部办公室连续四年荣获龙岩市森林防火指挥部办公室十项业务能力考评第一名的好成绩。

（五）强化生态公益林管理　实施天然林保护工程

2016年底至2017年春，连城县组织开展深化生态公益林管理体制改革工作，设立专业管护性质的驻站（场）护林员，合理适度配置驻村护林员，加强村级集体组织监管，建立护林网络监督指挥平台，努力提升监管管护效能。全县设置驻站（场）护林员185名，驻村护林员88名。驻站（场）护林员在全市率先实行劳务派遣，脱产上班，并实行护林巡查轨迹定位管理，管护工作全面专业化。驻村护林员实行承包管护，由村委会推荐、林业站批准设立。同时，全面加强村级监管绩效考评，制定森林资源管护村级监管绩效考评办法，村级监管费支付与考评结果挂钩。连城县生态公益林管理体制改革属于全省首创，成效明显。2012年起，连城县人民法院、县人民检察院与县林业局联合建立林业生态恢复治理联动机制,积极开展水土保持暨生态恢复治理工作,在文亨镇"牛仔岭"山场、林坊乡"干坑"山场建立万亩"林业生态恢复补偿机制暨水土保持实践基地",并于2014年开展了一次在全省范围内有重大影响的生态公益诉讼。同时,开展生态文化示范村、生态文化示范企业评选活动,创建森林人家品牌。至2018年,全县共有2家省级森林公园,20家省林业厅授牌的森林人家。近几年还积极参与省市开展树王、最美风水林网络评选活动。位于曲溪乡罗胜村的胸径1.98米、树高38.3米的杉木获"福建杉木王"称号;莒溪镇太平寮村风水林、朋口镇瑶里村风水林获评龙岩市"十大魅力风水林"称号。2017年3月,连城县制定下发了《连城县天然林保护工程实施方案》和《连城县天然林保护工程补助经费管理办法(暂行)》,实施天然林保护工程,并将天然林保护纳入生态公益林统一管理,同检查、同考核、同奖惩。全县纳入天然林保护工程面积102.5450万亩,补助标准为一年每亩15元。2018年底,全县完成核实面积102.5450万亩,核实户数5182户,核实率100%;签订管护补助94.9038万亩,签订率92.55%。

(六)加强林政资源管理 严肃查处林业案件

每年在3月"植树节"活动日、"爱鸟周""12·4"国家宪法日等特殊时段和节点,开展各类重点突出、针对性强的集中法治宣传活动。保持常态不断地开展打击破坏森林资源违法犯罪行为的专项行动。同时,加强执法队伍建设,县林业局现有行政执法资格的有195人,其中长期在执法一线的执法人员有126人。从2012年至2018年,县林业局共办理林业三类案件3636件,其中行政案件3288件,移送刑事案件286起,移送治安案件62起;罚款计1433.68万元。

按照保障和服务重点项目建设征用林地,打击非法占用林地的原则,加强林地管理,做好林业行政审批工作。2012年至2018年,经省林业厅审批已获得许可的永久使用林地155件,面积524.5944公顷,临时使用林地11件,面积94.6824公顷,矿山使用林地预审1件。按照"放管服"的要求,连城县开展简化农民建房占用林地报批手续试点,积极引导农民办理用地审批手续,2017年以来共免费办理34户村民建房用地审核审批手续,计2795平方米(其中建档立卡贫困户21起,计1490平方米)。

(七)加强林业有害生物防治　做好有害生物普查监测

2015年4月至2016年12月,在全县开展林业有害生物普查工作。普查共发现林业有害生物158种,其中危害程度轻度以上设立标准地调查种类20种,危害程度轻度以下的138种。普查发现的铁皮石斛孤岩尺蛾经中科院动物所武春生研究员鉴定为福建省新记录种。同时,积极做好林业有害生物防治工作,每年对为害程度轻度以上的马尾松毛虫采取施放白僵菌粉炮的方法进行防治,采取喷洒森得保粉剂和尿药诱杀的方法进行防治竹蝗,有效遏制马尾松毛虫和竹蝗的发生。每年组织开展森林植物检疫专项执法行动,严厉打击违规调运森林植物及其制品和包装材料的行为。2014—2016年通过参与实施闽西林业有害生物防控体系项目建设,在文亨国有林场建成建筑面积900多平方米的闽西林业有害生物防控中心(包含监测预警中心、检疫检验中心实验室、除害处理所、药剂药械库)。

(八)大力发展竹业产业　积极培育花卉苗木市场

连城是全国毛竹生长最适宜区的中心产区。全县竹类资源丰富,共有竹林面积62.86万亩,其中毛竹林56.62万亩,占竹林面积90%,其他经济小径竹6.2万亩,占竹林面积10%。竹林面积占全县林地面积19%,主要分布于赖源、曲溪、莒溪、姑田、庙前等乡镇。2012年至2015年,相继实施4年革命基点村竹业发展项目;2016年至2017年,实施现代竹业重点乡镇项目和竹产业精准扶贫项目,助推精准扶贫和乡村振兴;2018年,我县竹产业生产总值达22.33亿元,其中一产笋竹产值5.07亿元,二产加工产值16.86亿元,竹三产0.4亿元,年销售竹材2200万根。竹业成为连城县农业三大支柱产业之一。

随着新型城镇化的发展和"美丽中国、生态文明、绿色产业"的提出,连城县花卉产业取得了腾飞式的发展,形成以"连城兰花+鲜切花+食用与药用花+珍稀园林苗木+花卉交易市场"为构架的"三花一珍一市"的花卉产业格局。截至2018年,全县花卉苗木种植面积5.8万亩,产业链产值达15.79亿元,实现销售额8.96亿元,出口额413.4万美元,花卉企业291家,花卉从业人员达1.8万人。截至2018年,全县省、市、县级现代花卉项目扶持补助资金达3631万元,实施项目共200多个,设施栽培面积达5865亩,带动社会、企业整合资金5.39亿元,促进了农业种植结构调整、农村经济发展和农民增收致富。同时,花卉龙头带动行业向专业化迈进。以福建连城兰花股份有限公司、福建连天福生物科技有限公司等企业为龙头,涌现出国家级、省级龙头企业各1家,市级龙头企业6家;国家级示范社1家,省级示范社1家,市级示范社2家,县级示范社10家,龙岩市农业示范企业(农场)21家。2017年11月21日,第五届中国(冠豸山)兰花大会在福建连城首次成功举办,把"连城兰花"品牌越做越大、越做越响。

(九)调解山林权属纠纷 维护林农权益

至2017年2月底,连城县存在区际山林权属纠纷9起,面积15663亩;存在县际山林权属纠纷9起,面积11992亩;存在乡际山林权属纠纷23起,面积17871亩。村际山林权属纠纷和村内集体林地承包经营权纠纷数量多且层出不穷。为了积极调动社会各方力量处理日益增加的涉林纠纷案件,连城县人民政府于2012年2月29日成立县涉林纠纷大调解工作领导小组,下设办公室,挂靠县处理山林纠纷工作小组办公室。全县17个乡(镇)成立了涉林纠纷"大调解"工作领导小组和办公室,同时在主要林区村设立了"调解联络点",建成县、乡、村三级调解网络。通过"大调解"工作机制,实现诉讼与非诉讼纠纷解决机制的有机衔接,有效提高处置突发性、群体性矛盾纠纷的能力,最大限度地将矛盾纠纷化解在诉前、在初始阶段,解决在当地基层,实现案结事了和涉林涉诉信访的源头治理,切实保障国有、集体和林农合法权益,维护林区和谐稳定。2015年至2018年调处山林权属及集体林地承包经营权纠纷案件253

起,面积 10316 亩。

新中国成立以来,特别是改革开放和党的十八大以来,连城县的林业一、二、三产业迅速发展,林业生态文明建设取得了显著成效。连城县委、县政府将乘势而上持续努力,坚持贯彻习近平新时代中国特色社会主义思想,按照党的十九大精神,扎实推进林业生态文明建设,努力建设"美丽连城、创业连城、幸福连城"。

第八节 扶贫攻坚成效显著

党中央亲切关怀着革命老区人民的脱贫致富奔小康。习近平总书记指出:革命老区是党和人民的根。全面建成小康社会,没有老区的全面小康,没有老区贫困人口脱贫致富,那是不完整的。

连城县是革命老区、原中央苏区县,也是福建省定贫困县、国家扶贫开发重点县。党的十一届三中全会以来,中共连城县委、县人民政府认真贯彻党的一系列方针政策,在上级党委、政府和各级各部门的亲切关怀和大力支持下,积极带领全县人民自力更生,艰苦创业,努力摆脱贫困,敢于甩掉贫困县帽子,走共同富裕道路,不断取得脱贫攻坚的阶段性成果。特别是党的十八大以来,连城革命老区的广大党员、干部和人民群众,紧跟党中央的战略部署,为全面建成小康社会万众一心、众志成城,创新举措,攻坚克难,坚决打赢脱贫攻坚战。

改革开放以来,连城县的扶贫工作大体经历了解决温饱、摆脱贫困、扶贫攻坚三个阶段。

一、解决温饱

1984 年,中共中央发布《关于帮助贫困地区尽快改变面貌的通知》。1986 年,连城被列入福建省级贫困县。这一年,连城县地方财政仅收入 1139.94 万元,农民人均纯收入 312 元。全县有贫困户 14456 户、74758 人,贫困村 61 个。

为了帮助连城摆脱贫困、解决农民温饱问题,福建省委、省政府于1986年5月开始向连城派出省扶贫工作队。连续四年由省直机关抽调领导干部带队、一年一轮换。工作队长担任连城县委副书记,主管扶贫开发工作。同时,龙岩地委、行署也向连城派驻扶贫工作队,工作队长担任县委常委,分管扶贫开发工作。

县委、县政府把扶贫开发工作列入民生工程,成立连城县扶贫开发工作领导小组。1986年5月,县政府增设"扶贫办"机构,开展组织协调全县扶贫开发工作。县委制定"三年脱贫、四年摘帽、六年做贡献"的脱贫致富规划。县乡两级党政机关抽调大批干部驻村入户,县直机关67个单位挂钩61个贫困村,通过组织发动农民发展种植业、养殖业、加工业和外出打工、进乡村企业等方式增产增收,摆脱贫困,解决温饱问题。省、市扶贫工作队实施以区域开发带动扶贫为重点的开发式扶贫,通过外引内联、争取项目资金,为连城开发了一批新企业新项目,推进连城经济发展。

通过四年的扶贫开发工作,1990年,全县国民生产总值达2亿元,在1987年的基础上增长27.8%;国民收入1.53亿元,增长30.5%;工农业总产值2.45亿元,增长22.4%;财政收入2629万元,增长56.6%;农民人均纯收入590元,增长43.20%。由于连城经济基础十分薄弱,短期内难以达到脱贫标准,连城还是贫困县。

至1990年底,全县的贫困户中有12874户、66687人增加了收入,贫困人口越过绝对贫困线,基本解决了温饱问题。全县的脱贫率达89%,贫困户人均纯收入502元。但是,已基本解决温饱问题的贫困人口中,有相当部分的贫困户生产、生活条件仍然很差,巩固扶贫成果防止返贫的任务仍然很繁重。连城县委、县政府和各级各部门充分认识到,要根本改变连城贫困县的落后状态,增加贫困人口的收入,提高他们的生活质量,达到小康社会更是一项长期而艰巨的任务。

二、摆脱贫困

1994年起至2000年,国家开始实施"八·七"扶贫攻坚计划。

连城进入新一轮扶贫开发工作,推行入户项目支持、最低生活救助、劳动力转移、生态移民等综合性扶贫措施。

按国家新的扶贫对象划分标准,村财收入低于一万元的为贫困村,人均纯收入低于一千元的为贫困户。1994年底,通过重新核定,连城县有贫困乡(镇)13个,贫困村108个,贫困户1.4万户,贫困人口6.5万人。福建省委要求连城扶贫开发时间2年,不超3年,使贫困村年收入达到3万元以上,贫困人口的家庭人均收入达到1500元以上。3年摘掉贫困县帽子。

1994年9月,中国扶贫基金会会长、原福建省委书记项南回到故乡调研,为连城从根本上改变贫困落后面貌出谋献策。1994年9月和10月,省委副书记林开钦两次到连城基层调研,在听取连城县委工作汇报后,提出连城要尽快甩掉贫困县帽子,加快连城扶贫开发步伐。这一年,省委决定,由省委副书记、省纪委书记林兆枢直接挂钩连城开展扶贫开发工作,同时,省纪委、省监察厅、省煤炭总公司、省中行、省文化厅、省环保局等6个省直机关单位直接挂钩贫困乡镇,选派60多名干部连续三年一年一轮换开展扶贫开发工作。省纪委、省监察厅机关挂钩林坊乡、姑田镇,省煤炭总公司挂钩揭乐乡,省中行挂钩庙前镇,省文化厅挂钩四堡乡、罗坊乡。省纪委机关派出中层干部担任连城县委副书记或县委常委职务,每年一轮负责牵头省直机关工作队的派驻和帮助连城的扶贫开发工作。

连城县委、县政府、县人大、县政协机关的县处级干部每人挂钩一个乡镇,县直机关的科局长直接挂钩贫困村。从县、乡机关选派108名党员干部担任贫困村党支部第一书记。县、乡、村三级干部直接挂钩到贫困户,每人负责3至5户。全县形成"全党总动员,全民齐动手"的扶贫开发大局面。

县委决定贫困乡、村的脱贫主攻方向,一是通过发展乡办、村办企业,增加乡财、村财收入和提高农民就业收入。全县的乡办、村办集体企业发展为112家,工业产值2737.5万元,农民变工人,离土不离乡。二是解决通路、通电、通水问题。从1996年到2000年,县财政共投入贫困村水、电、路建设的帮扶资金208万元,开通村级简易公路 500 余公里,解决贫困村 8 万余人的饮水和 50 多个行政村通电问题。三是贫困户每年每户由县财政扶持 800 元,乡、村配套 200 元,并给予扶贫贴息贷款、以工代赈、小额信贷等方式扶持贫困户发展种植业、养殖业、加工业的发展项目资金。

1994 年起,连城县开始实施"幸福工程",对居住在边远山区的农户采取搬迁异地建新村的方式,改善居住生活条件,脱贫致富。如,四堡中南村竹园山自然村,离行政村 15 华里,海拔 800 多米,22 户 100 余人,在 1996 年春节前搬迁至四堡中学对面的新村居住,成为全县第一个实施的"幸福工程"。接着,新泉乡乐联新村的 33 户 200 余人,也从 10 华里远的槽地凹自然村搬迁过来。从 1996 年起至 2011 年期间,全县新建 58 个新村安置点,搬迁 2544 户、13477 人,投入帮扶资金 2235.92 万元(其中省级 1865 万元,市级 260.2 万元,县政府 110.72 万元)。这些移民新村整齐有序,道路畅通,新居宽敞,通水通电,由政府提供无偿建设用地,每人补助建房款 400 元至 800 元,对他们指导就业门路,解决日常生活问题。

1997 年 5 月 16 日至 17 日,龙岩市委扶贫攻坚奔小康工作会议在连城召开。7 月 26 日,省委副书记习近平到连城调研,指导扶贫攻坚工作。12 月 1 日,省委副书记林兆枢率省直有关部门、晋江市领导及香港企业家到连城考察检查指导脱贫攻坚奔小康工作。省煤炭总公司、晋江市分别向连城捐赠扶贫资金 50 万元、60 万元;香港大隆集团捐赠县中医院 50 万元;晋江市向项南故乡朋口镇及文坊村各捐赠 2 万元。省委副书记林兆枢亲自挂钩揭乐乡官庄村,三年期间多次进村调研访贫问苦,争取外援资金 100 多万元为村建大桥,铺设 2 公里长的村道水泥路面。挂钩乡、村的省扶贫工作队员一心扑在扶贫攻坚事业上,同当地干部群众同甘共苦,谋项目求发展,他们直接或间接争取扶贫项目资金达 2000 多万元。

1995 年 4 月,连城县成立扶贫开发协会以来,通过各种渠道筹集扶贫资金 298 万元,为罗坊岗头至长坑农村公路、朋口农民城和班竹、岗头两所小学等扶贫项目争取 354 万元建设资金。

1998 年,连城县国民生产总值实现 16.52 亿元,比 1993 年增长

94%；工业总产值14.97亿元，比增1.87倍；农业总产值9.4亿元，比增74.9%；财政收入8506万元，比增46.9%；农民人均纯收入2160元。

经过全县人民的共同努力，1998年，经上级考评验收，连城县实施国家"八·七"扶贫攻坚计划提前2年完成，基本消除绝对贫困人口，全县基本脱贫，摘掉贫困县帽子。

三、脱贫攻坚

党的十八大以来，习近平总书记把脱贫攻坚摆在治国理政的突出位置，指出"打好精准脱贫攻坚战，实现贫困群众对美好生活的向往，体现了我们党的初心和使命"。2017年10月召开的党的十九大报告中指出："确保到2020年我国现行标准下农村贫困人口实现脱贫，贫困县全部摘帽，解决区域性整体贫困，做到脱真贫、真脱贫。"

连城县委、县政府坚决响应党中央脱贫攻坚的决策部署，坚决扛起脱贫攻坚重大政治责任。县委成立脱贫攻坚战役指挥部。县四套班子主要领导和常务副县长分别挂钩5个贫困乡镇，县副处级领导每人挂钩2个贫困村，6400户贫困户全部由3240名县直机关、乡镇干部挂钩到户，实现贫困户挂钩帮扶全覆盖，连城举全县之力进入脱贫攻坚战。

连城属福建经济欠发达地区，被列为福建省23个省级扶贫开发工作重点县之一，脱贫攻坚任务十分艰巨。

全县贫困乡（镇）5个、占总乡镇（17个）的29.41%。贫困村62个、占总村数（245个）的26.27%。其中省级贫困村8个，占贫困村总数的12.9%；市级贫困村9个，占贫困村总数的14.5%；县级贫困村45个，占贫困村总数的72.6%。

截至2018年6月，国网数据中识别确定全县贫困户6400户、15125人（其中国标2824户、7203人，省标3576户、7922人），贫困发生率为5.22%。

2016年2月14日，中共连城县委、县人民政府发出《关于推进精准扶贫打赢脱贫攻坚战的实施意见》。3月14日，县委召开脱贫攻坚挂钩帮扶誓师大会。会议强调,各级各部门要切实把脱贫攻坚作为一项重要政治任务,立下"军令状",迅速行动,狠抓落实,解决"扶持谁""怎么扶""谁来扶"的问题,落实工作责任,严肃作战纪律,确保全县如期脱贫。

面对连城经济和贫困现状,连城县脱贫攻坚不惧困难,围绕精准下功夫,把产业扶贫、异地扶贫搬迁、健康扶贫作为脱贫攻坚的三项重点,因类施策、因人施策,突破增收难、住房难、看病难的三大难题,提高脱贫攻坚实效性,确保到2020年,稳定实现全县农村贫困人口不愁吃、不愁穿,义务教育、基本医疗和住房安全有保障。

(一)突出产业扶贫带动

一是落实"以奖代补"项目。对发展种养殖、农产品加工、电子商务、"农家乐"、林下经济的建档立卡贫困户,以"以奖代补"的方式一次性给予投资规模70%的补助,最高补助不超过3000元。2017年,共有2459户贫困户落实"以奖代补"项目,补助资金723.29万元。同时,落实好省级财政专项扶持发展资金,对有发展生产的贫困户给予人均440元生产扶持资金,补助资金687万元。二是抓好特色农业带动贫困户示范点。共完成特色农业带动贫困户示范点建设42个,补助资金201.2万元,带动778户贫困户每户每年增收4200元。三是推进激励性项目平台建设。共完成激励性扶贫示范点42个,补助资金91.4万元,带动贫困户793户。四是推进光伏产业扶贫。全县62个贫困村中,除15个村因平均日照低于3.5个小时没有参加外,其余47个村均参加光伏扶贫,占所有贫困村的75.8%,47座光伏发电站已全部并网发电。目前,贫困村光伏发电装机总容量2125.7千瓦,总投资1677.28万元,带动贫困户793户增收。五是积极促进村财增收。全力扶持发展生产,增强贫困乡镇、贫困村自我"造血功能",落实重点乡(镇)、贫困村帮扶资金,对全县5个贫困乡(镇)、62个贫困村因暂时找不到发展生产项目的4300万元扶持资金,委托县豸龙公司运营管理,委托期限暂定一年,约定到期年投资受益分红为年收益率5%,分红不低于1%。2017年有13个贫困村村财收入达到10万元,达到贫困村村财收入标准。六是全面完成雨露计划培训。2016年,完成"雨露计划"对贫困对象生产技术、劳动技能培训22期,培训贫困对象1440人;2017年,全县四家培训机构共完成雨露计划培训5449人(市下达任务数1375人)。

(二)实施扶贫小额信贷放贷

2016年,全县累计完成扶贫小额信贷放贷1834.62万元、占任务数(市下达的任务1500万元)的122.31%,带动贫困户525户。2017年全年全县累计放贷金额6872.09万元、占任务数(市下达的任务3400万元)的202.12%。2016年至2018年5月1日,全县累计放贷2410笔、6344.88万元,带动贫困户2209户。

(三)扎实推进易地扶贫搬迁

省扶贫办于2017年5月19日批复《福建省扶贫开发领导小组办公室关于同意龙岩市2016年易地扶贫搬迁任务进行县域间调剂的批复》中,确定连城县国定标准易地扶贫搬迁的任务数为4505人,2016年国定标准贫困户已竣工入住1784户4505人,占任务数的100%。2017年全县造福工程易地扶贫搬迁任务数1800人(省标1100人、同步搬迁700人)。其中,省定标准贫困户易地扶贫搬迁已竣工入住365户1109人;同步搬迁已竣工入住169户713人,超额完成任务。确定实施县级安置点68个(省级2个、市级6个、县级60个),均已竣工入住。

(四)强化保障健康扶贫

在精准扶贫医疗叠加保险政策基础上,由县政府出资102.1万元,与人保财险连城分公司签订健康扶贫保险协议,于2018—2020年为全县建档立卡贫困户6235户、15014人提供每人每年68元的健康扶贫保险。被保险人因疾病或遭受意外伤害入住2级及以上医疗机构的,按每人每天30元,累计最长90天给付住院津贴保险金;对60周岁以下的被保险人因意外伤害导致的身故或残疾的每人赔偿限额2万元,60周岁以上的每人赔偿限额2000元。

此外,省直机关对口帮扶部门及福清市对连城脱贫攻坚给予大力帮助,落实帮扶项目 18 个,落实扶贫资金 3048.1 万元。2016 年 10 月,由国家旅游局、国家发展改革委等 12 个部门共同制定并颁发的《乡村旅游扶贫工程行动方案》中,连城县赖源乡上村村、宣和乡升星村、罗坊乡坪上村、四堡镇四桥村、庙前镇芷红村、塘前乡上琴村、曲溪乡蒲溪村、北团镇石丰村等 8 个行政村被列为全国乡村旅游扶贫重点村。

在脱贫攻坚战中,连城县全面开展扶贫领域专项监督检查,把严监督执纪问责,以铁的纪律护航脱贫攻坚。县、乡纪检机关对全县所有贫困户进行走访核实,实现纪委干部入户走访全覆盖。对发现的问题、线索进行约谈提醒,并限期整改;对限期整改不到位的,追究相关人员责任,确保各项扶贫政策落到实处。对扶贫资金强化管理监督,制定下发《连城县造福工程补助资金管理办法》《关于易地扶贫搬迁项目资金管理暂行办法》等文件,对各项扶贫资金进行专户管理,做到专款专用,确保资金按时、足额拨付到贫困户,提高资金的使用效益,杜绝资金使用"漏洞"。同时,还组织开展扶贫工作督查,对政策宣传、群众发动、项目落实、干部作风等方面存在的问题和薄弱环节督促整改。据统计,全县自查自纠整改各类问题 98 个。县纪委查处扶贫领域腐败和作风问题 7 件 8 人,党政纪处分 5 人,诫勉谈话、批评教育 8 人,对负有领导责任的 5 人进行严肃问责。县效能办开展扶贫攻坚战役专项督查 3 次,编发通报 3 期,通报问题 6 个,并督促限期整改。

连城县在脱贫攻坚战中,各级党委、政府不断地增强扶贫开发工作的责任感和使命感,集中优势,集中精力,认真落实精准扶贫,使全县扶贫开发工作取得显著成效,脱贫攻坚战取得阶段性成果。2016 年以来,全县已有 6397 户 15119 人(国标 2824 户 7203 人,省标 3573 户 7916 人)实现脱贫。其中,2016 年有 3149 户 7009 人实现脱贫,2017 年实现脱贫 3123 户 8110 人。贫困人口由 6400 户 15125 人下降到 3 户 6 人,脱贫率达 99.96%,贫困面由 5.22%降到 0.0021%。计划至 2018 年,剩下 3 户 6 人全部脱贫。

2017 年,全县有 1 个贫困乡(林坊镇)、13 个贫困村(即赤岭村、江园村、中堡村、张家营村、水北村、班竹村、上琴村、联益村、田茶村、坪上村、塘坵村、曲溪村、洋贝村)实现脱贫,占贫困村总数20.9%。计划至2018年,2个贫困乡(塘前乡、宣和乡)脱贫,27个贫困村脱贫。计划至2019年,2个贫困乡(罗坊乡、四堡镇)脱贫,22个贫困村脱贫。

扶贫开发工作也促进了全县社会经济发展。2017年,全县完成生产总值184.58亿元,其中工业67.9亿元,农业52.48亿元。地方财政收入4.78亿元;城镇居民人均可支配收入28708元,农民人均可支配收入14091元。

2018年8月,中共中央、国务院《关于打赢脱贫攻坚战三年行动的指导意见》下发后,连城县委、县政府认真组织学习宣传、坚决贯彻执行。结合连城实际,摸清底数,查找问题,严把脱贫退出关,规范退出程序,把提高脱贫质量放在首位,采取措施防止脱贫人口、脱贫乡村返贫,注重帮扶长期效果,夯实脱贫攻坚基础,确保脱贫攻坚成果经得起历史和实践的检验,确保连城革命老区与全国人民一起同步实现全面小康。

第九节 财政、金融、保险稳步发展

一、财政

连城地处山区,过去长期以农业为主,工业基础薄弱,属第一批国家级贫困县,目前仍为福建省经济欠发达县,经济总量偏小,税源偏少,财政支出大于收入,历年为中央、省、市财政补助的县份。

(一)财政管理体制

新中国建立初期,实行统收统支的财政体制,县财政收支由省编制预算,按省预算核定全县收支。各项收入全部上解,支出由省财政核拨。1953—1957年,实行"划分收支,分级管理",县财政预算由省核定,县的财政支出由固定收入给县的分成部分中支付,不足部分由省补贴。1958年改为"以收定支",按收入安排支出,扩大县的财政收支范围和管理权限。但随之而来的"大跃进",支大于收,经济发生困难,旋于次年恢复"划分收支,分级管理"的体制。1963年纠正财政下放过宽,实行"收支挂钩,总额分成"的办法,要求实现财政预算收支平衡,争取略有节余。1966—1973年改为"定收定支,总额分成,差额补助,节余留用"的体制,使地方获得某些机动。1974—1976年改为实行"收入按固定比例留成,支出按指标包干"的体制。1978—1981年,改为"收支挂钩,增收分成"。1982年实行"划分收支,核定基数,递增缴补,分级包干"的办法,一定三年不变。1985年改为"划分税种,核定收支,分级包干"的新体制。1988—1991年实行"划分收支,核定基数,定额缴补,增收全留,分类包干,自求平衡"的财政管理体制。龙岩地区按照省财政大包干精神,对连城实行递增补助包干办法,在包干基数确定后,要求地方政府自求平衡。1994年起,中央财政对全国实施分税制改革后,省、地财政对连城也实行分税制。具体办法是以1993年收支决算数为基础,扣除非正常的一次性因素后按收入划分范围和体制上划、下划因素计算确定收入基数;扣除原体制缴补,加上新体制上划、下划因素计算确定支出基数。在此基础上,收大于支的定额上缴,支大于收的定额补助。实行分税制到2000年不变。

2000—2017年,省对连城的财政基本上延续实行划分税制的管理体制,核定财政支出,对支大于收的给予转移支付定额补助。

(二) 财政收入

新中国建立后的财政收入有预算内与预算外两大类。预算内的有农业税、工商各税、企业收入、其他收入和上级补助5项;预算外的有各种税收附加和特种资金2项。此外还有由税务部门直接上缴中央的能源交通重点建设基金、建筑税、金融保险营业税3项。

1.预算内收入

1949年11月6日连城解放,建立了人民政府。新政府迅速开展了经济的恢复发展工作。1950—1952年,经过土地改革、与民休养生息,建立新的生产秩序,扶持生产,使地方经济得到了很快的恢复和发展。当时的县财政收入以农业税和工商各税为主,3年财政收入共288.97万元,平均年收入96.83万元(已换算成新人民币,下同)。其中农业税115.31万元,工商各税134.22万元,企业收入0.21万元,其他收入39.23万元。

1953—1957年第一个五年计划实施,私营企业纳入了国营和集体经营的轨道,还先后创办了西山煤矿、酒厂等地方国营企业,农村也先后成立了互助组、合作社等组织,农业生产有了一定发展,县财政收入猛增到857.2万元,年均171.44万元,比前3年的年均收入增长78%。其中农业税233.02万元,工商各税568.08万元,企业收入36.06万元,其他收入20.04万元。

1958—1962年实行第二个五年计划。在1958年的"大跃进"中,工业办起了农械厂、铁厂、化工厂、庙前煤矿和县食品厂等企业,农业经营体制实现公社化,进行大集体生产。这期间县财政收入达1253.29万元,年均收入250.68万元,比第一个五年计划年均增长46.2%。其中农业税收287.85万元,工商各税收入700.38万元,企业收入239.36万元,其他收入25.70万元。均比第一个五年计划有所增长。但同期经济建设资金投入达397.2万元,企业效益不佳,一些企业被迫下马。

1963—1965年为3年调整时期,工农业尤其是工业经过调整、巩固、充实、提高,经济有了好转。财政收入共839.5万元,年均279.83万元,比第二个五年计划年均收入增长11.3%。

1966—1976年"文化大革命"中,经济虽然受到挫伤和遏制,但以前新建的地方工业有了一定基础,具备发展的潜力,绝大多数的干部群众坚持生产,并在此期间还增建了造纸厂、冷冻厂、水电站、合成氨厂、水泥厂、膨润土矿等企业,使地方经济稳中有增。故财政收入达到3700.87万元,年均收入336.44万元,与调整时期比,年均收入增长20.23%。其中农业税收入734.07万元,企业收入881.51万元,工商各税收入2069.14万元,其他收入16.15万元。

1977—1987年,连城经济大幅发展。1978年底召开的中共十一届三中全会,决定把工作重心转移到经济建设上来,为实现四个现代化进行改革开放,搞活经济。连城地方经济有了较快发展,财政收入也获得大幅度提高,总收入达到8163.94万元,年均收入742.18万元,比"文化大革命"时期增长120.6%。其中农业税收入1059.06万元,企业收入163.41万元(企业原以利润形式上缴财政,1983年以后改为税代利上缴),工商各税收入6817.91万元,其他收入123.56万元。

1988—2000年,县财政收入起伏比较大。1988年县财政预算内收入2263万元,1989年县财政预算内收入2801万元,1990年县财政预算内收2637万元,3年仅增长374万元。1991年财政预算内收入2975万元,1992年县财政预算内收入3550万元,1993年县财政预算内收入5784万元。1994年实行分税制后,县财政预算内收入6102万元,其中县级财政收入3854万元,占63.16%;中央级收入2248万元,占36.84%。1995年,财政预算内收入7258万元,比1991年增加4283万元,增长1.44倍。1996年,财政预算内收入10008万元,首次突破亿元大关。1997年财政收入10009万元。1998年后财政收入逐年下降,当年全县财政收入只完成8506万元。1999年县财政预算内收入8624万元,2000年财政收入只完成7819万元,其中县级财政收入5493万元,占70.25%,中央级收入2326万元,占29.75%。造成财政减收主要原因是:由于天然林限伐和木材资源减少造成上缴税利减少842万元;松香受国际市场影响销售额下降,上缴税利减少360万元;县属工业企业受市场变化的影响,效益下降,减少财政收入600万元。

2001—2017年,县财政围绕"增收创税,增强后劲"这一主题,综合运用各种财政手段,有效地进行宏观调控,力促经济发展,增加财政收入。2001年县财政收入8210万元,2002年县财政收入9462万元,2003年收入10506万元,2004年收入12016万元,2005年收入15162万元,2006年收入18590万元,2007年23006万元,2008年31018万元,2009年收入31769万元,2010年收入40565万元,2011年收入42619万元,2012年收入54650万元,2013年收入61802万元,2014年收入69329万元,2015年收入57844万元,2016

年收入64358万元,2017年收入74017万元。

2.预算外收入

预算外收入是根据国家规定的收支范围和项目进行征收的资金,征收的项目有:工商税附加、农业税附加、特产税附加、城市公用费附加及屠宰检验费、计量检验费、公房租金、房地产管理费、工商行政管理费、招待所管理费、中小学生学杂费等。连城的预算外收入始于1958年,当年的预算外收入52.13万元,年终结余28.73万元,次年收入降为17.98万元。60年代,都在20万元以下,最低是1961年,年收入才2.8万元。70年代略有上升,年收入都在20万~100万元之间。80年代都在100万元以上,最高为1987年的244.6万元。自1958—1987年30年间,全县预算外收入共2019.66万元(含上级预算外补助113.7万元)。此外,1984—1987年代收直缴中央的国家能源交通重点建设基金324.98万元;1985—1987年代收直缴省的建筑税53.68万元,金融保险营业税68.65万元。

1988—2000年县财政预算外收入有了较大的提高,总收入67941万元,分别为1988年收入1832万元,1989年收入3121万元,1990年收入3115万元,1991年收入2984万元,1992年收入3561万元,1993年收入2183万元,1994年收入4201万元,1995年收入5827万元,1996年收入7459万元,1997年收入11817万元,1998年收入6202万元,1999年收入8222万元,2000年收入9249万元。这期间预算外资金收入增长较大,是由于县财政在纪委、监察部门的配合下,全面清理各单位的银行账户,实行"收支两条线"管理,县财政成立收费管理中心等措施。

2001年以后,把预算外收入全部计入一般公共预算总收入。

(三)财政支出

新中国建立后,县财政支出分为预算内支出和预算外支出。

1.预算内支出

预算内支出包括经济建设支出、科(学)教(育)文(化)卫(生)计(生)体(育)广(播)电(视)支出、社会福利救济支出和社会保障补助支出、行政管理支出、其他支出等项。

1950—1987年全县预算内支出共计20668.10万元。其中1950年12.77万元,1951年37.93万元,1952年45.18万元,1953年61.89万元,1954年67.39万元,1955年78.48万元,1956年98.41万元,1957年127.92万元,1958年277.57万元,1959年236.54万元,1960年253.07万元,1961年126.04万元,1962年136.06万元,1963年240.30万元,1964年227.50万元,1965年231.50万元,1966年204.90万元,1967年230.88万元,1968年215.05万元,1969年368.55万元,1970年361.59万元,1971年538.60万元,1972年437.76万元,1973年530.70万元,1974年564.37万元,1975年634.45万元,1976年679.97万元,1977年615.65万元,1978年811.95万元,1979年801.06万元,1980年864.11万元,1981年764.63万元,1982年880.11万元,1983年1063.89万元,1984年1100.30万元,1985年1600.06万元,1986年2394.47万元,1987年2838.50万元。

1988—2000年县财政预算内支出总计112915万元,分别为1988年3722万元,1989年3980万元,1990年4196万元,1991年4489万元,1992年5461万元,1993年7700万元,1994年8199万元,1995年9143万元,1996年12054万元,1997年12433万元,1998年13442万元,1999年13594万元,2000年14502万元。

2001—2017年期间,由于经济社会事业的发展,基础设施建设步伐加快,民生工程项目建设增多,加上财政供养人员的多次增资等多种因素,财政预算内支出也逐年大幅增加。分别为2001年支出16110万元,2002年支出18917万元,2003年支出19615万元,2004年支出20295万元,2005年支出24105万元,2006年支出29544万元,2007年支出42526万元,2008年支出51773万元,2009年支出62528万元,2010年支出86022万元,2011年支出127903万元,2012年支出145485万元,2013年支出171268万元,2014年支出196615万元,2015年支出231803万元,2016年支出247926万元,2017年支出258712万元。

2.预算外支出

全县预算外支出(含乡、镇)主要包括地方财政部门预算外支出、事业行政单位预算外支出和国有企业及其主管部门预算外支出三个部分。地方财政部门预算外支出包括固定资产投资支出、城市维护支出、行政事业支出、其他支出等;事业行政预算外支出含交通、农业、林业、城市公用、文化文物、广电、教育、卫生、科学、公检法司、工商等部门的固定资产投资支出,养路费、行政事业费支出、福利奖励支出、其他支出等;国有企业及其主管部门预算外支出包括工业、物资、商业、粮食、外贸、林业、城市公用、文化等部门的基本建设支出、更新改造支出、大修理支出、福利奖励支出、上缴国家能源交通基金、上缴国家预算调节基金等。

自1958年县财政设预算外收支项目至1987年的30年间,预算外支出总额为1731.76万元,收入总额为2019.66万元,收支对抵、节余287.90万元,符合"量入为出、自求平衡、略有节余"的预算外财政收支原则。

1988—1990年县财政预算外支出共5697万元。1991—1995年,全县预算外支出共19171万元。其中,固定资产投资支出6351万元、城市维护支出662万元、行政事业支出7906万元,其他支出4252万元。1996—2000年,全县预算外支出共44481万元,比"八五"时期增长1.32倍。这一时期支出主要用于基本建设支出7227万元,挖潜改造支出4925万元,城市维护支出399万元,事业经费支出17229万元,乡统筹支出7328万元、社会保障支出5712万元。

2001—2017年的县财政预算外支出纳入县财政总支出。

二、金融

新中国成立后,1950年3月25日中国人民银行龙岩支行派员到连城接管旧中国的福建省银行办事处,成立连城县金库。同年6月1日组建为中国人民银行连城县支行。这是连城县解放后成立的第一家金融机构。连城县金融业自改革开放以来特别是党的十八大以来取得长足发展,已初步形成多层次、广覆盖、可持续的金融体系,金融产品和服务创新日新月异,金融现代化不断推进,较好地促进了地方经济持续较快发展。

(一)金融服务体系不断健全完善

金融是经济发展的核心。金融服务体系的健全与否,很大程度上影响经济发展的动力源问题。为此,改革开放以来,特别是党的十八大以来,为解决金融机构网点覆盖率低,金融服务不足、竞争不充分等问题,经过积极培育和发展,连城县金融机构从新中国成立时仅有中国人民银行连城县支行一家金融机构发展到工商银行、农业银行、中国银行、建设银行、邮政储蓄银行五大全国性股份制商业银行俱全,农村信用社、村镇银行2家地方法人金融机构并存,引入泉州银行地方性商业银行为补充的多层次银行业金融体系。非银行类金融机构和新型其他金融服务形式也不断涌现,至2018年末,连城县已有非银行类金融机构—保险支公司6家,太平洋保险公司等业务网点12个,小额贷款公司1家。至2018年6月末,金融业从业人员818人,银行营业网点39个,覆盖所有乡镇,基本实现金融服务不出村,满足了广大居民的金融服务需求。

(二)金融总量跨越式增长

1980年末,连城县金融机构各项存款2316万元、各项贷款2352万元;2011年末,各项存款409456万元,各项贷款286362万元;2017年末,各项存款906199万元,各项贷款713438万元。金融总量自改革开放以来实现跨越式增长。

(三)金融支持实体经济发展能力持续增强

连城县是典型的山区县,社会融资体系不发达,社会融资渠道主要是来自银行体系的间接融资渠道。改革开放以来,特别是党的十八大以后,党中央立足于统筹城乡发展战略实施和国内经济转型发展的宏观大局,提出金融要为实体经济服务这一核心要求,连城县金融机构持续不断加大对县域经济的信贷支持力度。

1.重点项目建设资金需要得到确保

1980年改革开放初期,连城县各项贷款年末余额为2352万元,至2011年末十八大召开前夕,各项贷款余额为286362万元,十八大后,2017年末各项贷款余额达到713438万元。有力地支持了一大批公路、铁路、能源、市政、水利、信息基础设施建设等方面县重点工程、重点项目开工、竣工。

2.龙头企业做大做强,产业集群化发展得到有力支持

改革开放以来,连城县金融机构通过优化信贷结构、创新信贷品种、盘活信贷存量、用好信贷增量,为实体经济注入强大发展动力。1980年末企业贷款余额2352万元,至2011年末,企业和新型经济组织贷款余额为181414万元,十八大后,2017年末企业和新型经济组织贷款余额达到160567.67万元,培育了连城地瓜干产业集团、连城兰花产业集团、冠豸山旅游景区为代表的旅游产业集群,海峡(连城)光电产业园等一大批产业集群。

(四)普惠金融迅猛发展

1."三农"、小微企业等弱势群体的信贷支持得到较好满足

近年来,党中央、国务院高度重视"三农"和小微企业融资难、融资贵问题,人民银行和银监会对主要涉农金融机构提出了"两个不低于"的工作目标,即涉农贷款增量不低于上年,贷款增速不低于各项贷款增速。对考核达标的农村信用社和农行"三农金融事业部",人民银行对其执行较低的差别化存款准备金率。2018年,人民银行印发《关于进一步深化小微企业金融服务的意见》,连城县人民银行把24家成长型中小微工业企业分解到8家金融机构,要求各金融机构从服务实体经济出发,深入开展"进企业、摸实情、解困难、促发展"活动。19家成长型中小微工业企业获新增贷款1920万元,授信额1.77亿元。"三农"、小微企业等弱势群体的信贷资金可获得性得到有效缓解。

1980年,连城"三农"和小微企业年末贷款余额857万元,占全部贷款的36.44%;2011年末,"三农"和小微企业贷款余额158969万元,占全部贷款的55.51%;党的十八大后,2017年末"三农"和小微企业贷款余额313197万元,占全部贷款的43.90%。

2. 民生金融获得大力支持

改革开放以来,特别是党的十八大以来,以习近平同志为核心的党中央把脱贫攻坚纳入"五位一体"总体布局和"四个全面"战略布局,吹响了打赢脱贫攻坚战的进军号,连城县金融机构坚决贯彻执行国家金融扶贫政策,成立了由分管扶贫工作的副县长任组长,人民银行行长任常务副组长,县直相关部门分管领导和金融机构一把手为成员的"金融精准扶贫工作领导小组",并制订《金融精准扶贫工作实施方案》,建立了49个"普惠金融工作站——金融扶贫服务窗口",主动为贫困户提供扶贫金融服务。全县8家银行业金融机构和2家保险公司对105户贫困户实施"一对一"的挂钩帮扶。2017年以来,人民银行在文亨镇班竹村、文陂村、龙岗村和宣和乡培田村新创建了"扶贫再贷款示范村",引导金融机构对4个"示范村"发放扶贫贷款1779万元,带动98个贫困户发展生产和脱贫致富;在地瓜干、种植、旅游等行业创建"金融精准扶贫示范点",实现涉农金融机构"金融精准扶贫示范点"的全覆盖,目前已建立各类"金融精准扶贫示范点"5个,发放示范点扶贫贷款余额1540万元,带动155个贫困户实现就业脱贫;创建了2个"金融扶贫示范基地",发放贷款余额达830万元。至2018年5月末,全县金融机构累计对建档立卡贫困户发放贷款2393万元,扶贫小额贷款余额7998万元。

3. 基础金融服务实现全覆盖

至2017年末,连城县金融机构在17个乡镇217个行政村设立了存取款服务点(小额支付便民点)347个;个人银行结算账户人均4.52个,企业法人单位结算账户1.31个,拥有活跃使用账户的人口比例达96%;人均持有银行卡7.72张,银行卡交易笔数1646.55万笔;银行业金融机构网点39个,每个乡镇至少有一个银行网点,万人银行网点达1.58个;ATM机138台,万人拥有ATM机6.38台;POS机2867台,万人拥有POS机115.84台。基本实现不出村即可办理小额现金支取,水费、电费、电话费、新农保、新农合的缴交,农村各类补助的发放等。

(五)金融生态环境持续改善

近年来,人民银行积极推进全国统一征信体系建设,基本建成全国集中统一的企业和个人信用信息基础数据库,仅2017年连城县人民银行就通过该数据库为连城县208家企业、信用合作社等新型经济组织提供信用查询208次;为个人提供信用报告2369份,为"公、检、法"部门提供征信查询3份。该征信系统的建成和运行,极大地提高了企业和公民"知信用 守信用 用信用"的信用意识。

2013年,连城县人民银行结合地方实际,按照"政府领导、人行主导、多方参与、共同受益"原则推动政府出台了《连城县创建"信用连城"活动实施方案》,该方案的正式施行对切实改善社会信用环境,缓解各种经济实体融资难问题,促进连城经济发展具有深远意义。至2017年末,已有4个乡镇、89个村、8594户被评选为信用乡、信用村和信用户;5218户信用户获得了19747万元的优惠利率贷款。

十八大以来,连城县人民银行携手辖内金融机构利用连城民俗活动现场、旅游景点、中小学校园和工厂矿区开展各种征信知识宣传,在中小学劳动教育基地和连城县职业中专学校创建征信知识宣传教育基地,把信用知识纳入课本教程,征信体系建设建立起了长效机制。

(六)金融防风险能力不断加强

十八大以来,连城县政府,人民银行高度重视金融防风险问题,先后出台了《连城县人民政府关于清收公职人员逾期贷款和担保形成不良贷款的工作意见》《连城县村级融资担保基金管理办法》《连城县中小微工业企业还贷应急资金管理办法》《连城县人民政府关于印发连城县防范和处置非法集资工作方案的通知》《连城县市场利率定价自律机制工作指引》等文件,帮助金融机构切实防范和化解金融风险。2015年2月,国务院发布《存款保险条例》,并于同年5月1日起施行。连城县人民银行重点对地方2家法人金融机构连城县农村信用合作社联合社和杭兴村镇银行进行政策引导,及时关注2家行社存款结构变化和流动性情况,努力维护金融稳定。

从2011年起,连城县人民银行为贯彻落实中纪委、中组部和中国人民银行等19个部委联合印发的《关于建立和完善执行联动机制若干问题的意见》(法发〔2010〕15号)精神,携手县辖金融部门与连城法院建立了执行联动机制,人民法院持续开展代号"雷霆"的执行专项行动,以失信人员作为清理对象,采取媒体持续曝光、司法建议敦促、强制执行警示等各种有效措施,依托县、乡、村三级执行协作网络,有效维护金融债权,金融机构防范和化解金融风险的能力不断加强。

三、保险

(一)财产保险

中国人民财产保险股份有限公司(简称中国人保财险),是由原中国人民保险公司(已变更为中国人保集团公司)发起设立的国内最大的非寿险公司。公司经过多年发展,形成了多方面的经营管理优势。中国人保财险连城支公司是中国人民财产保险股份有限公司在连城的分支机构(简称人保财险连城支公司),成立于1981年,1996年与寿险分业经营后,专业经营财产保险业务,经营范围涵盖了机动车辆保险、企业财产保险、家庭财产保险、农业保险、货物运输保险、责任保险、意外保险和健康保险等保险业务。

人保财险连城支公司现有员工50人,公司内设经理室、综合部、车险部、非车险部、销售部、出单分中心、理赔分部、农村保险事业部/农村普惠金融事业部、续保团队等9个部室。长期以来,公司秉承"人民保险、造福于民"的服务宗旨,牢固树立"以人为本、诚信服务、价值至上、永续经营"的经营理念和"求实、诚信、拼搏、创新"的企业精神,坚持以市场为导向、以客户为中心,充分发挥自身优势,主动融入连城经济发展大局,积极服务地方建设,坚持为政府分忧,为百姓造福,业务从年保费收入十几万元发展至今达五千多万元。2012—2017年公司累计赔付支出21115.84万元,为维护地方经济建设,促进社会稳定发展提供了强大的保险保障。

近几年来,人保财险连城支公司获得了"龙岩市守合同重信用企业""省级青年文明号""龙岩市县级公司经营管理先进单位""龙岩市为民服务先进窗口""龙岩市青年五四奖章集体"等多项荣誉称号,从1997年创建第七届省级文明单位起至2017年,已连续七届被评为"省级文明单位"。

(二)人寿保险

中国人寿保险股份有限公司连城县支公司,自1996年从中国人民保险公司产、寿险分业以来,业务不断发展,员工及代理人队伍也在不断壮大。保费规模从1996年分业时1000余万元,员工十余人发展至2017年保费规模达到8900多万元,员工26人,个险、银保、团险销售队伍(代理人)近700人。向个人及团体提供人寿、年金、健康和意外伤害保险产品,涵盖生存、养老、疾病、医疗、身故、残疾等多种保障范围,全面满足客户在人身保险领域的保险保障和投资理财需求。

中国人寿是国内首家经营寿险业务的企业,肩负中国寿险业探索者和开拓者的重任。在长期发展历程中,积累了丰富的经营管理经验,拥有一支稳定的专业化管理团队,深谙国内寿险市场经营之道。2003年12月17和18日,中国人寿保险股份有限公司分别在纽约和香港上市。2007年1月9日,中国人寿保险股份有限公司回归国内A股上市,自此公司成为国内首家"三地上市"的金融保险企业。2012年3月,升格为中央企业。

连城县支公司是中国人寿保险股份有限公司在连城县的分支机构,自1996年开始申报创建市级文明单位以来,一直保持"市级文明单位"称号。经理室下设综合部、个险销售部、客户服务中心、银行保险部、团险销售部、收展平台和在各个乡镇设立的8个营销服务部。近年来为当地提供近700多个就业岗位,除由总部上缴的税费外,每年向当地税务部门上缴税费近180余万元。

2017年实现保费收入8900多万元,与上年同比增长幅度达到20%以上,走在全市系统前列。共受理理赔、满期等各类给付12000

多件,给付金额 4000 多万元,充分发挥了人寿保险补偿的保障职能。公司连续九届获评市级文明单位。

第十节 医疗卫生、计生服务不断加强

一、建制沿革

新中国成立初,全县医疗卫生行政由县政府文教科分管,业务由县卫生办公室负责。1952 年 10 月,成立连城县人民政府卫生科,与县文教科合署办公。1953 年 4 月,卫生与文教科分开办公,主管全县医疗卫生行政与业务,1969 年 10 月,卫生科与民政科合并为民卫组,负责全县民政、侨务、安置、卫生管理工作。1971 年 10 月,民政与卫生分开,成立连城县革命委员会生产指挥处卫生科,1972 年改为连城县革命委员会卫生科,计划生育办公室与卫生科合署办公,1975 年计划生育办公室分出单设。1980 年 3 月,县革命委员会卫生科改名为县人民政府卫生局。1982 年 8 月,爱国卫生运动委员会办公室与卫生局合署办公。1964 年 4 月,成立县计划生育领导小组,下设办公室组织开展计划生育宣传工作。1971 年 12 月,重新成立县计划生育领导小组,下设办公室。1978 年 4 月,调整充实县计划生育领导小组和办公室。1981 年 1 月,调整县计划生育领导小组。1984 年 5 月,成立县计划生育宣传技术指导站,为县计划生育委员会办公室下属的事业单位。1984 年 11 月,重新调整县计划生育委员会和办公室。1986 年 7 月,县计划生育委员会办公室改为连城县计划生育委员会,为实体办事机构。1997 年,连城县计划生育委员会改为连城县人口和计划生育局,下设两个直属单位。2015 年 2 月,县卫生局与县计划生育局合并为连城县卫生和计划生育局,核定行政编制 15 名,核定科级领导职数 6 名,机关工勤事业编制 2 名。共有直属单位 10 个,下属乡镇卫生院 16 个,1 个社区卫生服务中心。截至 2018 年 6 月,县卫生和计划生育局现有局长 1 名、

副局长4名、纪检组长1名,主任科员2名、副主任科员7名,下设综合股、人事股、规划信息与财务股、疾病预防控制股、医政股、基层卫生股、计划生育基层指导与妇幼健康服务股、宣传与计划生育家庭发展股、行政审批股等9个股室。

二、医疗卫生事业发展

2018年,全县有公立医疗卫生单位27个,其中县医院1家,妇幼保健院1家,疾病预防控制中心1家,乡镇卫生院16家,社区卫生服务中心1家;民营医院2家,村卫生所217个,诊所30个。全县拥有执业(含助理)医师523人,每千人均执业(含助理)医师2.12人,注册护士974人,每千人均注册护士3.96人,开放床位1484张,每千人均床位6.03张。

(一)县级公立医院综合改革

1. 落实政府办医责任

建立"三医"领导机制,成立了由县委书记任组长的县医改工作领导小组,2017年5月成立了公立医疗机构管理委员会,对医疗、医保、医药等职能实行归口管理,全面统筹改革工作,医管委办设在县卫计局。建立财政投入保障机制,明确公立医院的基本建设和设备购置、重点学科、公共卫生服务等投入由政府承担,投资2.65亿元实施了县医院整体搬迁项目,配备核磁共振、CT、DR、彩超等先进的医疗设备。2017年投资1200万元,实施县妇幼保健院整体搬迁工程项目。

2. 严格控制医药费用

一是实行药品零差率销售改革,2014年9月起取消药品(不含中药饮片)加成,2015年3月起取消卫生耗材加成。二是探索药房托管模式,2016年1月起在全市率先探索实施药房托管,将县医院药房委托给医药公司管理,从源头上杜绝了商业贿赂问题。三是实施重点药品监控,制定出台了《关于控制医药费用和药品比例不合理增长的规定》,对辅助性用药、抗生素等进行专项监管,对使用金额排名在前20的非抗生素药品予减少10%的进货量。四是规范用药和检验检查行为。县医院每月召开专题会,分析上月药品、耗材及检查检验行为合理性,严格控制大处方、大检查,加强抗生素与输液管理,规范医生医疗服务行为检查管理。

3. 改革完善医保制度

实施医保付费总额控制和单病种付费模式。通过医保经办机构与定点医疗机构协商,建立了305个住院单病种付费,限定病种付费价格,严控次均费用,减轻患者负担。

4. 建立现代医院管理制度

一是实行县医院院长公开竞聘,2015年出台了《连城县医院院长公开招聘实施方案》,面向全省公开招聘县医院院长,受聘者聘期为4年(含1年试用期),聘期内实行目标年薪制,院长薪资由县财政负担。二是强化政府监管职能,县医院院长去行政化,实行负责制、聘用制和离任审计制。医院科室设置、内部分配、年度预算执行等方面由医院自主决定,全面落实公立医院独立法人地位和自主经营管理权。实行财务总监制度,由县政府委派专人代对医院进行财务、成本、预算管理和会计核算、监督等职责。三是实施医院精细化管理,完善院内监控机制,执行预算及成本核算,形成全程监控体系,规范医疗行为。同时,加强重点科室建设,依靠技术创新,提升医院服务能力。四是出台工资总额计算办法,实施工资总额制,制定科学、合理的绩效分配方案,把医院的服务、质量、成本管理融入分配中,激励医务人员的工作积极性。新型农村合作医疗参合率为100%。

5. 临床重点学科建设

2016年,连城县医院中医科被列为全国中医示范基地,县医院被列入助理全科医师培训基地。2016年成立重症医学科(ICU),开设高压氧治疗,对内科专业化分区。2015—2018年新开展经皮椎弓根钉治疗胸腰椎骨折(微创)、甲状腺肿物细针穿刺活检术、可视纤维软性喉镜的应用、前列腺电切术、胃腔镜下微创治疗术、脑梗死和心肌梗死溶栓术等各项新技术、新项目10多项。

6. 建立省级医院对口帮扶机制

由省立医院、省协和医院和省医科大附属医院对口帮扶连城县医院,定期与不定期结合派驻医疗专家,全力帮扶县医院提升医疗服务水平。由厦门市妇幼保健院对口帮扶连城县妇幼保健院,着力提升妇幼儿童健康服务能力。

(二)基层医药卫生体制改革

1.开展基层医药卫生体制改革

2009年起开展第一轮基层医药卫生体制改革,全县所有基层医疗机构列入财政核拨事业单位,保障人员经费。2011年6月起,实施国家基本药物制度,全县所有基层医疗卫生机构实施药品零差率销售。2015年起,启动第二轮基层医改,出台《关于进一步深化基层医疗卫生机构综合改革的实施意见(试行)》(连政综〔2015〕343号),在涉及基层医疗卫生机构发展方面进行了深化改革,政策上为基层医疗卫生机构发展奠定了基础和方向,保证了基层医疗卫生机构可持续性发展。2017年,门诊量、住院量、业务收入等"三量"再创历史新高,门诊量510453人次,是县卫计局成立前的1.38倍;住院量21070人次,是县卫计局成立前的3.07倍;业务收入6921.71万元,是县卫计局成立前的2.84倍。2016—2017年,文亨、朋口、姑田、北团等4家卫生院获国家"群众满意的卫生院"称号。2016年,在全国基层卫生岗位练兵技能竞赛个人项目中,连城县选派的参赛选手连续在市、省赛获得第一名,国赛获二等奖。2018年,庙前镇卫生院长获得全国乡镇卫生院优秀院长称号。2017年,全县基层医疗卫生机构内在综合实力不断增强,固定资产8580万元,比医改前增长495.55%;业务用房40649平方米,比医改前增长156.6%;实际开放床位735张,比医改前增长54%;在岗职工687人,比医改前增长95.17%;基层医疗机构实现收支结余,扭亏为盈。

2.实施基层医疗卫生机构设备达标建设工程

2015年起,累计投资3000多万元配置医疗设备,提升基层医疗机构诊断水平。2015年,通过中国农工党中央援助彩超、全自动生化等设备139台;2016年,通过民盟中央援助彩超、DR等12台;2015—2018年自行采购全自动生化、彩超、心电图、DR、健康一体机等263台(件)。2017年,成立县消毒供应中心,建设县域内心电诊断平台,提升了基层医疗机构诊断水平。

3. 建立人员经费二次分配机制

2015年起,每年县卫计局将列入县财政预算的基层医疗机构人员经费由按基层医疗机构核定编制数进行二次分配,建立实用高效型人才激励机制,对个别基础差、人口少又边远的基层医疗机构予以全额工资保障。

4. 建立"一归口、三下放"机制

2015年,县卫计局对基层医疗机构的人事、业务、经费和干部任免等进行归口管理,建立"一归口、三下放"机制。基层医疗机构院长由县医管委办聘任,副院长由院长提名,县医管委办聘任。下放临时人员聘用权,落实基层医疗机构用人自主权,实行自主招聘,自主安排岗位。下放经营权,自主开展符合当地条件和群众需求的医疗服务及特色医疗专科服务项目。下放分配权,建立基层医疗卫生机构绩效工资总额制。卫生院院长对本院资金拥有充分的资金支配权,自主制定符合单位实际的绩效分配方案,自主分配绩效工资性收入。2008年起,落实卫技人员补贴专项奖励政策,社区卫生服务中心参照乡(镇)卫生院标准。

5. 开展基本公共卫生工作

2009年起,落实国家基本公共卫生服务项目。实行基本公共卫生服务购买服务方式,促进基本公共卫生服务均等化。基本公共卫生工作在2014—2017年全市年度考核中连续四年获第一名。2017年"以奖代补,以考促管"的村级基本公共卫生考核模式获全省推广。累计建立居民电子健康档案237892份,电子建档率95.89%。全县组建136个基本公共卫生服务团队,每年上门入户服务5万余人次,更新健康教育宣传栏200余期,举办健康教育讲座800余次,接受健康咨询群众9万余人次,将2192名65岁以上老人、20541名高血压患者和7895名糖尿病患者、1009名重性精神疾病病人纳入健康规范管理。2012年起,村卫生所实施国家基本药物制度,开展药品零差率销售补助,为全县乡村医生免费投保医疗责任险。开展高血压、糖尿病、重性精神病等慢性病的31种药品全免费供药,同时转变服务模式,积极为群众提供上门服务,送医送药,推行"先诊疗后付费",引导常见病、多发病患者基层首诊。

6. 开展家庭医生签约服务

2018年全县家庭医生签约服务11.9万人,签约率34.8%,重点人群签约5.8万人,签约率63.9%。建档立卡贫困人口1.5万人,签约率100%。

7. 组建医疗联合体

2016年4月,在全市率先创新组建覆盖所有医疗机构的医疗联合体,由县医院、中医院、县妇幼保健院和17个基层医疗机构共同组建而成,并成立医疗联合体理事会。2017年,新泉镇卫生院与县医院建立紧密型医联体,实行人财物高度统一管理。

8. 实施"互联网＋分级诊疗"项目

开通高清视频门诊,实施远程会诊系统"互联网＋分级诊疗"项目,2016年在县医院,姑田、新泉、朋口、北团等中心卫生院设置6个远程高清视频门诊点,让患者在基层就能得到县、市级专家诊疗,减轻群众负担。

(三)疾病预防与控制

2017年6月,完成县疾控中心整体搬迁。荣获2017年度全市卫生应急技能竞赛三等奖。2017年度,全县共报告法定传染病1511例,其中乙类传染病8种584例,丙类传染病5种927例,无甲类传染病发生,传染病总发病率614.23/100000。共发生手足口病821例,其中重症病例5例已痊愈,无死亡病例发生;对暗娼人员和性病病人开展艾滋病预防的宣传干预;做好学校结核病防治工作。全面做好儿童免疫规划工作,为6236名儿童建档立卡,建卡率达100%,一类疫苗接种率达99%以上。2017年,完成庙前、北团、四堡、朋口等4家卫生院示范性预防接种门诊提升改造建设,并通过龙岩市卫计委验收。规范慢性病与重症精神病管理,2017年度纳入管理高血压患者21918人、2型糖尿病患者6282人、严重精神障碍患者1105人,健康管理率均达标。2017年度,连城县重性精神疾病健康管理综治考评排名全市第一。

(四)推进妇幼保健工作

2016年,县妇幼保健院获评二级甲等妇幼保健院。2016年,县计划生育技术服务指导站并入县妇幼保健院,优化整合了妇幼保健和计划生育技术服务资源。规范全县孕产妇、儿童系统管理,2017年孕产妇系统管理率94.27%,孕产妇建卡率达96.82%,3岁以下儿童系统管理率95.98%,健全完善危重症孕产妇转诊救治网络。全面完成妇幼重大公共卫生项目,孕产妇增补叶酸服用,"两癌"筛查及低保妇女病普查。加强婚前检查和孕妇孕前优生健康检查,妇女儿童的健康水平进一步提高。实施危重孕产妇和新生儿转诊救治网络建设,推进出生缺陷防控工作,妇幼信息管理和健康教育工作。

(五)扎实开展综合监督执法

整合卫生监督、计生依法行政综合职能,在全省率先创建了卫生计生综合监督所和综合执法大队。开展综合监督示范乡镇和"三无村居"创建活动,实现综合监督示范乡镇全覆盖。开展公共场所、生活饮用水、学校卫生、医疗卫生、传染病防控、放射卫生、餐饮具消毒单位的日常监督,监督覆盖率达100%。2017年,立案查处各类违法案件24件,处罚金额7.5万元,向公安机关移送涉嫌非法行医罪案件5件,处理投诉举报案件2件。

(六)强化人才队伍建设

2017年全县共有在编医务人员892人,其中高级职称106人,中级职称309人,初级职称363人。2015起每年委托漳州卫生职业学院为乡镇卫生院定向培养大专学历临床医学专业10人,委托福建医科大学、福建中医药大学、莆田学院和厦门医学院为县医院定向培养本科学历临床医学专业10人。2017年度入编卫生专业技术人才41人,其中定向乡镇卫生院培养大专学历临床医学专业17人,本科学历临床医学专业3人;公开招聘卫生专业技术人员16人,县医院自主公开招聘卫生专业技术人员5人。2012年起,每年委托龙岩卫校培养15～20名农村医学专业人才,充实乡医队伍。

(七)加强医政管理

制定了医疗卫生发展规划,开展医疗纠纷调解工作,医疗废物集中处置率达100%,建立医疗机构医疗质量评价和监督体系,开展医疗护理质量日常监管,规范医疗行为,无重大医疗事故发生。2011年起,落实医疗责任险制度。组织实施医务人员执业标准、服务规范以及医师资格考核报名。开展"平安医院"创建,做好县内重要会议与大型活动的医疗卫生保障工作。组织实施中医药传承和发展,开展医务人员继续教育,在职人员进修培训及成人医学教育学历管理。组织实施国家基本药物制度,制定药品使用政策。

(八)稳步推进医疗卫生项目建设工作

1. 乡镇卫生院提升改造

2005年,建设庙前卫生院综合楼,建筑面积1300平方米;赖源卫生院与学区置换建筑面积600平方米;建设塘前卫生院门诊楼建筑面积627平方米;建设莒溪卫生院综合楼建筑面积621平方米。2006年,建设新泉中心卫生院门诊综合楼,建筑面积1943平方米;建设四堡卫生院业务楼,建筑面积300平方米;实施揭乐卫生院业务用房改扩建项目,建筑面积298平方米;建设隔川卫生院门诊楼,建筑面积250平方米;建设北团卫生院门诊病房综合楼,建筑面积1949平方米;林坊卫生院门诊楼改扩建,建筑面积220平方米。2007年,建设姑田中心卫生院病房楼,建筑面积1958平方米;建设曲溪卫生院综合楼,建筑面积690平方米;建设文亨卫生院综合楼,建筑面积670平方米。2008年,实施朋口卫生院整体搬迁,建筑面积3690平方米;建设罗坊卫生院综合楼,建筑面积540平方米;建设宣和卫生院病房综合楼,建筑面积740平方米;建设北团卫生院医技楼,建筑面积600平方米。2009年,建设新泉中心卫生院病房综合楼,建筑面积800平方米;建设文亨卫生院病房楼,建筑面积900平方米;建设宣和卫生院医技综合楼,建筑面积800平方米。2010年,建设莒溪卫生院病房楼,建筑面积1250平方米;建设四堡卫生院病房楼,建筑面积250平方米;建设罗坊卫生院门诊楼,建筑面积650平方米;实施姑田中心卫生院门诊楼改造,建筑面积900平方米;建设庙前卫生院综合楼,建筑面积300平方米。2011年,建设莲峰社区中心门诊服务楼,建筑面积1750平方米;建设连城县精神病院病房综合楼,建筑面积2998平方米。2012年,建设朋口卫生院门诊综合楼,建筑面积890平方米;建设庙前卫生院病房综合楼,建筑面积1500平方米;建设揭乐卫生院病房综合楼,建筑面积370平方米;实施塘前卫生院、姑田中心卫生院、文亨卫生院垃圾污水及环境改造项目。2013年,建设姑田中心卫生院、新泉中心卫生院周转宿舍;建设赖源卫生院门诊综合楼,建筑面积530平方米;实施莲峰社区中心公建项目。2014年,建设隔川乡卫生院业务用房300平方米并进行环境改造;建设莒溪卫生院、罗坊卫生院、曲溪卫生院、赖源乡卫生院周转宿舍。2015年,建设四堡乡卫生院环境改造、周转宿舍项目;建设罗坊乡卫生院医技楼,建筑面积600平方米;建设莒溪镇卫生院医技楼并进行垃圾污水及环境改造。2016年,建设新泉镇中心卫生院综合楼、卫生监督分所,姑田镇中心卫生院综合楼卫生监督分所,文亨镇卫生院业务用房,实施曲溪乡卫生院垃圾污水处理项目。2017年,建设连城县精神病院综合楼,建筑面积3000平方米;林坊乡卫生院整体搬迁,建筑面积2747平方米。

2. 县级医疗卫生单位建设

2005年,建设妇幼保健院病房楼,建筑面积1075平方米。2011年,实施连城县医院异地新建整体搬迁项目,建筑面积46144平方米;开展连城县医院急救中心、儿科建设项目;实施连城县妇幼保健院装修改造,建筑面积3000平方米;建设连城县卫生监督所业务综合楼,建筑面积1450平方米。2012年,实施县疾控中心异地新建整体搬迁项目,建筑面积4330平方米;开展连城县医院产科建设项目。2013年,建设连城县医院医技楼,建筑面积2000平方米。2017年,建设连城县医院微创医疗中心(病房大楼),建筑面积41700平方米。

3. 开展村卫生所规范化建设

2010年,中央投资建设文亨龙岗、隔川松洋、新泉官庄、庙前水北等村卫生所。2011年,中央投资建设江园、莒莲、新泉、北村、上罗村等卫生所。2011—2012年省级投资建设169个村卫生所。2013年,中央投资建设上枧、新罗、溪尾、罗地、良增、上莒、石丰等村卫生所。2014年,中央投资建设上江、孙台、上余、岗尾、横坑、林垱、西村、良坑、文地、鱼潭、张家营、罗胜、上琴、水源等村卫生所。2015年,中央投资建设塘前罗地、升星、洋背、军山、迪坑、张地、富坪、上堡、中堡、新营、南坑、田茶、塘丘、联益等村卫生所。2018年,完成公办一体化村卫生所规划设置182个。

(九)全面施行新型农村合作医疗

2007年起,落实新型农村合作医疗保险制度。全县农村居民参加新型农村合作医疗保险。2017年7月起,三保合一后,改称城乡居民医疗保险(新农合与城镇居民医疗保险合称),由医保部门管理。2017年,参加城乡居民医疗保险268907人,参合率100%,共筹集资金1.59亿元。

现行报销比例:市外住院报销35%,市级及县外市内报销45%,县级报销75%,乡(镇)卫生院报销90%。

三、计划生育事业发展

2006年,被评为"福建省婚育新风进万家先进县"。2007年12月,被省计生委评为"福建省计生优质服务先进单位"。2008、2009年,连续两年在全市年终计生目标管理考核中名列前茅,实现了县委、县府"争先进位"的目标。2010年,被评为全国计划生育优质服务先进单位、福建省第二批新型生育文化基地创建先进单位。2011—2016年获得省级先进基层党组织称号;2011、2014、2017年连续三届荣获全省计生行政系统唯一省级文明单位荣誉称号。

(一)计划生育政策发展历程

1988年,县委、县政府批转县计划生育领导小组《关于计划生育工作若干问题的意见》的通知,要求以党的十三大精神为指针,宣传严格控制人口与实现我国"三大步"发展战略的关系,增强广大干部群众控制人口的社会责任感和紧迫感。1995年,为进一步贯彻落实中央提出的计划生育工作要与发展农村商品经济相结合、与农民勤劳致富奔小康相结合、与建设文明幸福家庭相结合的要求,县委办公室转发县计生委等29个部门《关于开展计生"三结合"活动实行倾斜措施的通知》。2002年,为建立和完善依法管理、村(居)民自治、优质服务、政策推动、综合治理的计划生育新机制,县委、县政府出台了《关于进一步加强计划生育工作的决定》。2007年,县委、县政府出台了关于贯彻落实《中共中央、国务院关于全面加强人口和计划生育工作统筹解决人口问题的决定》的实施意见,进一步加强全县人口和计划生育工作,促进人口、经济、社会、资源、环境全面协调可持续发展。2011年,县计划生育领导小组出台了《连城县关于进一步完善"关爱女孩""五项工程"实施意见》,为了做好新时期人口和计划生育工作切实解决出生人口性别比升高的问题,营造有利于女孩生存、发展,提高妇女地位的社会氛围,完善利益导向机制,积极开展致富工程、安居工程、成才工程、保障工程、亲情工程。2012年,为加强新时期人口计划生育工作,逐步建立"统筹协调、科学管理、优质服务、利益导向、群众自治、人财保障"的计划生育工作机制,整合政府资源、统筹解决人口问题,出台了《关于进一步加强部门配合,加大计划生育综合治理的工作意见》的文件。

(二)完善制度,努力构建人口计生文明执法长效机制

先后制定和完善了《人口和计划生育行政执法责任制》《行政执法检查监督制度》《行政执法人员工作规范》《行政执法评议考核制度》和《行政执法过错追究制度》等一系列制度,进一步规范了基层干部执法行为、执法作风,做到严格执法、公正执法、文明执法。2009年,原县计生局集中4个月时间,对人口计生工作所涉及的有关法律、法规、规章的职权进行梳理,在全县范围内统一了计生相关权力运行的标准。同时,还对办事服务机构进行整合,对政策咨询、办理《生育服务证》《独生子女父母光荣证》《流动人口婚育证明》等一系列的计划生育相关的证明,实行"一站式"服务。

(三)积极落实群众的各项计划生育奖励优惠政策

一是依法落实兑现计划生育家庭奖励政策。领取独生子女证或独生子女父母光荣证的夫妻根据不同时期一次性领取400元至1000的奖励费;农村生育两女户并已绝育的夫妻,除享受规定的奖励和优惠外,根据不同时期一次性领取500元至3000元的奖励费。二是积极实施部分计划生育家庭奖扶制度。2005年以来,严格按照国家、省、市规定,认真组织实施了部分计划生育家庭奖励扶助、农村部分计划生育家庭贡献奖励、农村二女结扎户奖励及独生子女意外死亡或伤残扶助等制度。全县从2007年开始将农村部分计划生育奖励扶助年龄提前至55周岁实施(国家规定60周岁)。

(四)提高计生技术服务水平

1984年5月8日,经县政府批准成立连城县计生宣传技术指导站,1990年12月,连城县计生宣传指导站更名为"连城县计生服务站"(1990年起,乡镇计生服务所和村计生服务室也相继建立),承担全县计生技术服务,宣传教育、药具管理、人员培训、咨询服务、生殖保健等工作。1999年5月,县计生服务站开展孕前优生检测筛查服务工作,实施出生缺陷干预工程。2012年开始,免费优生健康检查项目增加至19项。2015年2月,在全市率先将免费孕前优生健康检查和婚前检查整合为一,完成县计生服务站和县妇幼保健院优化整合工作。

(五)加强流动人口服务管理

1997年9月15日,流动人口计划生育管理站成立。2008年5月,流动人口管理站取消收取办理流动人口婚育证明管理费,改为行政参公单位。在全县范围内大力推进基本公共服务均等化工作,2016年7月,在莲峰镇工业园区创建了流动人口卫生计生服务均等化示范窗口——"莲动家园"。2017年8月,在工业园区幼儿园创建了流动人口健康促进示范园及在福建省中触股份有限公司创建了流动人口健康促进示范企业。2018年,开展了流动人口把健康带回家大型服务活动,大力宣传国家基本公共卫生和计划生育服务、全面两孩、医保关系转移接续和跨省异地就医结算、生殖保健、优生优育、健康素养等卫生计生政策,让以农民工为主体的流动人口在春节期间将"健康的身体、健康的知识、健康的用品"带回家。

第十一节　教育科技比翼双飞

一、教育

(一)发展概况

建县前,私学散布连城城乡。宋绍兴四年(1134年),县令卓痒创立县学,是连城县域内官立学校的开始。清光绪三十年(1904年),创办官立高等小学堂(实验小学前身)。民国初年,县成立劝学所(教育管理机构),推行新式小学。1915年秋创办县立旧制中学(连城一中前身)。1929年至1935年县苏维埃政府在各乡村创办贫民小学、工农小学,实行义务教育,使小学教育得到发展。1940年3月创办县幼稚园。1939年创办私立明耻中学,1942年增办县立中学,1943年创办私立连南中学。

新中国成立后,对原有学校实行"维持和改造"政策,强调面向工农,增办中、小学,逐步发展幼儿园,同时注重社会教育和扫盲工作,村村办冬学、民校,出现办学热潮。1950年,人民政府接管公立小学。1951年,接管私立明耻中学,与公立县立初级中学合并成立连城一中。1953年后,政府接办私立小学,并对留存的私塾采取"包、并、筹"的措施进行改造,山区的小学得到进一步发展。1952年后,除17所中心小学外,在各乡(镇)、村人口较集中的地方增办完小,到1965年,完小增至86所。1956年复办幼儿园,1958年后,为解放妇女劳力,提倡社队办学,公社(乡)、大队(村)积极办幼儿园(班),但设备简陋,合格师资少。1958年,实行"两条腿走路"的办学方针,民办小学及幼儿班如雨后春笋般迅速发展。1960年后,对学校布局进行了调整,创办农业中学、林业中学及耕读小学。

"文化大革命"开始后,在教育革命旗帜下,红卫兵停课闹革命,师生外出串联,搞"斗、批、改"。县革命委员会成立后,工宣队、农(贫)宣队、军宣队进驻管理学校,实行革命的"三结合"和"斗、批、改"。随后,各类学校"开门办学",师生纷纷走出课堂,参加"学农、学工、学军",接受贫下中农再教育。1976年以后,学校进行整顿、改革,在一些条件较好的社、队增办完小。1978年以后,学校逐步恢复正常并有所发展,并开始改革中等教育结构,增办职业高中班(校),业余教育、成人教育也得到发展。1981年,连城县隔田中学改为连城县隔田职业中学;1982年,连城县五七大学改名为连城县职业中学;1985年,创办连城县城关职业中学。

1984年10月,开始集资办学,县、乡(镇)均成立教育基金会,每年从地方财政年度结余中提取25%以上的经费作为教育基金,乡(镇)村从乡、村企业上缴利润中提取20%以上的经费作为教育基金,居民、干部、职工每人每年征收2～3元教育基金。1985年5月,中共中央公布了《关于教育体制改革的决定》,实行多渠道筹措教育经费的方针,基础教育由地方负责,教育经费有较大幅度增长,12月,连城县开始征收教育事业费附加。1985年12月,经龙岩地区行政公署检查验收,连城成为基本普及初等教育县和实现基本无文盲县。1987年,中、小学在校学生已占全县总人口的17.3%,相当于1949年比例的4倍。全县有教职工2953人。

1989年,以莲峰、曲溪2个乡(镇)为试点,开始实施初等义务教育。至1992年,全县16个乡(镇)均宣布实施初等义务教育,人口覆盖率100%。从1990年开始实施初级中等义务教育,至1993年,全县所有乡(镇)实施九年义务教育。1988—1993年,扫除文盲7298人,业余高小毕业12491人,1993年11月,经省、地组织的考核验收,连城县达到基本扫除青壮年文盲标准,15～40周岁人口中的非文盲率达99.19%。1988—1993年,3所职业高中共开设果茶、电工、财会等12个专业,学生数逐年增加,1993年在校学生数达975人;全县18个乡(镇)都开办农民文化技术学校,组织农民参加实用技术学习11.5万人次。县成人中专开办了成人学历教育和普通班,1988—2000年毕业629人;县电大工作站1988年、1995年、1996年开办师范英语、数学、中文全日制大专4个班,毕业146人,全日制及脱产中专7个班,毕业171人。特殊教育实现零的突破,1991年,全县各小学吸收智力残疾和肢体残疾儿童少年在校随班就读;1992年,实验小学开办弱智儿童辅读班学生14人,开始特殊教育单独办班;1995年9月,撤并莲峰镇鹧鸪小学,创办连城县特殊教育学校。

1988年,全县小学基本实现"一无两有"(校校无危房,班班有教室,学生人人有课桌凳),中小学基本消除危房,危房率为0.5%。电化教育迅速发展,电教设备得到充实。1989年,建成全省首家县级教育电视台,连城县被评为省电教先进单位。1991年,被评为全国电化教育先进县。

1990年底,组建了连城县普通教育督导室。

1992年,全县中小学校舍基本实现"十配套"(校舍、校门、围墙、课桌椅、操场、厕所、升旗设施、仪器设备、图书资料、劳动生产基地)。

1992年4月,成立了连城县农科教结合领导小组办公室。

1991年至2010年,连城县教育工作始终围绕"基本普及九年义务教育"这条主线全面展开。坚持一手抓达标学校建设,一手抓薄弱学校改造,全县基础教育办学条件的总体水平有了很大的提高。1992年底,省对连城县实施义务教育六项督导评估进行复评,达到省定的优级水平。1996年10月,连城县在全省国家级贫困县中率先实现"两基"达标。2010年,"双高普九"工作通过省级验收。

1995年12月,连城一中通过省二级达标学校的评估验收。2005年,连城二中经省教育厅认定为"福建省三级达标中学"。2006年,连城三中、朋口中学经省教育厅认定为"福建省三级达标中学";连城县职业中专学校被评为省级重点职业中专学校。2013年3月,连城一中被省教育厅确认为"福建省一级达标高中"。2015年,连城二中被评为"福建省二级达标高中"。

2006年5月,由于遭受持续暴雨的冲刷、浸泡,全县321所学校受灾(其中校舍浸水 244 所、受地质灾害 68 所),受灾校舍面积达 9.6 万平方米(其中倒塌 0.57 万平方米、形成危房 4.67 万平方米),围墙倒塌 6174 米,冲毁护坡 9300 立方米,直接经济损失 1762.98 万元。

2007 年 2 月 6 日,连城县民办幼儿园"厦门天才(连城)幼儿园"获得《中华人民共和国民办学校办学许可证》,这是连城县由教育行政部门发出的第一张民办学校办学许可证。

2010 年以来,全县中小学校开展"义务教育标准化学校"创建工作。截至 2013 年,全县 45 所小学、19 所中学通过创建省"义务教育标准化学校"评估验收,全面完成了创建工作,逐步缩小城乡差距,促进城乡中小学办学水平的均衡发展。

2012 年,县委、县政府出台《关于推进教育改革发展的决定》(连委发〔2012〕14 号)、《县政府会议纪要》(〔2012〕5 号),在教师激励方面给予特殊优惠倾斜政策,采取特聘方式解决了 800 多位教龄 20 年以上未聘中高级教师的职称问题,安排高考奖金 100 万元、中考奖金 20 万元、班主任津贴 60 万元、校长津贴 30 万元和县级骨干教师工作室活动经费 24 万元,专项补贴在边远山区赖源乡工作的教师每月 300 元,补助在单双人校任教的教师每月 200 元;在赖源及单双人校连续任教 10 年以上的,在职称评聘方面不受职数限制等,这项措施率先在全市实施,大大激发了教师队伍的积极性、主动性和竞争意识。

2012—2013 年,开展中学、中心小学校长公开竞聘工作,22 所中学、21 所中小校长、副校长受聘,中小学校教师及班子竞聘工作全面完成。

2015 年"7·22"特大洪灾中,全县学校以及教育局、教师进修学校、电大全面受灾,直接经济损失约 9200 万元。受灾教师 527 户。47 所学校校舍、教学(办公、生活)设施设备被水浸受损,围墙、护坡倒塌或出现险情,受灾校舍面积 4.7 万平方米,发生地质灾害点 11 个,形成危房 3.2 万平方米,驳岸围墙 2960 立方米,围墙倒塌 6809 平方米,冲毁护坡 4662 立方米,毁坏其他建筑 8331 米,冲毁课桌凳 1200 多套、图书 4654 册,教学仪器损失 12838 件。城区受损严重,教育局、进修学校、电大办公一楼进水,办公电脑电器、办公桌椅、会议室桌椅、计算机网络机房被淹;城关中小、实小附幼、文亨亨明小学一楼校舍被淹、围墙倒塌、课桌椅及教学设施设备被水严重浸泡,莲花幼儿园全部被淹、校舍损坏,无法继续使用;城关二小、城西幼儿园一楼全部被淹,教室、课桌椅、钢琴以及其他教学设施设备被水浸泡,厨房设备损毁;第二实验小学围墙倒塌,新建成的塑胶运动场、电教设施设备被水严重浸泡;实验小学附属幼儿园围墙倒塌,大型玩具、厨房设施被浸泡报废;连城二中操场东段围墙倾斜,高三教学楼下沉。

(二)办学规模

新中国成立后,党和政府高度重视教育事业。随着国民经济的发展,教育事业也不断发展壮大。1950 年,连城县复办了 40 所小学、2 所初中、1 所高中,全县有小学生 4556 人、初中生 358 人、高中生 36 人,教职员工 320 人。至 1965 年,全县有幼儿园 41 个班、学生 1105 人,小学 349 所、学生 19918 人,初中 19 所、学生 2703 人,高中 1 所、学生 403 人,教职员工 1215 人。1980 年,调整为小学 190 所、学生 36842 人,初中 12 所、学生 10937 人,普通高中 10 所、学生 2443 人,教职员工 2770 人。以后,经过多次调整、集中优势办学,2018 年有幼儿园 89 所,在园幼儿 14251 人,小学 74 所、学生 17988 人,初中 17 所、学生 7242 人,普通高中 4 所、学生 4182 人,职业高中 1 所、学生 830 人,教职员工 3255 人。

(三)基础设施建设

1952 年开始,政府投入资金维修、新建校舍,至 1962 年,中、小学校舍建设共投资 30.37 万元,建筑面积 10478 平方米。"文化大革命"期间,各校校舍遭到不同程度的破坏,省、地下拨一些修缮款,进行零星维修。1983 年开始,通过多渠道筹措资金,小学开展实现"一无二有"(校校无危房,班班有教室,学生人人有课桌凳)工作。至 1987 年,共投资 1078.7 万元用于小学校舍的建筑、维修,全县小学新建、扩建教室891间,宿舍584间,实验室和其他用房333间,新建面积为2.1万平方米,维修面积3.6万平方米,使全县小学建筑总面积达19万平方米,比1949年的1.7万平方米增长10倍多。全县普通中学、职业中学占地总面积为77万平方米,校舍建筑面积7.9万平方米。建筑面积是1949年2467平方米的32倍。

1988—2000年,全县投入资金9232.3万元,修建教学用房368221平方米。

从2002年到2006年,投入经费32897.6万元,危房改造8.0244万平方米,基本消除中小学危房;新建校舍10.6406万平方米;教学仪器投入129.67万元,图书投入103.1万元,电教投入1035万元。巨大的投入极大地改善了基础教育的办学条件,有力地推进"双高普九"的进程。

2007年至2017年,在全县中小学开展危改工程、校安工程、薄改工程和公办幼儿园项目,投入29746万元,新建校舍面积195300平方米。2015至2016年投入1.01亿元用于校园环境整治及仪器装备配置,全面整修义务教育学校校舍、操场、围墙、旱厕改造,更换破旧木质门窗和课桌椅,配齐配足全县中小学校教学仪器、体育器材、寄宿制学校生活设备,建设64所(含完小)义务教育阶段学校810个教室触控一体"班班通"设备。2016年10月,顺利通过教育部组织的"义务教育发展基本均衡县"国家级检查验收。2016年9月,实验小学西城校区、实验幼儿园西城部建成投入使用。2017年9月,慈济幼儿园建成投入使用。

(四)教育布局结构调整

1951年春,私立明耻中学和县立初级中学合并建连城县第一中学,校长由县长马力兼任。1953年,政府接办私立连南中学,更名为连城第二中学。1957年,在朋口增设第三中学(1984年11月,新泉中学改名为连城县第三中学)。1959年,在北团、姑田分别增设第四中学、第五中学。1960年,在文亨增设第六中学。1958年,贯彻公办、民办并举的"两条腿"走路的方针,发展民办小学46所。1964年创办耕读小学64所。1965年,政府在革命基点村创办小学

14 所。1970 年,提出"乡乡有中学、村村有小学",到 1976 年,全县中学(包括附设初中班)已增至 60 所,中学盲目发展,师资和教学设备严重不足,因而教学质量也得不到保证。1980 年,贯彻中央关于"调整、改革、整顿、提高"的方针,对学校的办学形式、布局进行了较大调整,撤销、合并了部分学校,使全县中学减至 22 所(其中完中 10 所)。1981 年,县调整高中布点,全县完中仅留 6 所(一中、二中、姑田中学、朋口中学、新泉中学、北团中学)。1985 年,对布点过于分散的单、双人校进行了调整、撤并,初级小学保留 257 所,教育教学质量有了较大提高,在校学生人数也有了增加。"文化大革命"期间,一些幼儿园被迫解散,房屋、场所被挤占,幼儿园只剩十余所。1980 年,复办莲峰幼儿园,后改名为实验幼儿园。1984 年,各乡(镇)都办了中心示范园。

1988 年,创办文新中学;1990 年,增办朋兴中学、冠豸中学;1994 年,增办城关中学。2001 年,《国务院关于基础教育改革与发展的决定》指出"应因地制宜调整农村义务教育学校布局"。连城县撤点并校自 2003 年开始撤点 29 个、2004 年 69 个、2005 年 28 个、2006 年 39 个、2007 年 8 个、2008 年 9 个、2009 年 20 个,2010 年学校布局调整工作力度加大,撤点 50 个,2012 年整合塘前中心小学和塘前中学建九年一贯制学校塘前学校。全县小学校点由 2002 年的 323 个缩减到 2012 年的 68 个,撤并点校 255 个,占比 78.9%。2002 年连城一中最后一届初三年级毕业,由完全中学转为高级中学。2004 年,县职业学校、城关职业中学、县成人中专学校合并,组建连城县职业中专学校,办学地点在莲峰镇新兴村水竹盘。2004 年 11 月因城区莲中路建设需要,城关中小由原址劳动巷 41 号搬迁至莲花塘(原成人中专)。2004 年 8 月,民办莲峰中学开始招高中生,2010 年 7 月停止办学。2006 年 9 月,撤并联溪中学至连城三中。2008 年 9 月,撤并文亨中学至文新中学。2011 年 2 月,朋兴中学整体整合至朋口中学。2010 年,全县关停了 30 所无证的民办园(班)。为响应城市建设号召,2011 年 9 月,城关中学撤并,教师分流至连城二中、冠豸中学;实验小学搬迁到原城关中学校址,实验幼儿园搬迁到县职业中专学校;2011年12月,顺利完成了县教育局、教师进修学校的整体搬迁工作,县教育局、教师进修学校租用东环北路32号原金税大酒店(国税办公楼);2012年5月成立"连城县社区学院",与福建广播电视大学连城工作站实行"一套人马,两块牌子"的管理模式。

2013年,恢复了朋口良增、北团焦坑2个教学点办学。2014年,恢复北团江园、新泉良福和新罗等3个教学点办学。2015年,恢复四堡黄坑教学点办学。

(五)教育资助

新中国成立后,由教育部门会同有关部门制定中小学统一收费标准,向学生收取适量学杂费。2001年开始,我国对农村义务教育阶段贫困家庭学生就学实施"免杂费、免书本费、逐步补助寄宿生生活费"的"两免一补"资助政策。2007年,全国农村义务教育阶段家庭经济困难学生均享受到了"两免一补"政策。2012—2017年,我县发放"四免一补"等专项资金15805万元,发放幼儿园、高中、中职学校国家助学金1816万元。

(六)高考情况及取得的成绩

新中国成立初期到20世纪末,连城县由于受办学条件、师资力量等多种因素的影响,高考成绩较低。1999年参加高考1003人,上本科线378人,本科上线率为37.69%。从21世纪初开始,连城县各级党政更加重视教育,加大资金投入,改善办学条件,重视教师队伍建设,充分调动教师和学生的积极性,使高考成绩有了明显的进步。2009年是连城有史以来参加高考人数最多的一年,全县参加高考4343人,上本一线402人,上本科线2205人,本科上线率为50.77%,有5人还考上了清华、北大。近十年来,连城县参加高考的考生本科上线率都在50%左右,2012年还达到62.15%。2018年参加高考1579人,上本一线312人,上本科线852人,本科上线率为53.96%。

1993年,省政府授予连城县义务教育先进县称号。2005年,连城县教育局被评为省"未成年人保护工作先进集体"。2010年,连城县荣获全国特殊教育先进县、"全国中小学德育工作先进集体"荣誉称号。2012年,北团中学、朋口中小被评为"全国特色学校";连城二中被评为"福建省学习型组织先进单位";文亨龙岗小学表演的舞蹈《感谢你》参加北京举行的"乐动未来、希望工程音乐汇"大型公益活动,课本剧《西门豹》参加福建省第四届中小学生艺术节并荣获一等奖。2013年,在全国第四届中小学生艺术节中,连城县选送的三件作品荣获全国二等奖,县教育局荣获全国第四届中小学生艺术展演活动优秀组织奖。2014年,实验小学被授予"福建省五一先锋岗""福建省职工之家""第二届全国未成年人思想道德建设先进单位"称号;连城一中、冠豸中学、实验小学获"省级德育工作先进校";县教育局被省委、省政府和省军区评为"爱国拥军模范单位"。2015年,连城电大被福建省广播电视大学评为"招生规模先进单位"。2016年,连城县被国务院教育督导委员会授予"全国义务教育发展基本均衡县(市、区)"光荣称号。2017年,连城县选手在第十三届全国学生运动会上获得中学女子组太极拳冠军。2018年,连城三中德育案例入选"2018年全国中小学德育工作"典型经验名单。

(七)教育管理机构

新中国成立初,县成立文教组,负责全县教育事务。1950年6月,改为文教科。1956年,文化、教育分开,设立教育科。1958年,文化科、教育科又合并为文教局。1963年,精简机构又将文教局改为文教科。1968年,在县革委会政治处下设宣教组,并设教育革命办公室。1972年,宣教组分为宣传组、教育组。1975年,又恢复文教局。1976年,文化、教育分设,改称教育科。1980年,又改教育科为教育局。2011年12月,县教育局由原址(现为莲花花园)整体搬迁至原金税大酒店办公(东环北路32号);2018年11月,又搬迁至莲花塘路8号原县市场监督管理局(县工商局)办公楼办公。2015年,根据《连城县教育局主要职责、内设机构和人员编制规定》(连委办发〔2015〕28号),县教育局下设综合股、人事股、基建财务审计股、学前教育股、初等教育股、中等教育与职业教育股、体育卫生与艺术教育股(加挂连城县语言文字工作委员会办公室牌子)、政治教育股、学校安全监督管理股(加挂连城县未成年人保护委员会办公室牌子)、连城县人民政府教育督导室(事业)、连城县考试中心(事业)(加挂连城县招生委员会办公室、高中会考办公室、高教与中专自学考试办公室牌子)等11个内设机构,核定行政编制为14名(含纪检监察编制2名)。核定科级领导职数5名、正股级职数11名、机关工勤人员事业编制1名。此外,还有局属事业单位教学仪器管理站、县青少年学生校外活动中心、县教育网络管理站等,连同内设机构中的县人民政府教育督导室、县考试中心,共核定事业编制24人。2018年,全局机关有87人,其中行政编制18人(含机关工勤2人)、事业编制26人、轮岗交流35人、临时聘用8人。

2013年5月,"中共连城县教育系统委员会"正式成立,负责教育局、教师进修学校以及城区学校等14个党支部党建工作;2015年2月撤销,所属14个党支部并入新组建的"中国共产党连城县宣教系统委员会"。2017年6月,全县教育系统党组织统一收归县宣教系统党委领导。2015年1月,设立"中共连城县教育局党组",同时设立中共连城县纪律检查委员会驻县教育局纪检组。

1958年,为适应教育发展需要,在隔川等地开办小学师资轮训班。1960年,设立中师函授站,"文化大革命"期间解散。1975年,设立连城县教师训练班,负责教师的进修培训,从1979年起,开始有计划地轮训中、小学教育行政干部。1979年3月10日,改为连城县教师进修学校,现为正科级事业单位。

1958年,成立学区,为县教育局的派出机构,负责所在区教育事务。"文化大革命"期间取消。1978年,公社恢复学区设置,学区在县教育局和公社(乡、镇)双重领导下,管理小学、幼儿园和业余教育工作。2002年7月,撤销学区建制,原有的管理职能由所在中心小学承担。

(八)教师队伍

新中国成立后,随着教育事业的发展,中、小学教师队伍不断壮大,师资素质得到了提高。1950年,全县中、小学教职员工中大专学校毕业的占7%。"文化大革命"期间，中、小学盲目发展，吸收了大批民办教师任课，1976年全县有中、小学民办教师987人，占教职员工总数的41%。中共十一届三中全会后，各级政府重视教育事业的发展，通过多种渠道提高教师的政治、经济地位和业务水平，增加师范院校的招生名额，组织教师进行业余培训和脱产进修，使教师队伍的学历结构及文化素质得到了提高。1987年，小学教师中师范学校毕业的占48.4%，高中毕业受过师范专业培训的占43.2%，初师或初中毕业程度的占21.6%，其他149人占8.4%。中学教职工中，大专毕业的占60.1%，其余为中专或高中毕业。

1987年，国家确认中、小学教师为专业技术人员。1987年8月，成立连城县中、小学教育系列职称改革领导小组，领导教师职务评审工作。共评出中学高级教师53人，中学一级教师173人，中学二级教师235人，中学三级教师174人；小学高级教师301人，小学一级教师699人，小学二级教师475人，小学三级教师21人。2000年3月起，全市教师专业技术职务"评聘分开"，具备条件的教师不受职数限制，符合条件即可申报相应专业技术职务。2015年，全市停止执行"评聘分开"。

1988—2000年，随着教育事业的不断发展，教师队伍逐步壮大，数量由开始的严重匮缺至缓解，至20世纪90年代末已趋于饱和。通过离职进修、函授、师带徒，组织业务学习和开展教研活动等途径，切实加强教师培训和继续教育工作，师资由开始的公办、民办、代课等多种成分混杂，至20世纪90年代末教师素质有了根本性的提高，专任教师均拥有正规的国民教育学历，中学专任教师学历达标率从1987年的65.05%提高到2000年的91.81%，小学专任教师学历达标率从1987年的79.94%提高到2000年的98.56%。

2001—2006年，实施名师工程，认真抓好名教师、学科带头人和中青年骨干教师培养工作，3人被评为特级教师。实施全员继续教育工作，鼓励中小学教师在职参加自考、电大、函授、夜大、网络教育等，提升在职中小学教师的学历层次，全县有160人获得本科学历,420人获得专科学历。每年组织安排中小学教师全员参与教师岗位(职务)培训,6年来培训14229人次。制定优惠措施、政策,解决教师队伍老化、断层,高中教师严重不足等教师队伍建设中的突出问题。2001—2006年,吸纳369名应往届师范类毕业生回连来连从教,其中2005年、2006年聘用外省、外地市籍本科师范类毕业生68人,2004年、2006年择优公开招考聘用连续在岗2年以上的专科学历临时聘用教师和师范类专科生30人,择优考核聘用取得本科学历的在岗临时聘用教师10人。2001—2006年举办初中数学、英语、物理、历史、地理等学科后备教师培训班,以及中小学信息技术、心理健康教育教师培训班10期478人。认真做好中小学教师富余人员分流工作,2003—2006年批准中小学部分因病不能坚持正常教育教学工作的286名中小学教师离岗待退、146名中小学教师提前退休。由于中学生源锐减,中学富余教师较多,2011年起全县停止招收中学新教师,至2017年每年招收60名小学、幼儿园新任教师。2018年,招收编外中学新任教师15名,编内小学教师20名、幼儿园教师30名。2012年,分流中学富余教师,调往、借用外系统及参加重点项目工作200人。

二、科技

(一)概况

连城县科学技术发展经历了一个从无到有、从小到大、从慢到快的漫长路程。明清时期仅有手工制作技术,主要是姑田的宣纸与四堡的雕版印刷。民国时期才开始有现代科学技术的萌芽,主要是农业上开始使用少量的肥田粉,工业上开始有机械印刷、机械纺织和以木炭为动力的微型发电机,交通运输上开始有公路和汽车,医疗卫生上仅有一家小型卫生院。

新中国成立后,科学技术发展步伐逐步加快,农业开始有机械化、矮竿稻、杂交稻技术,工业开始有瓷器、印刷、造纸、纺织、煤矿、油漆、火力发电等技术,医疗卫生开始建立了以县医院为核心、乡镇卫生院为主干的医疗体系。

1978年全国科学大会后,科学技术发展速度不断加快,特别是中共十八大以来科学技术发展进入快车道,出现了日新月异的变化。农业上建立了以地瓜、花卉苗木、连城白鸭为代表的系列现代农业产业,形成了成套的农业产业化、标准化技术。工业上建立了以光电新材料、电子信息设备、生物医药为代表的系列工业产业,开展了一系列的工业科技研究开发活动,最具代表性的有220公斤以上级人造蓝宝石、真空绝热板材、触摸显示屏及加密手机等在福建省乃至全国处于领先水平的工业技术。交通运输上建立了军民两用机场、高速铁路、高速公路等现代交通体系。医疗卫生上建立了县医院、妇幼保健院、中医院以及乡镇卫生院、村卫生所的全覆盖医疗保健体系。

(二)科技管理机构

新中国成立前无专门的管理机构,科学技术发展处于自生自灭状态。1958年,成立县科学技术委员会,负责协调管理全县科学技术发展。1959年9月,反右倾时被取消。1960年3月恢复,1961年精简机构、干部下放后,机构形同虚设。1966年至1974年,受"文化大革命"冲击,机构瘫痪。1975年,县计委内设科技组管理全县科技工作。1976年,重新成立独立的科学技术委员会。1978年3月全国科学大会后,县科学技术委员会得到逐步加强,设有综合计划、科技管理、科技试验站、科技情报所等科室。1997年4月,县科学技术委员会更名为县科学技术局,下设科技情报所、科技开发中心、科技试验站、知识产权信息服务中心、生产率促进中心等事业机构。2015年2月,县科学技术局与县经济贸易局合并,成立县经济信息科学技术局,内设科技管理股、知识产权管理股,负责全县科技、知识产权管理工作。

(三)科技创新平台

2009年,福建百花化学股份有限公司建成省级企业技术中心,进行新型油漆、涂料产品研究与产业化技术开发。

2013年,福建赛特新材股份有限公司建成福建省真空绝热材料企业工程技术研究中心,进行新型真空绝热材料的研究与产业化技术开发。

2014年,福建连城健尔聪食品有限公司建成福建省甘薯休闲食品企业工程技术研究中心,进行甘薯休闲食品的研究与产业化技术开发。

2015年,建成连城县农产品质量安全检验检测中心,有实验室429平方米,检测仪器设备62台套,可进行农产品质量及农作物农残、重金属等项目的检测。

2015年,建成海峡(连城)光电产业技术研究院及连城光电研发与检测平台,已具备光生物安全、光强分布、灯具寿命、光通量、色温、色容差、照度等参数的检测能力,并获得LED照明产品的资质认证。

2015年,建成连城省级农业科技园区,以甘薯、花卉苗木两大农业产业为基础,在连城林坊镇、文亨镇、朋口镇建立围绕科技主线、搭建科技框架,以科技成果转化、科技创业、科技培训、科技推广为手段的农业科技创新发展园区。

2017年,连城县人民政府与龙岩学院开展产学研合作,设立连城县奇迈科技创新基金,联合建立"连城县工程研究中心",合作共建"海峡(连城)光电产业技术研究中心",提升科技创新能力,推动科技成果转化。

(四)科技创新企业

截至2017年末,全县共有高新技术企业8家,科技型企业20家;省级"科技小巨人"领军企业6家,市级"科技小巨人"企业11家。

连城县高新技术企业有:福建天利高新材料有限公司、在岩新奥生物科技有限公司、福建赛特新材料股份有限公司、福建富润建材科技有限公司、连城县中触电子有限公司、福建达米拉数码科技有限公司、福建康莱宝运动用品有限公司、福建茗匠竹艺科技有限公司。

连城县科技型企业有:福建连城兰花股份有限公司、福建紫心生物薯业有限公司、福建连城冠江铁皮石斛有限公司、福建鸿强有机膨润土有限公司、连城县福农食品有限公司、连城县丰海竹木业有限公司、福建天利高新材料有限公司、龙岩新奥生物科技有限公司、福建连城健尔聪食品有限公司、福建清大奥普新能源有限公司、福建百花化学股份有限公司、福建鑫晶精密刚玉科技有限公司、福建茗匠竹艺科技有限公司、连城县东方经济开发有限公司、连城县金龙纸业有限公司、连城县庙前金属炉料厂、连城县联香园食品有限公司、福建金永润食品有限公司、福建达米拉数码科技有限公司、福建连城盛威高科开发有限公司。

连城县省级"科技小巨人"领军企业有：福建连城健尔聪食品有限公司、福建赛特新材股份有限公司、福建天利高新材料有限公司、连城县中触电子有限公司、龙岩新奥生物科技有限公司、连城县丰海竹木业有限公司。

连城县市级"科技小巨人"领军企业有：福建连城健尔聪食品有限公司、福建赛特新材股份有限公司、福建天利高新材料有限公司、连城县中触电子有限公司、龙岩新奥生物科技有限公司、连城县丰海竹木业有限公司、福建清大奥普新能源有限公司、福建紫心生物薯业有限公司、福建达米拉数码科技有限公司、连城县福农食品有限公司、福建百花化学股份有限公司。

(五)专利工作

连城专利工作也是从无到有，1984年国家专利法发布后，民间开始有零星的自发申请专利活动。2008年，成立连城县知识产权局（挂靠在县科学技术局）后，专利工作开始进入正轨，但专利申请、授权工作尚处于探索阶段，每年仅有十几件专利申请量，专利授权量也很低。2012年开始，启动专利奖励措施，对授权专利给予一定的奖励补助，在政策措施的激励下全县专利开始以逐步加快的趋势发展。2014至2016年间，专利申请量连年翻番，专利授权量也大幅增长。经过2014至2016年高速发展后，2017年开始注重专利质量的提升，专利申请、授权数量开始回落，但代表专利发展质量的每万人口有效发明专利拥有量稳步增加。2017年，全县专利申请341

件,其中发明专利 62 件,实用新型 188 件,外观设计 91 件;专利授权量共计 343 件,其中发明专利 33 件,实用新型 248 件,外观设计 62 件;全县有效发明专利 120 件,每万人发明专利拥有量为 4.88 件,处于龙岩市前列。

(六)科技奖励

1978 年全国科学大会后,各级政府开展对科技成果进行评审与奖励,2012 年后开始对实施专利进行专利奖评审。经不完全统计,自 1978 年以来,全县获得科技成果奖 159 项。其中:省级 7 项,市级 49 项。部分获科学技术奖励项目如下:

获国家三等奖:连城县综合农业区划项目。

获省、部二等奖:中低产田攻关、米糠榨油生产工艺改革、稻瘟病综防技术等项目。

获省三等奖:水网式除尘器、稻田天敌初步名录、土壤普查图件成果、农业气候区划、淡水养殖——池塘丰产稻田兼作综合技术开发、白煤烧青瓦、连城红心地瓜干蜜饯技术开发、挤出复合机改一机两用设备、马尾松高产脂类后代选择研究、CK－快干醇酸漆和 AK－快干氨基酸、孔板波纹规整填料在①450 铜洗塔上的应用、高纯度二聚酸工业化生产技术、一种复合芯材真空绝缘板及其制备方法、用于维持中低真空环境的复合吸气剂及其制备方法等项目。

第十二节 文化、体育、广播电视事业蓬勃发展

新中国成立以来,连城老区文化、体育、广播电视事业发生巨大变化,各项事业蓬勃发展。

一、文化事业

新中国成立以来,连城县文化事业出现欣欣向荣景象。文化工作最初由县文化馆统揽,后逐步过渡到县文化局、县文化体育局、县文体广电新闻出版局统一领导和管理。县委、县政府高度重视文化

工作,不断加大投入力度,建成了客家文化公园、县博物馆、木偶艺术传习中心坐落其中,全县各乡镇先后建成文化站(文化服务中心)和村(社区)文化室(综合文化服务中心),实现县、乡、村三级文化阵地全覆盖。城乡文化内容丰富,文化活动十分活跃,多元文化逐渐形成。

1997年在全省率先成立县级的"冠豸山文学院"和"冠豸山书画院"。中国作协、福建省作协、福建省画院之生活创作基地纷纷落户冠豸山。2013年,在"冠豸山文学院"和"冠豸山书画院"的基础上,在全省率先成立了独立法人单位的"连城县冠豸山文学艺术院",具体指导我县文学艺术活动的开展。

(一)文学创作成就斐然

新中国成立以来,特别是党的十一届三中全会以来,文艺创作逐步繁荣,连城以"发表作品之丰、出版文学专著之多、文学作者队伍之众,省级、国家级作协会员比例之高,文学创作组织之多样,文学活动之丰富,与外地作家交流之频繁"等被外界誉为"连城文学现象"。据不完全统计,现有中国作协会员8人,福建省作协会员35人,文学创作群体不断壮大。几所完中都设有文学社团并创办了文学刊物。

诗词 除童庆鸣、罗心如、李仕铨、傅玉良、谢济中、李传耀、陈福楎等老一代诗人外,连城还涌现出了一大批青年诗人。他们的诗作有的在《诗刊》《人民文学》《星星》等刊物或网站上发表或获奖,并大多出版专集。姑田成立"农民诗社",华钦进和江冠英等人是其中的佼佼者,有十多首田园诗作在全国征诗赛中获奖。四堡成立了"鳌峰诗社",吸引了众多诗歌爱好者参加。

散文 散文创作有一个较强的群体,作者或专业作家或业余文学爱好者。黄征辉自1993年出版连城第一本散文集《走月亮》以来,又陆续出版《秋水入梦》《心灵故里》《大美不言》《沧海月明》等散文集。马卡丹出版了《客山客水》《客家明镇客家村》等散文集。李志莹出版了散文集《弯弯曲曲的小巷》《年年岁岁》。连城的散文创作群体不断壮大,佳作频出,为宣传冠豸山和连城客家文化,推动旅游发展起到积极作用。

小说　童庆炳的《淡紫色的霞光》《生活之帆》等长篇小说，开启了连城当代小说创作的先河。林水梅、黄征辉合著的中篇小说《清风山剿匪记》被改编拍摄成7集电视剧《死命令》，军旅女作家项小米出版长篇小说《英雄无语》并被改编拍摄成电影，在全国产生广泛的影响。黄富祥、陈福桂合著的神话小说《冠豸仙姐演义》反响甚大。廖荣富出版了长篇小说《韩信传奇》《东南喋血记》。青年作家吴尔芬创作了小说《雕版》《九号房》《姐妹》《人皮鼓》及小说集《迷途》《五色花》《我的厦门》等。一级作家傅翔的自传体长篇小说《我的乡村生活》得到贾平凹等名家的高度赞誉，并被翻译为英文在美国出版。青年作家罗炳腾的长篇小说《稻粮谋》获福建省十四届百花文艺奖，其小说《所向无前》被福建省作家协会列为"重点支持创作书籍"。青年女作家罗建华出版了长篇小说《握不住你的手》。李志莹、马卡丹、林斌、张永和、傅必文、吴志坤、黄盛元、陈碧珍、曹诚、曹雪芳等创作的小说也纷纷在各类刊物上发表或出版小说集。

报告文学　马卡丹的报告文学集《连城人》1992年出版，是改革开放后连城本土第一本报告文学集。报告文学《舌尖探宝人》获人民日报金马人物征文奖三等奖（1990年），并被《新华文摘》转载。李治莹出版报告文学集《风景这边独好》《明天是不一样的》《云卷云舒》《闪光的足迹》和长篇纪实文学《沧海桑田》《猎鹰》《海纳百川》，报告文学《垃圾咏叹调》获省作协优秀作品二等奖。

（二）文艺理论与批评成就巨大

童庆炳（1936—2015），莒溪镇莒市村人，我国著名文艺理论家、美学家、批评家和教育家，北京师范大学资深教授，博士生导师，国家级重点学科带头人，培养了学界赫赫有名的"童家军"，其中还包括了莫言、余华、毕淑敏、迟子建、刘震云、严歌苓等实力派作家；出版专著30余部，编著百余部，影响深广。

吴子林，文学博士，中国社会科学院文学研究所研究员，主要从事文艺理论研究与批评，在《文学评论》《文艺理论研究》等国家权威、核心刊物发表论文120余篇，出版《经典再生产——金圣叹小说评点的文化透视》《文学问题:后理论时代的文学景观》《童庆炳评传》等近 10 部专著,另有编著 30 余部,500 余万字。

傅翔,一级作家,在国家核心刊物发表文艺理论和思想随笔近百万字,著有《不合时宜的思想》《我们文学的疾病》《戏剧的背影》《小说手册》等批评文集,曾获曹禺戏剧奖评论奖、中国文联文艺评论奖等多个奖项,反响较大。

傅修海,文学博士,华南农业大学文学院教授,在《文学评论》等刊物发表学术论文、学术随笔、文学评论近百篇,出版《现代中国文学研究笔记》等文学评论专著 4 部。

此外,吴尔芬在《文艺评论》《当代文坛》等发表评论数十篇,出版评论集《故事的价值》;青年作家杨天松出版《石泉集》文学评论集。

(三)戏剧创作硕果累累

新中国成立后,通过组织节日期间的大规模群众文艺活动和专业剧目的会演,戏剧创作更为活跃。创作并演出的戏剧有话剧、歌剧、喜剧、汉剧、现代戏、古装戏、木偶戏、小品、儿童课本剧等不同剧种,其中有不少剧目在省、市获奖。

(四)传统戏剧得到传承和发展

闽西汉剧 闽西汉剧是闽西客家民间的地方"国粹",被连城群众称为"家乡戏",被外乡人誉为"南国牡丹",有着深厚的群众基础。连城闽西汉剧行当齐全、活动正常的乡村剧团有近 10 个,广泛活动于城乡。"闽西汉剧(连城县)"于 2005 年 10 月被福建省人民政府公布为第一批省级非物质文化遗产代表作名录,2006 年 5 月被国务院公布为第一批国家级非物质文化遗产名录。

提线木偶戏 连城提线木偶戏,也称"傀儡戏",经过 100 多年几代木偶艺人的改革创新而独具特色,深受广大群众的喜爱。1955 年正月,知名木偶戏艺人徐传华被选派晋京到"怀仁堂"为朱德委员长、周恩来总理等国家领导人演出。同年 9 月,他被文化部选派参加国家出访团赴波兰、捷克斯洛伐克、苏联等国家做访问演出。李明卿在全面继承传统木偶技艺的基础上,独创了"木偶书法""木偶绘画""木偶拉琴"等绝技。其"木偶书法"得到过上海吉尼斯总部授予的吉尼斯世界之最证书。2014年4月,《木偶拉琴·贵妃醉酒》节目在"全国木偶展演大赛"活动中荣获金奖;2017年6月受中央电视台的邀请,连城提线木偶绝技绝活参加《中国民歌大会》开场节目录制,表演了木偶拉琴、功夫木偶;2017年7月,经典戏《大名府》赴福州参加福建省经典百折折子戏展演;同年参加民间木偶艺术大赛荣获三等奖。连城提线木偶戏于2009年5月被福建省人民政府公布为第三批省级非物质文化遗产名录。

(五)现代戏得到全面普及

1951年7月,县文联演出新剧《王秀鸾》《赤叶河》《王贵与李香香》,现代戏开始植根于连城。此后,先后组建"连城县文工团""连城县歌剧团"、乌兰牧骑式文化服务队等文艺团体,排演了众多为群众所喜闻乐见的剧目、节目,深入乡村演出,深受群众喜爱,并屡屡获奖。特别是20世纪60年代连城歌剧团排演的现代歌剧《红岩》《红珊瑚》《刘四姐》《血泪仇》等除在全省各地市演出外,还应邀到广东、江西等省演出,在一些城市连演20多场,观众场场爆满,反响热烈。

(六)影视创作取得新进展

1985年,由林国良创作的电视剧《情满青山》《陈毅请客》《陈毅培情》《陈毅主婚》等在中央电视台播出,获得一致好评。此后,由连城作家创作的电视片《故乡行》《连城掠影》《连城新貌》《追步冠豸》,电视剧《死命令》《陈毅》《好事之徒》《春待来年》《失败英雄》《重道亲师》先后在省电视台或中央电视台播出。《冠豸神韵》电视风光影碟片2000年出版发行。2014年大型舞台剧《红色记忆》在龙岩大会堂演出并获得一致好评;2015年《剪掉髻子当红军》多次在龙岩电视台黄金时段展播,并获得第一届龙岩市文艺"山茶花"三等奖。

(七)音乐创作佳作频出

新中国成立后,创作歌曲十分繁荣。较有影响的有《欢迎大军》

《连城一中校歌》《跃进号角吹九霄》《献礼》《向山垅田进军》《原来是民兵》等。

1982年,县文化馆编印《创作新歌选编》五十首。是年,创办音乐刊物《创作新歌选》,从而为词曲新秀提供了很好的习作园地。器乐曲《春满山城》《海棠花儿红》、歌曲《军民共建文明村》《牧鸭》分别参加省第二、三、四、五届"武夷之春"音乐会,均获纪念奖或节目奖。

1988年12月,省电视台和省音协在连城县摄制,姑田民乐队演奏的音乐《连城大乐》在省电视台和省广播电台播出。其他众多创作歌曲、器乐曲在市级以上刊物、电视台发表或播放。

此外,县文化馆组织编排山歌小组唱,参加第二届八省优秀客家山歌邀请赛,所选送的原生态男女声小组唱《丰收谣》荣获金奖;在"岩创好歌曲"创作大赛决赛中,马华语所创歌曲《我想你》荣获二等奖。

(八)参演、参赛的文艺节目屡屡获奖

新中国成立后,连城县组织各类文艺节目(戏剧、木偶剧、小品、相声、演唱、歌舞、舞蹈、器乐演奏等)参加省、地(市)演出,获奖众多。其中,1960年,民间艺人罗学洪(又名罗桃芳)被省选拔到华东(上海)、北京参加"全国民间曲艺会演",得演员奖。还被特邀到怀仁堂为周总理、朱德等中央领导演奏唢呐,他以鼻孔、嘴巴二把唢呐同时演奏,博得阵阵掌声。小品《老兵与山妹》《市长和他的父亲》《两头牛六条腿》《二月二十八》等一批文艺作品获得全国全省大奖,特别是小品《市长和他的父亲》在获得"华东六省一市相声小品赛"金奖后又获2008年全国第十四届群星奖比赛福建省选拔赛银奖。此外,表演唱《王大妈养鸡》在省演出得奖并被选送晋京演出并获奖。

(九)群众文化活动全面普及

群众性的音乐、舞蹈创作和文艺演出成绩喜人,在地(市)以上播出、刊载、获奖的音乐作品和参演的舞蹈甚多。

县文化馆建立广泛的群众业余音乐组织,组织开展丰富多彩的群众歌唱活动。常年性的有业余艺术团、业余民乐队、学校合唱团（队）等；节日性的有迎春晚会、职工歌咏会、民歌大会唱、民乐演奏会等；比赛性的有音乐会、青年歌手赛、少年歌舞赛、学校音乐赛等。

县文化馆结合重大节庆日组织举办各类文化活动，如义务写春联、大型书画展、灯谜竞猜、大型摄影展、十番音乐演奏会等。自2014年9月起，全年每周三、周五晚七点到九点在城市公园，每周四、周日晚七点到九点在街心公园举行免费开放的惠民服务"激情广场大家唱"。举办广场健身舞、排舞、农民健身秧歌、腰鼓、健身球等培训和比赛，组织编排广场舞"连城之恋""冠豸山的传说"等连城本土音乐并录制成光盘供全县广场舞爱好者学跳，让连城人民唱自己的歌，跳自己的舞。2016—2017年起参加全市"群文十大活动"获奖众多，如参加2016年"群文十大活动"之《唱响中国梦》老年组及成人组合唱比赛荣获一等奖，少儿组合唱比赛荣获二等奖；参加文化龙岩2017"群文十大活动"《儿歌盛典》，我县选送的王慧轩宝贝家庭获"人见人爱"奖等等。

民间音乐不断传承和发展。连城客家"十番音乐"遍布城乡，深受群众喜爱。改革开放以来，全县有上百个"十番"乐队。"闽西客家十番音乐（连城县）"于2005年10月被福建省人民政府公布为第一批省级非物质文化遗产代表作名录，于2006年5月被国务院公布为第一批国家级非物质文化遗产。

（十）美术、书法、摄影新人辈出

1. 美术

新中国成立后，县文化馆通过组织各类美术展览，发动业余美术作者进行绘画创作。通过举办节日美展、冠豸山书画展、连环画原作展，省水彩水粉画展、青年美展等各类美展，培育了沈在召等十几位美术骨干队伍。从连城出去的清华大学美术学院教授、中国书画研究顾问罗炳芳，国家一级美术师、中央文史馆研究员罗屏，军旅工笔画家李大谌均属中国美术界的佼佼者。

2. 书法

新中国成立后，连城较有影响的书法作者有谢在敬、罗道冠等十余位。目前,加入中国书协的有陈新声、罗方华、华彪、罗强、吴青保等5位,加入省书协的有25位。而成就最大、影响最广的当数知名书法家罗丹。他毕生刻苦攻习,耐心求索,博采众长,融会贯通,形成了独树一帜的书风——"罗丹体"。近年来,县许多单位和机构举办了多次书法展和青少年书法比赛,激励和涌现了一大批书法爱好者。

3. 摄影

改革开放以来,连城涌现了沈文生等一批摄影爱好者,他们的作品多次在全国、全省获奖。目前连城有中国摄影家协会会员2人,省、市、县摄影家协会会员80多人。

(十一)艺术培训常年举办

县里每年利用暑期举办少儿音乐、舞蹈、美术、摄影培训班,农村业余剧团、木偶剧团基本功培训班和各类讲座等,培养了一大批艺术人才。

(十二)文物保护工作成效显著

全县共有3处(81个点)全国重点文物保护单位,5处(40个点)省级文物保护单位,62处县级文物保护单位,3个国家级历史文化名乡,14个中国传统村落。累计争取国家专项维修资金约1.2亿元,实施培田、四堡、芷溪等传统村落整体保护利用工程,开展重点文物保护维修工程、环境整治工程、文物展示利用工程。层层落实文物安全目标责任,为文物进行投保,创新文物安全工作新模式。完成第三次全国不可移动文物普查和第一次全国可移动文物普查工作。成功申报四堡镇为首批中国印刷博物馆福建印刷文化保护基地连城分馆(全国3个),省新闻出版局在此设立北京大学新闻与传播学院实习基地。实施四堡雕版印刷陈列馆、工艺流程馆和传习中心(简称"两馆一中心")项目建设。

(十三)"非遗"传承和保护力度加大

县政府出台了《连城县非物质文化遗产保护传承工作方案》,连城县文体广电新闻出版局成立了"连城客家文化生态保护区工作小组",进一步规范和明确了非物质文化遗产保护传承工作的职责和任务。全县现有国家级非遗代表性项目4项（客家元宵节庆、客家十番音乐、四堡雕版印刷技艺、汉剧唱腔）；省级非遗代表性项目6项（连城拳、犁春牛、提线木偶戏、连史纸制作工艺、地瓜干制作技艺、四堡锡器制作技艺）；市级非遗代表性项目21项；县级非遗代表性项目2项；已成功申报国家级非遗代表性传承人1名、省级非遗代表性传承人6名、市级非遗代表性传承人9名。

（十四）文博馆建成开馆并免费开放

1. 连城县新泉整训纪念馆

连城县新泉整训纪念馆前身是连城县新泉革命纪念馆，于1959年建馆，1972年经国务院批准与古田会议纪念馆、毛泽东才溪乡调查纪念馆一起被列为免费对外开放单位。2012年更名为"连城县新泉整训纪念馆"。建馆60多年以来，累计接待海内外参观游客超百万人次，陈永贵、康克清、陈至立、卢展工、孙春兰、王岐山等党和国家领导人曾亲临参观考察，先后被列为省级国防教育基地、福建省党史教育基地、福建省机关妇建"四级联创"基地；市级爱国主义教育基地、市级第一批党史教育基地、市级中小学校传统教育基地、龙岩市"党的群众路线"教育实践基地、龙岩市第二批社会科学普及基地。2017年馆藏文物共计2747件，其中：一级文物29件、二级文物30件、三级1196件、一般文物452件，未定级文物1040件。

2. 连城县博物馆

连城县博物馆馆址建设工程自2000年4月动工，至2000年10月主体工程基本完成，于2000年11月22日第16届世界客属恳亲大会期间实现开馆。该馆业务功能用地面积2000平方米，包括5个展厅，分别是历史馆、牌匾馆、民俗馆、文艺馆、史志馆，另有1个文物库房。共有藏品包括可移动文物、客家名人图片、客家名人传记、客家族谱、姓氏源流、客家民俗文物图片、各县志书、年鉴、文史资料、文艺作品、杂志等共计1708件，藏品极为丰富，大都保存较为完好。

连城县博物馆实行免费开放，近年来年平均接待游客30000余人次,包括接待台胞 1000 余人次。连城县博物馆在展示闽西客家文物、促进闽台人文交流、推进海峡西岸经济区建设、促进祖国统一中已经并正在发挥着独特的作用。

3.连城县图书馆

1930 年 8 月,成立县图书馆。1950 年建立文化馆后,县图书馆与文化馆合署。1984 年 1 月,图书馆与文化馆分开建制,1985 年 1 月,经人民政府批准成立公益性全额拨款文化事业单位。现馆于 1987 年 10 月 1 日落成,面向社会免费开放,设有图书外借室、报刊阅览室、少儿阅览室、科技资料室、地方文献室、电子阅览室、采编室、古籍室、办公室、书库等。设有社会捐赠室,接受个人或团体的赠书。截至 2017 年底,图书馆总藏书量为 13.5 万余册,其中,纸质文献 107177 册,电子文献 28250 册,古籍善本 655 册。共办理借书证 2300 本,持证读者占比 0.014%,年读者人均到馆量为 0.46 人次,年文献外借量为 3.04 万册次。

图书馆拥有独立界面的图书馆网站,开设栏目有:本馆概况、本馆动态、文体动态、通知公告、馆藏经典、读者书评、连城文化、赠书留芳、共享工程等。正式注册了微信公众平台。

二、体育事业

新中国成立后,群众体育、竞技体育、学校体育得到全面发展,参加各级各类体育竞赛获得奖牌人数众多,承办全区、全省乃至全国、国际体育比赛取得圆满成功。

(一)群众体育活跃城乡

成立了各类体育单项协会 20 个,会员 3000 余人。充分利用各体育单项协会的力量,广泛开展群众性体育活动,大力提高全民身体素质。以开展全民健身活动为基础,群众性健身体育活动蓬勃开展。游泳、连城拳、舞龙舞狮、太极拳、太极剑、木兰扇、广场舞、登山、垂钓、拔河等活动异常活跃。通过组织举办连城拳演武大会、男子职工篮球赛、广场健身舞比赛、五人制足球邀请赛、台球大赛、钓鱼比赛等各项各类体育竞赛,极大地推动了群众体育运动的普及和体育运动水平的提高。

1.武术

以具有600多年历史的连城拳为代表的连城武术,文化底蕴浓厚,普及面广,习武者遍布连城城乡。连城拳于2009年5月被福建省人民政府公布为第三批省级非物质文化遗产。连城县被国家体育总局授予第三批"全国武术之乡"。2013年至今,每年的正月在连城县武术馆如期举办连城拳演武大会。

2.登山

登山为群众一年四季喜爱的一项健身运动。县内冠豸山等诸多山峦都成为群众登山的好去处。

3.乒乓球

乒乓球是我县较为普及的一项体育运动。有的地方尽管条件简陋,但青少年练习乒乓球的兴趣丝毫未减。特别是在中小学校,乒乓球运动十分普及。

4.棋类

象棋活动在全县较流行,参加者老、中、青、少均有,不少中小学都有象棋兴趣小组并经常开展活动。少数人擅长围棋,棋艺水平较高。闲暇时间,街头巷尾都可见棋手对弈场面。每逢节假日,则有县文体广新局、总工会、棋类协会等组织的擂台赛、友谊赛和锦标赛。中小学校和有关单位也经常举办棋类比赛。

5.游泳

游泳是中年人和广大青少年热爱的一项健身运动。过去人们常常在溪流河谷中游泳。随着社会的发展,竹安寨游泳池、火烧炉游泳池、温泉游泳池等相继建成,游泳爱好者已陆续转入干净、安全的泳池游泳。连城现有几支冬泳队,寒冬腊月也坚持冬泳。

6.自行车

2013年,举办首届"中国骑都·环冠豸山自行车邀请赛"(运动员311名、骑行43公里)和"中国骑都·天一温泉杯环冠豸山自行车邀大赛"(运动员601名,骑行42公里)。2014年至今,每年11月持续举办自行车大赛,吸引众多全国各地的自行车爱好者参与。

7.棒球

近年来,在县委县府的高度重视下,县教育系统坚持以"棒球"作为学校体育工作的突破口,积极推广棒球运动,从无到有、快速发展。目前全县中小学校已组建22支棒垒球队、1支教师棒球队。到2018年,全县40所中小学校都组建棒垒球队。

8.篮球

每年元旦、五一劳动节、五四青年节、国庆节,各种擂台赛、友谊赛、锦标赛如火如荼进行,各个球场往往被观众围得水泄不通。2015年篮球协会成立后,每年固定的赛事有"双拥杯"篮球邀请赛、"冠豸山杯"全县男子篮球赛,同时还积极组队参加全市举办的各类赛事。

9.垂钓

连城不少人有此爱好。1988年,连城县钓鱼协会成立后,每年不定期举办全县钓鱼比赛,并在九龙湖开设垂钓基地。

10.老年体育

改革开放后,县及各乡镇相继建成"老年活动中心",老年人有了自己的活动场所。门球场、地掷球场、棋牌室、歌舞厅、健身房等适宜老年人活动的体育设施逐步健全;乒乓球、麻将、中国象棋、桥牌等活动正常开展。

11.晨练

每日清晨,城乡居民走出家门前往郊外晨练。乡下的一般是田间地头的机耕道,条件好的去农民公园;城区的,则往中山广场(原灯光球场)、怀英园、石门湖、观景路、森林公园、冠豸山等处开展各自喜爱的体育锻炼。这些活动有篮球、排球、乒乓球、广播体操、跳舞、登山、练气功、打太极拳等等,尤以跑步、散步、练太极拳(剑)、做健身操、跳广场舞者居多。

(二)学校体育均衡发展

近年来,本着学生"健康第一""终身体育"的理念,连城县积极响应和落实各级关于开展"阳光体育活动"精神,积极推进素质教育,认真开展体育运动,推广"我运动、我健康、我快乐",提高身体素质,磨炼坚强性格,培养集体观念和团队精神,掌握技能终身体育,促进身心全面健康发展。

连城县少年儿童体育学校创办于1961年。2010年,学校由原来的"少年儿童业余体育学校"更名为"少年儿童体育学校",开设有田径、举重、武术套路、散打、网球、游泳、跆拳道等7个项目,先后培养出了一大批优秀的竞技体育人才,如武英级运动员李强、李吉辉、伍文梅,世界冠军赵细荣、全运会亚军周闯等。1998年,少体校被省体育局授予福建省"高水平武术(单项)后备人才训练基地"。

(三)竞技体育佳绩不断

为不断提高我县体育竞技水平,促进竞技体育的可持续发展,培养竞技后备人才,连城县认真选拔组队,科学训练,积极参赛,培养了一大批优秀体育后备人才。

1.积极组队参加省、市青少年单项体育锦标赛,培养竞技后备人才。组织运动员参加田径、游泳、射击、乒乓球、羽毛球、网球、跆拳道、散打、套路、拳击、举重等项目比赛,成绩优异。

2.组队参加历届全国、省、市运动会、青运会等综合性体育赛事,运动员顽强拼搏,全力以赴,硕果累累。

3.成功举办全国、全省、全市体育项目比赛,积极创建国家后备人才培训基地。连城先后举办了全国性滑翔伞优秀选手赛、全国攀岩挑战赛、全国公开水域游泳锦标赛、全国飞机跳伞冠军赛、首届国际悬崖跳水大奖赛等高规格赛事。

4.立足传统,强化优势,积极培养武术后备人才。连城是全国武术之乡,武术文化氛围浓厚,连城利用武术人才的资源优势,弘扬传统文化,组织传统体育项目"连城拳"参加全国、省、市、县各级比赛,已取得金牌200多枚,奖牌达700多枚的好成绩。

(四)承办全区、全省和全国、国际体育比赛,均圆满成功

连城县先后承办过全区性的田径比赛、自行车选拔赛、武术比赛等;承办过全省性田径比赛;承办过全国性滑翔伞优秀选手赛、全国攀岩挑战赛、全国公开水域游泳锦标赛、全国飞机跳伞冠军赛,承

办过首届国际悬崖跳水大奖赛,均获成功。2000年,连城被国家体育总局评为全国体育竞赛最佳赛区;2003年,被国家体育总局、中华全国总工会公布为全国优秀赛区。

(五)体育设施不断健全

连城县不断加大对体育基础设施的规划建设力度,建立了以县、乡、村(社区)三级公共体育场地设施为基础,行业、单位、社会等各类体育场地设施为补充,覆盖城乡的场地设施网络。目前拥有一个县级体育中心,13个乡镇青少年校外体育活动场所、4个乡(镇)农民体育健身中心、7个多功能运动场、3个室内健身房、2个笼式足球场、1个拆装式游泳池、12个经营性游泳池、3个400米塑胶标准田径场、6片室外网球场等。全县各行政村均有省级农民体育健身工程点,每个工程点配有一个或半个篮球场,4～6件健身路径或乒乓球桌。全县体育面积达61.5万平方米,人均体育面积达1.81平方米。总投资1250万元的"连城县全民健身活动中心"于2018年8月竣工并开放使用;投入4400万元的体育中心室内游泳馆也正在加紧施工中。中、小学按《国家体育锻炼标准》陆续配齐了体育设施设备,群众体育设施不断健全。

三、广播电视事业

连城县的广播电视事业走过了一个从无到有、由弱到强的发展过程,由一个广播站发展成为"村村通"的广电网络,现即将实现"村村响"的目标。卫星地面接收站、有线电视网络等设施建设逐步完善。

(一)有线广播

1950年11月,中共连城县委在县招待所(现连城大酒店三号楼)建立连城收音站,这就是我县最早的有线广播。1956年10月1日,成立连城县广播站,开始向全县广播。其时,城区只有25瓦的高音喇叭两个。60年代县广播站正式纳入国家事业编制,定编6人。到60年代后期,全县广播喇叭发展到2500只。省厅拨款

14000元在县体育场建广播楼(二层)。70年代,县广播站办公楼(三楼)建成,地址在原县体育场司令台旁,占地330多平方米,建筑面积700平方米。从1970年至1997年,全县架设县至公社广播专线196杆公里,公社至大队、大队至生产队广播专线1302杆公里,基本形成了社社通专线、队队通广播的广播网络,入户喇叭达20196只,入户率达45%。1989年7月,经国家广电部批准,县广播站改称为连城县人民广播电台,国庆节正式开播,呼号为"连城人民广播电台",播出频率103.5赫兹,全天播音16小时。

到1990年底,已通广播到乡(镇)16个,已通广播到村(居)民委员会139个,县、乡广播线路140杆公里,喇叭入院率65%,乡(镇)广播站输出总功率7千瓦。到1995年,全县所有乡镇通广播,已通广播的村(居)委会218个,县、乡广播线路600杆公里。此外,还实现县至乡广播信号全部调频化,调频广播覆盖到村(居)委会224个,调频广播输出功率从原来的50瓦扩大到300瓦。

如今,连城县广播电视发射台的广播任务主要是转播中央人民广播电台、福建人民广播电台的节目。原连城人民广播电台调频103.5兆赫,全天播出节目时长达17个小时。

(二)电视

自1975年12月城关一居民购买本县第一台九寸的黑白电视以来,随着经济的发展和科技水平的提高,智能化的电视网络已全面形成,收看电视质量不断提高。

1.卫星地面接收转播设施设备

1975年冬,县广播台组织技术人员到鳌峰山收测电视信号。1976年5月,在鳌峰山安装第一台黑白电视差转机。1980年10月,转播台搬迁至西山顶。1985年,集资5.8万元,在县委办公楼顶建成过渡性的录像转播台。1986年4月,又集资6.3万元,建成直径6米的龙岩地区县级第一座卫星电视地面接收站,由此开通了中央电视第一套节目。翌年,再集资7万多元,开通了中央电视台第二套节目,并完成了机房拓宽、铁塔加高和西山转播台的搬迁改频工作。

到 90 年代末,全县有电视差转台 56 座,卫星地面接收站 26 座,电视人口覆盖率由 1985 年以前的 45%上升到 87%,音像放映室有 38 个(其中文化局所属 21 个)。1995 年,全县有卫星地面接收站 116 座,电视人口覆盖率上升到 95.5%。1999 年,全县卫视接收安装使用单位共 202 个 231 座,其中教育系统 16 个 18 座。至此,县电视转播台各种卫星地面接收转播设施设备逐步健全完善。

2.有线电视网络

1993 年元旦,连城有线电视正式开播,传送 8 套电视节目,全县发展有线电视用户约 2500 户。经过广电部批准,成立"连城县有线电视台"。1994 年底,投入 2.5 万元新建有线电视机房。1995 年,全县有有线电视差转台 52 座,乡镇、厂矿有线电视站 5 个,有线电视用户 7300 户(其中农村 2800 户)。1998 年,全县发展有线电视用户 1.5 万户(其中农村 1 万户),独立有线电视小网络 60 个。

2006 年至今,《连城新闻》每天播出一组,当天晚上 8:00 首播。2012 年,自办节目《聚焦》每星期常态化播出,每周一组,这些节目都统一在省电视台公共频道插播。

连城县广播电视台现有两个电视频道,一个全省统一频道的"福建公共频道",每天插播连城自办节目约 3 小时;一个是自办频道。此外,连城县广播电视发射台还转播发射中央电视台 1 套、中央电视台 7 套、福建电视台 1 套等节目。

3.无线数字电视

到 21 世纪初,由于广播电视实现高清数字化改造,县政府共核批 356 万元采编播设备高清化改造资金,项目包含高清化制作播出系统、高清化全媒体演播室、高标准数字录音室、高清化摄像机周边等,项目总预算 460 万元,总投资 483 万元,于 2017 年 6 月开工建设,2018 年 5 月建成使用。2018 年 5 月 23 日,连城县广播电视发射台在朋口镇桂花村的割科山顺利建成并投入使用。该项目总投资 483 万,发射功率达到 1000 瓦,直接传输距离可以达到 50 公里,可以基本实现无线数字电视全覆盖。该发射台可发射 CCTV-1、CCTV-2、福建综合频道、龙岩综合频道、连城新闻综合频道、东南卫视等16套数字电视节目。

4.广播电视传输网络

福建广电网络集团股份有限公司连城分公司正式注册成立于2012年5月17日,内设综合部、技术维护部、客户营销部和乡镇管理部,下设3个中心管理站和16个乡镇广电网络分站,负责连城县广播电视传输网络的建设、维护、经营和管理,广播电视的频道集成和传输,广播电视付费电视、高清电视、互动点播、有线宽带经营业务。

目前,连城县247个行政村(居委会)已实现有线电视联网199个村,建成光缆线路总长达689公里,城区数字电视信号覆盖人口6万(约1.8万户),乡镇数字电视信号覆盖人口16万(约4万户),全县现有线数字电视用户共3.5万户(城区1.4万户,乡镇2.1万户),互动电视用户4569户,有线宽带用户5280户。

如今,广大用户可以通过互联网收看各种电视节目。电视讯号传输方式多样化、智能化,电视节目琳琅满目,可根据用户需求任意选择,实现了电视节目收看人性化。

第十三节　邮电通信事业发展迅速

解放前,连城邮电事业非常弱小,县内仅有一台10门磁石交换机,长途电话只有一条至朋口报话两用线路。邮路仅有连城至宁化、永安,龙岩至朋口、朋口至长汀4条步班邮路。

解放后,邮电通信逐步发展。1951年7月1日,原邮政局与电信局合并为连城县邮电局。改革开放前,由于受经济、交通、科技等因素的制约,连城的邮电通信事业发展还比较缓慢。邮政业务主要是征订报刊、收寄信件包裹、汇款和投递业务等。电信通信方面,1950年县局接替朋口调度转接业务,成为连城至长汀的长途电话中心和县内通信中心,长途电话电路增至3路。1958年开通单路载波,1962年在文亨班竹设载波室,开通五部长途载波设备。至1965

年,市内电话及农村电话线路长度达490杆公里,中继线308杆公里,长途电路逐步增加,成为闽西通信网络的重要组成部分,并担负军方重要通信任务。市话和长途电话交换方式主要采用人工转接的磁石和共电式交换机。

党的十一届三中全会把党的工作重点转移到以经济建设为中心上来。随着改革开放的深入和经济社会的发展,人民群众生活水平的逐步提高,对邮电通信的需求日益提高,邮电通信事业显示出勃勃生机和活力。

一、电信事业快速发展

1988年至1997年是邮电通信事业快速发展的10年。尤其是1992年党的十四大以后,各级党政部门高度重视改善邮电通信环境,把通信建设作为基础设施建设的先行工程来抓,以"适度超前、规模建设"为指导思想,大胆引进先进通信设备,建成包括光缆传输、程控交换、无线寻呼、移动通信、数字通信等多种手段的通信网络,通信网络在规模、技术层次、通信手段、服务水平上发生了根本性的变化,通信事业向现代化飞速发展。

1987年12月,连城县率先在全市完成市话改制,开通1000门HJ-921A型纵横制自动电话交换机,实现市内电话交换自动化,农村电话半自动化,同时开通DD14长途电话半自动设备,实现长途电话半自动拨号。1989年9月,市话交换机扩容至2000门,同时开通DD16长途电话自动设备,实现国内、国际长途电话直拨。同时,农村电话开通载波和特高频传输设备,实现农村电话自动拨号,至1992年市话用户由改制前的431户发展到1624户,市话普及率达8.6部/百人。随着社会经济的不断发展,社会对通信需求越来越迫切,原有市话交换机容量不能满足用户装机需求,1993年4月开通从日本引进的F-150程控自动电话交换机5000门,长途电话300线,同时开通永安—连城—厦门光纤通信传输设备,实现市话交换程控自动化和县级以上长途传输光纤数字化,通信能力得到快速发展。之后,为满足用户需求,先后对程控交换机进行扩容,市话交换机容量达 20000 门,城乡电话容量 25000 门。先后开通无线寻呼、模拟移动通信、数字数据业务。1993 年 4 月,开通数字、中文兼容的自动无线寻呼系统,寻呼信号逐步向农村拓展,覆盖全县。1993 年 12 月,开通摩托罗拉蜂窝式模拟移动电话业务并实现全省漫游。1996 年 6 月,开通 GSM 数字移动通信业务,并于 1997 年 4 月对模拟、数字移动通信业务进行扩容,信号覆盖全县。1995 年,开通数据通信和电子邮箱业务。1997 年 2 月,开通"128"无线寻呼半自动业务,同年 11 月份全市开通无线寻呼第二个频点,新增容量五万户。

为加快农村经济发展,满足农村通信需求,1994 年起连城县对农村乡镇电话进行全面改制,并实施"村村通电话"工程。至 1996 年底,县所有乡镇安装程控电话模块局,完成光缆建设 180 皮长公里、电缆 518 皮长公里,全县各乡镇电话交换实现程控自动化、传输数字化,96%的行政村实现通电话。至 1997 年,先后在庙前、新泉、朋口、文亨、曲溪、赖源、四堡、罗坊、北团、宣和等乡镇建邮电综合楼,县局建邮政大楼并投入使用;城乡电话用户达 17680 户,为 1978 年的 59 倍,城乡电话普及率达 5.2 部/百人,移动电话用户 1200 人,无线寻呼用户 10844 人;邮电业务收入 2315 万元,为 1978 年的 93 倍;邮电固定资产达 13827 万元,比 1978 年增长 130 倍,通信事业得到快速发展。

1998 年 8 月,无线寻呼业务从邮电局剥离,11 月份成立福建电信寻呼有限责任公司龙岩分公司,全市无线寻呼业务采取专业化经营。1998 年 9 月,邮电行业实行机构改革,撤销连城县邮电局,成立连城县电信局和连城县邮政局。1999 年 2 月,连城电信局成立客户服务、计费、设备维护、线路维护等四个中心,为全市电信企业理顺生产经营、维护管理体系提供借鉴。1999 年 7 月,移动业务从电信局剥离,成立连城移动分公司。9 月份开通 N-ISDN 窄带综合业务数字网(俗称一线通),为用户提供数字业务接入上网。11 月份,模拟公众电报业务采用分组交换传输,有线电报模拟网被数字网取代,提高电报传递速度。2000 年先后开通网上话费查询业务及

17908、17909IP电话卡业务,在城区、乡镇所在地安装公用电话亭,为用户提供多种方式的电话通信业务,进一步满足用户通信需求。同时,在原有邮政银行一家代缴电信费用的基础上,委托工商、农业、建设三家银行代缴电信业务费用,拓宽用户交费渠道。2000年8月,撤销原连城县电信局,成立福建省电信公司连城县电信局。2000年11月,在城区开通PHS便携电话(俗称"小灵通")业务,此后不断进行网络扩容,信号覆盖全县各乡镇集镇所在地和大行政村,并逐步实现市、省信号漫游,"小灵通"成为有线固定电话业务的无线延伸、移动业务的补充。

2001年,公司实施"薪酬激励、绩效考核、员工职业发展、竞争上岗、教育培训"等五项机制创新,实行全员竞聘上岗。2001年3月,为进一步满足用户通信需求,全市将本地网营业区扩大到行政县,实行城乡同价,取消了界外月租费、线路建设费及话机代维费,7月份取消固话初装费,执行了22年并为电信基础设施建设发挥了巨大作用的初装费政策正式退出历史舞台。2001年5月,市公司成立宽带办,制定《加快宽带业务发展实施意见》,宽带网建设步伐加快。2002年1月,龙岩市宽带城域网汇聚层和ADSL建设工程全面竣工,连城县正式开通ADSL宽带业务。2002年3月,开通10000号客户服务系统,开展业务咨询、受理、投诉等服务,进一步改善服务能力。9月,开通办公管理信息系统(MIS系统)并实现全省联网,成为公司企业管理、决策逐步告别传统模式走向信息化的重要里程碑。10月,集办公和通信枢纽功能的洪山电信大楼落成并投入使用。2003年6月,龙岩市在全省率先推出"灵通卡"业务,实现了小灵通机卡分离受理,改变原有小灵通号码的写码方式,对小灵通的快速发展产生很大的促进作用。至2003年底,全县除长坑、岩背两行政村外,其他所有行政村实现通固定电话,行政村通话面达99%。2004年1月,成立福建省电信有限公司连城县分公司。2005年6—9月,先后开通"固网彩铃""一号通""超级无绳电话"等新业务,实现小灵通与固定电话同号功能。10月份,开通"家校亲情卡"业务,该业务集合电话卡、短信、互联网信息服务等多项业务功能,通过现代化的通信手段,实现家长和孩子之间的信息传递以及家长和学校间沟通。2005年底,我县"小灵通"用户突破1万户,固定电话突破5万户。2000年—2004年,县电信企业实施财务收支两条线管理,2005年始实施报账制,此后,县公司为非独立核算单位,财务核算由市公司统一核算。

2006年分公司荣获第九届(2003—2005年)省级文明单位荣誉称号。2月开通"114号码百事通"和"商务领航"业务,两种业务是在充分利用电信资源的基础上,挖掘和整合社会资源而发展的新兴业务,为用户提供"吃住行娱购游"的信息咨询服务。5月份,全省"小灵通"用户突破500万户,连城县突破1.5万户,"小灵通"业务实现全面发展。2006年9月20日,公司成功组建全市首个防灾抗灾信息专网,实现县、乡、村三级政府之间各种防汛抗灾信息的快速传递与信息共享,提高政府防灾抗灾指挥能力。2006年始,推进农村信息化建设,开展"村村通宽带""光进铜退""光进e家"网络建设,组建行政村党员远程教育网。至2007年底,全县主干电缆长度达403皮长公里,配线电缆长度达1743皮长公里,光缆到达全县大部分行政村,城区完成光纤物理网主干层和配线层建设,全县光缆总长度达701皮长公里。交换机总容量达8.4万门,接入网机房65个,"小灵通"基站320个,宽带端口容量达8500个,全县231个行政村完成"村村通宽带"建设。2008年1月,开通"中国电信互动电视业务"(简称ITV业务)。2009年1月,中国电信收购中国联通CDMA2000移动通信业务,获得移动经营牌照,公司正式开展经营移动通信3G业务,成为全业务经营的电信企业,同时开通小灵通携号转网业务。2010年,利用信息化手段为县卫生局组建乡镇卫生院、农村卫生所数字医疗网络,为县中小学校组建"平安校园"视频监控网络。

2011年8月,与政府签订"智慧连城"信息化战略合作协议,全面推进全县"智慧政务""智慧企业""智慧旅游""智慧社区""智慧农村""智慧生活"等信息化建设。全年完成固定资产投资1500万元,宽带网络基本覆盖全县各行政村,天翼信号覆盖全县大部分区域,城区主干层光缆已基本搭建,配线光缆覆盖50%区域,完成2300户宽带用户的光纤接入改造,网络能力进一步提升。同时,开展"小灵通"退网工作,拆除基站300多个。

2012年光端口能力达到23000个,城区光端口覆盖率达90%以上,光纤宽带用户达5924个。

2013年始,公司对传统交换机设备实施退网工作,至2015年5月使用22年的日本富士通F150程控交换机和模块局设备全部退网下电。2014年,开展宽带建设引入民资试点工作和4G网络建设,并开通4G业务。为实现资源整合,提高资源利用率,2014年7月,由电信、移动、联通三家运营商共同组建成立铁塔公司。

2015年7月22日,连城县遭遇百年不遇的特大洪水自然灾害,全县17个乡镇的通信均受到不同程度影响,其中姑田、曲溪、塘前、赖源、宣和、朋口等6个乡镇通信全阻,影响用户约3万户,128个天翼移动基站受到市电停电影响,39个基站因市电和光缆中断而阻断,15个机房进水,19台ONU设备、6台柴油发电机和12组蓄电池浸水,数百根电杆倒塌,数百皮长公里光电缆受损。灾后,公司投入700多万元进行通信设施恢复重建,并对传输网络进行健壮性优化。至2015年底,新建光端口1.7万个,端口到达4.7万个,光宽带能力覆盖全县大部分区域,城区、农村集镇所在地实现"全光"业务受理工作,城区光宽带用户占比达到97%,成为全市首个"全光"县城。

2016年新建4G站点100个,在网4G基站超过300个,4G网络信号实现全面深度覆盖。2017年公司以"3+2+1"为经营主线,做大"天翼、宽带、流量"三大市场为核心,收入市场份额、宽带市场份额、真4G用户占比、百兆宽带用户占比及天翼用户离网率等指标明显提升。

1999年4月,根据国务院批复的《中国电信重组方案》,移动通信分营工作启动。同年8月,中国移动连城分公司正式挂牌成立。2001年,移动分公司全面启动传输网建设,全面实施"移动梦网"计划,并开通1258移动秘籍,引入WLAN无线局域网技术。2002

年,建成城域网,基本实现传输电路自给自足。2005 年,推广集团专线、手机上网、爱贝通等业务,并实现传输线路与设备的 100% 自行调试和维护。2007 年 4 月,圆满完成移动电话"村村通"工程,实现全县行政村移动电话全覆盖。2009 年,全面开启第三代移动通信。2010 年,深度推进"无线城市"建设,提升政务、行业、民生等方面的信息化水平。2013 年,开启 4G 新时代。2014 年,实现 4G 在城区、重点乡镇覆盖。2015 年,4G 业务大发展,流量、信息化、宽带等重点项目深入推进。2016 年,落实实名制,开展防范打击通信信息诈骗工作。2017 年,移动通信设施建设不断完善,建成 GSM 站点 12 个,建成 LTB 五期和 TDDF 频段项目 4G 站点 274 个,连城行政村 4G 信号覆盖率由 2016 年 93.22% 提高至 98.31%,常住人口 50 人以上自然村覆盖率 86% 以上。同时完成 21 个 NB-IOT 基站开通及 69 个 2G 基站设备的替换。2017 年还新增小区 15 个,新建端口 5000 个,扩容 56 个小区,扩容端口 15872 个,使端口总数达 74450 个。

二、邮政事业展翅高飞

连城邮政努力践行"人民邮政为人民"的根本宗旨和"情系万家,信达天下"使命,认真履行国家普遍服务义务,不仅包括国际通行的普通函件等基本业务,还包括国家机要通信、党报党刊发行等诸多政策性业务。为了边远山村群众通邮,连城邮政投递网络设置了 53 条投递线路,邮路总长达 1093 公里,投递员人均服务 8600 多人,让县城及国道沿线的乡镇能及时看到当日的党报党刊。邮递员不辞辛劳,翻山越岭确保每年 2000 多封高考录取通知书及时送到莘莘学子手中。

城乡基本医疗保险是国家社会保障体系的重要组成部分,是政府的民生、民心工程。自 2009 年国务院决定开展新型农村社会养老保险试点工作以来,连城邮政于 2010 年 10 月承接了"新农保"的代发权。目前,服务人数已达 20 多万人,覆盖了全县所有乡镇及行政村。

连城邮政积极开办服务"三农"业务,建成服务"三农"网络平台。目前已有邮政农家店 11 家(经国家商务部和省经贸委验收),建成村级代办点 62 家,完成 26 家有规模的便民站、村邮站、农家店"三合一"的三农服务站,改造精品店 2 家;与北团、朋口等乡镇政府合作成立 35 家"三农"服务中心,充分发挥"三农"科技人才与邮政网络优势作用,整合资源,服务农村群众。邮政聘请百名农技员从事邮政服务"三农"活动,受到农民好评。邮政服务"三农"队伍不断壮大,服务路子不断拓宽,进一步促进了农村经济的发展,也提升了邮政服务的品牌。

邮政事业的发展还体现在"一体两翼"的跨越。一是做强"金融翼"。自 1987 年开展金融业务,成立邮政储蓄银行以来,落实党和国家的金融政策,大力拓宽市场,将征地拆迁、代发拓展、城乡保提升、邮享付、烟草代发、对账短信、手机银行、微信和支付宝绑定邮储卡等纳入重点项目,精心组织、积极开发,不少项目走在了全市前列,尤其是代发项目,已形成城乡保、社保、事业单位、政府机关、城市基金、烟草、财政补贴、教师绩效、中小企业、土地补偿等 10 大类、87 个单位的资金代发,每月上账金额超过 1600 万元,累计沉淀余额近 2 亿。储蓄余额目前已达 9.18 亿元,市场占有率为 15.81%,跻身本地各家金融机构前列。二是做大"寄递翼"。连城邮政的包裹快递业务紧紧围绕"调整收入结构,优化作业流程,稳步提升收入增长的同时确保收益最大化"的经营理念,重新调整客户结构,丰富客户群体,创新合作模式,成功发展新奇乐玩具店、交易城童鞋轻小件、航凯牧业宠品店等 21 家签约客户。同时还借力农村电商项目,大力开拓农村市场,成功开发宣和、朋口、新泉等乡镇百香果寄递,成功揽收朋口兰花、花土、姜糖以及四堡芙蓉李等农特产品的寄递。

2017 年以来,邮政公司积极开展"1155"工程建设,推动综合平台与金融、包裹快递、电商分销等业务的联动发展。一是充分调动电商、金融、支局所团队的力量,甄选考评吸收优质加盟商,公司已累计建设邮乐购平台优势,高度重视培训服务支撑工作,通过举办"我爱邮乐购"电商竞赛活动,大幅提升进货批发和代购业绩。三是积极做好本地名优特农副产品的招商入驻工作，目前已有10款产品成功招商入驻，并在全省范围内先行先试推进邮乐购平台的"掌柜贷"业务，扩大了邮政电商平台的影响力和品牌效应。四是筑巢引凤借力联动发展。公司积极与连城县同乡网络互助协会对接合作，利用农村支局闲置场所，在宣和乡成立百香果电商合作社。拓展了农村电商、储蓄存款、小额贷款、包裹寄递、农资配送等邮政业务，有效带动各专业联动发展。

连城邮政公司还积极推进传统邮政业务的转型发展。一是函件业务导入"互联网＋全媒体"模式，以及"新媒体（朋友圈广告）＋传统媒体（纸质）"综合服务解决方案，推动了大项目开发。二是报刊业务导入"抓联动＋一对一"模式，突出抓好活动带动和市场开发，校园报刊推进"一所一校"开发实现征订行业报刊发挥人脉优势，专人对接，确保大征订行业报刊做到了稳中有升。三是集邮业务导入"全渠道＋微营销"模式，利用金融渠道客户资源做好产品销售，通过线上＋线下预售模式，发挥微营销作用，更好地服务经济和社会发展。

第十四节　旅游事业蒸蒸日上

连城的旅游资源十分丰富。全县2596平方公里的面积，80％以上是山，而且多为丘陵和中低山。中东部为玳瑁山与梅花山主脉，地势较高，山泉辐向四周，形成县内主要河流的共同源点。在河流沿岸，有峡谷相涧的串珠状河谷盆地。四周峰峦叠嶂、岫壑连绵、气候温和、雨量充沛、林木茂密、花香四溢。大自然的钟灵毓秀和鬼斧神工造就了许多奇特的自然景观；连城人素来崇文尚武，人才辈出，人文底蕴丰厚，历代不少文人志士在此留下墨宝，不少古诗坊、书院、寺庙、庵堂和古村落建筑为中外游客所倾倒。连城是第二次国内革命战争时期中央苏区的核心县份之一，毛泽东、朱德、彭德怀、刘伯承、陈毅、罗荣桓、聂荣臻、叶剑英、刘伯坚、邓子恢、张鼎丞、谭震林、粟裕、罗瑞卿、杨成武等开国元勋在此进行伟大革命斗争实践,留下了光辉的足迹,遍布全县城乡的100多处革命遗址、革命纪念物是红色旅游、进行革命传统教育的好去处。

然而,改革开放前,人民连正常的温饱问题尚未解决,哪里还谈得上旅游?那时人民发展旅游事业的意识淡薄,旅游资源受到严重破坏。特别是在1958年"大跃进"时期和"文化大革命"时期对旅游资源的破坏尤为严重。1958年,为"大炼钢铁",全县几乎所有的风景林都遭严重砍伐,木材被用于烧炭炼铁;"文化大革命"中"破四旧",全县绝大多数风景名胜都惨遭破坏,寺庙佛像被砸,僧尼被赶,场所被拆或被占作他用,许多珍贵的古牌匾、古印刷雕版被当柴火烧,文庙、书院、祖祠等古建筑被破坏。

党的十一届三中全会后,通过拨乱反正、改革开放,随着国民经济的逐步发展,人们生活水平的不断提高,各级党政和人民群众保护文物、保护风景名胜的意识逐步加强,发展旅游事业被摆上了各级党政的议事日程。县委县政府做出一系列保护风景名胜区、保护古建筑的规定,划定各风景区的界限,严格禁止在景区伐木采石等。同时,县财政拨出专款,发动社会各界踊跃捐资修缮或重建古书院、古庙宇、祖祠,修整完善风景区的道路桥梁、停车场、公厕、旅游休闲场所,发展旅游饭店,购置旅游车船等旅游设施。同时,县成立旅游局、旅游公司、旅行社,建立培训导游队伍,进行风景区的环境整治等。1986年,经《福建日报》在全省投票及专家评审,连城冠豸山被评为福建十佳风景名胜区。不久,该风景区又被列为国家级风景名胜区,这就极大地鼓舞和调动了全县上下办旅游兴旅游的积极性。20世纪90年代中期,连城县委县政府决定把旅游业作为今后发展的支柱产业之一,提出了"旅游兴县"的战略口号,采取了一系列行之有效的措施,在"吃、住、行、游、购、娱"等要素上下功夫,促进旅游事业发展。

党的十八大以来,在习近平新时代中国特色社会主义指引下,连城县的旅游事业进入了发展的快车道。

一、发展速度持续加快

2012年,全县共接待游客301万人次,同比增长35%,实现旅游总收入14.5亿元,同比增长52.1%。2013年,全县接待游客398万人次,同比增长31.6%,实现旅游总收入19.18亿元,同比增长35.5%。2014年,全县接待游客499.5万人次,同比增长25.5%,旅游收入24.3亿元,同比增长26.7%。2015年,全县接待游客571.9万人次,旅游收入27.1亿元,分别增长14.5%和15.6%。2016年,全县全年累计接待游客743.5万人次,实现旅游收入35.5亿元,同比分别增长22.6%和23.8%。2017年,全县全年累计接待游客966.5万人次,实现旅游收入46.5亿元,同比分别增长30%和31%。

二、品牌创建卓有成效

连城县被国土资源部命名为"中国温泉之城",并被评为全省首个"中国客家民俗文化之乡",成功入选全国休闲农业与乡村旅游示范县,首批国家全域旅游示范区创建单位。冠豸山荣膺全国首届"中国最美地质公园"称号,成功创建国家级生态旅游示范区和国家水利风景区,创国家5A级景区工作有序推进,入选中国政府第十批(2020年)世界地质公园推荐名录。培田古村落成功创建国家4A级旅游景区,入选"中国十大最美村镇""中国十大休闲乡村"。天一温泉度假村成功创建国家4A级旅游景区和全市首家五星级旅游饭店。星光生态旅游度假区、芼下莲乡度假区、连城兰花博览园及松毛岭战地遗址景区被评为国家3A级旅游景区。

三、"旅游+"融合发展

大力发展"旅游+产业",延伸拓展旅游产业链条,有力地推进了产业耦合发展、转型升级。

融合发展"旅游+文化",充分发挥连城县文化底蕴丰厚、民俗文化活动异彩纷呈的优势,建成客家民俗馆、明清牌匾馆等,集中展示雕版制作、宣纸制作、走古事、游大龙、犁春牛、游大粽等系列体验产品,策划包装出培田春耕节、罗胜酿酒文化节、塘前荷花文化节、璧洲南宋灯笼文化节等节庆活动。

融合发展"旅游+休闲农业",依托红心地瓜、连城白鸭、兰花、竹木、铁皮石斛等富硒农副产品,策划开发出挖地瓜,烤红薯,赏品兰花宴,手工制作竹工艺品,赏尝铁皮石斛,桃、李、梅、莓、葡萄等水果系列采摘,割鹿茸,喂养梅花鹿,户外垂钓等休闲娱乐项目。

融合发展"旅游+体育",坚持每年举办环冠豸山自行车赛,顺利举办"连城诀"环球功夫方程式暨格斗女神大赛、冠豸山村跑、冠豸山全国垂钓大奖赛、冠豸山国际马拉松比赛。

融合发展"旅游+美食",支持美食协会发展美食分会及技能培训,开发56种连城客家风味美食,其中中国名菜13种,举办海峡客家烹饪大赛暨美食小吃节等活动;连城白鸭入选在古田召开的全军思想政治会议和厦门金砖会晤美食食谱,并被习近平总书记称赞。

四、要素配套更趋完善

2015年以来,新建或改建旅游公厕54座。县旅游集散服务中心投入试运营,有效解决了旅游"最后一公里"问题。客家文化公园、培田游客服务中心建成并投入使用,观景路一期、石景路、石门湖路、培田旅游专线公路全线通车,开通城区至机场、动车站、培田、赖源等旅游公交线路。赖源溶洞、九龙湖水上垂钓基地、水上乐园、水上高尔夫等业态项目开园营业。建成冠豸山、培田古村落等主景区(点)语音导览系统。按照五星级标准打造的百翔秘谷酒店投入运营,万星旅游文化综合体建成投入使用,冠豸山文化旅游综合体一期基本建成,业态招商加快进行中。城区美食购物步行街、根雕一条街、古玩奇石牌匾展销城、美食城、微食汇美食城及富硒特色产品展销商铺日渐增多。

五、宣传营销有力有效

组建县旅游市场营销中心,成立冠豸山景区厦门办事处,全力拓展旅游客源市场。连城冠豸山号冠名赣瑞龙动车组,在闽粤赣等7省高速公路服务区开展连城旅游形象广告。持续举办客家元宵狂欢节、培田春耕节、环冠豸山自行车赛、海峡客家烹饪大赛、温泉旅游节、福建罗胜十三家酿酒旅游文化节、荷花节、南宋灯笼文化节、雕版文化节等。通过参加各类旅博会、旅交会,全面推介连城旅游资源。开通东莞、深圳、惠州、潮州、汕头、揭阳每周一班至冠豸山的旅游专线班车,开通厦门、福州至连城每日一班直通车,填补连城县无旅游直通车的空白。完成连城旅游官方网站的改版,开通"游连城"官方微博、微信。加强与携程网、同程网、驴妈妈网、美团网等国内知名电子商务网站合作,代理销售门票。邀请国内顶级的旅游杂志、旅游摄影杂志、旅游网站的主编、知名旅游网络达人、旅游网络拍客到连城全方面体验连城旅游产品,为连城刊发旅游网络图文力作。加入福建品牌景区营销联盟,在央视一套、四套、十套、新闻频道等频道,100.7福建交通广播,福州及厦门地铁站播出冠豸山、培田古村落形象广告。在福州、厦门、泉州及广东、江西进入龙岩市境内等高速路段树立冠豸山、培田古村落形象广告等。制作精美《美丽连城》三维动画片、《四季连城》系列宣传折页。连城旅游的知名度不断提高。

六、乡村旅游蓬勃发展

落实国家乡村振兴战略,大力发展休闲农业和乡村旅游,推动乡村繁荣、农民增收致富,2017年全县累计接待乡村旅游客422.6万人次,实现旅游收入19.5亿元,同比分别增长37.5%和38.7%。一是坚持规划引领。邀请台湾专家为培田规划编制《闽台乡村旅游试验基地培田古村落提升规划》,聘请福建农林大学旅游系规划编制《连城县乡村旅游规划》;完成《环梅花山乡村旅游发展规划》编制,并按"一村一品"原则,对梅花山腹地的太平寮、冯地、罗胜等13个村的乡村旅游进行指导。二是深化品牌创建。落实乡村旅游"百镇千村"行动计划,邀请台湾和省、市专家,举办乡村"农家乐"业主培训班。指导星光果场成功创建省级三星级乡村旅游经营单位和国家 3A 级旅游景区。指导连城兰博园、松毛岭战地遗址和塘前芷下莲乡度假区成功创建国家 3A 级旅游景区,莒溪太平寮、文亨逢源温泉创省三星级乡村旅游经营单位,指导培田古村落创省四星级乡村旅游经营单位。三是完善基础设施。曲溪、莒溪、赖源、塘前等乡村生态旅游逐渐升温,塘前、冯地游客中心、塘前荷花庄园及漂流、游步道、农民公园等不断完善,培田古村落、姑田东华村、北团石丰村等旅游乡村民宿、农家乐如雨后春笋不断增多,2017 年以来全县累计新增农家乐、家庭农场及美食街区 309 家,旅游床位 920 个;新增旅游特色商品购物店 300 余家。四是实施富民工程。赖源乡上村村、塘前乡上琴村等 8 个村被评为省级旅游扶贫试点村,成功申报实际旅游扶贫合作社 6 家、旅游扶贫示范户 52 户。

七、红色旅游方兴未艾

成立县红色资源保护开发工作协调小组,持续加大对松毛岭保卫中央苏区战地遗址、红四军"新泉整训"旧址群等红色遗址的保护开发力度,大力发展研学旅游,并取得较好成效,2017 年全县红色旅游累计接待游客 54.6 万人次,带动旅游收入 2.68 亿元,同比分别增长 36.2% 和 38.5%;2018 年 1—5 月红色旅游接待游客 25.9 万人次,实现旅游收入 1.2 亿元,同比增长 36.6% 和 34.5%。县人民政府下发加强松毛岭战地遗址保护开发实施意见,成立松毛岭战地遗址保护开发服务中心,投入 2000 多万元,完成景区道路"白改黑"工程,红军无名烈士墓、红军纪念碑、纪念广场、部分红军战壕、小道修复及红军指挥部修复等工程,游客服务中心加快规划建设中。松毛岭战地遗址被列入全国红色旅游景点景区和国家 3A 级旅游区,成功争取上级扶持资金 1600 多万元。举办毛泽东与新泉整训理论研讨会。新泉古镇入选全国红色旅游景点景区及全省首批标志性旅游产品。目前投资 2 亿元的红军公路建成投入使用,游客服务中心、万人台广场整治、新泉整训纪念馆改扩建等项目加快建设。

八、工作机制不断创新

按照上级要求，依法依规收回冠豸山经营权，进一步理顺景区经营管理机制。与福建华闽集团签订旅游合作协议，投资建设冠豸山客运索道；与龙岩市文旅集团签订松毛岭战地遗址保护利用战略协议，投资建设游客服务中心等基础及配套设施，引进社会资本运营县旅游集散服务中心景区客运交通车及全县景区充电桩建设项目，破解旅游资金投入瓶颈。引进"第三方"团队按照5A级旅游景区标准，监督做好景区旅游服务质量提升工作。成立全市首家景区公安派出所，景区治安秩序、交通秩序等得到有效改善。引导培田村民自发成立培田古村落保护与开发理事会，与旅游部门签订保护与开发协议，理顺旅游管理部门与村民之间"责权利"关系，有效调动了村民参与古村落保护开发的积极性和主动性。

第十五节　环保事业取得突破性进展

20世纪80年代连城环境质量较好，90年代环境污染日渐严重。2000年以来，随着产业结构调整，特别是近年来环保工作力度加大，环境质量下降趋势得到遏制。从监测情况看，2017年底，除文川河水质超标外，其他流域各项指标均符合地表水环境功能区划要求，县城大气、噪声等主要环境质量指数均在国家规定标准以内。

一、人员机构

连城县环境保护局成立于1990年4月，属正科级行政机关单位。目前，有内设机构4个，分别为综合股、行政审批股、自然生态保护与规划股、污染防治与污染物排放总量控制股。核定机关行政编制5名，领导职数4名（局长1名、副局长3名），正股级职数4名；现有行政人员4人，其中局长1人、副局长3人。局下属事业单位3个，分别是县环境监察大队、县环境监测站和县环境应急中心。

县环境监测站成立于1992年5月,核定事业编制20名,现实有人员14人。

县环境监察大队成立于2004年,后将连城县环境监理所并入,核定事业编制20名(其中参公8人),现实有14人(其中参公7人)。

县环境应急中心核定事业编制2名,现实有1人。

目前,下属3个事业单位共有专业技术人员17人(其中高级职称2人、中级职称9人、初级职称6人),技术工5人。

二、环境质量

(一)水环境质量

1.地表河流水质

连城境内主要溪流有文川、北团、朋口—新泉、莒溪、庙前、姑田、蒲竹、赖源等8条。其中属闽江水系的有文川溪、北团溪、姑田溪和赖源溪,属汀江水系的有朋口—新泉溪、莒溪溪、庙前溪,属九龙江水系的有蒲竹溪。

2001—2015年,连城县环境监测站河流断面监测按照省、市环境监测站的部署,境内所属闽江水系的北团溪、文川溪、姑田溪分别在罗王桥、揭乐黄坊桥和姑田山峰电站设置监测断面,汀江水系的庙前溪在庙前的清凌塔桥设置监测断面。除黄坊断面氨氮、总磷、高锰酸盐指数偶有超标外,各溪流按照水域功能区划要求,均达到《地表水环境质量标准》(GB3838-2002)中Ⅲ类水质标准。

从2016年至今,省、市环境监测站对连城北团罗王断面、姑田山峰电站的水质类别重新规划水域功能区划,从《地表水环境质量标准》(GB3838-2002)中Ⅲ类水质标准提升至标准中Ⅱ类水质。从原来每两月监测一次改成每月监测一次。

2015年,罗王断面、黄坊断面水质和山峰断面Ⅲ类水质平均达标率为100%。2016年,罗王断面水质和山峰断面Ⅱ类水质达标率92%,1月为Ⅲ类水质;黄坊断面水质Ⅲ类水质达标率92%,平均达标率为92%。2017年,罗王断面水质山峰断面Ⅱ类水质达标率

100%，山峰断面Ⅱ类水质达标率83%，黄坊断面水质Ⅲ类水质达标率25%。

2016年9月，省定小流域断面分别是埠头（罗口溪交1）、清凌塔桥（庙前河交1）、上甘店中桥（莒溪河口）；除上甘店中桥每单月监测一次外，其他断面均在5月、11月监测；2016年上甘店中桥（莒溪河口）断面水质情况较差，出现2期劣Ⅴ类水质。

2017年，我县黄坊断面阶段综合水质为Ⅳ类；罗王、山峰电站断面阶段综合水质均为Ⅱ类。全县省定小流域考核断面有6个，户口溪、旧县河（陈坑）、庙前河、赤竹溪水质为Ⅱ类，万安溪水质为Ⅲ类，莒溪在11月、12月水质达到Ⅲ类。

2018年，我县黄坊断面综合水质为Ⅲ类；罗王、山峰电站2个考核断面综合水质均为Ⅱ类。全县列入省定小流域水质考核任务的断面有6个，为闽江流域湖口溪（赖源郑地溪下游），汀江流域莒溪河、庙前河、旧县河（陈坑）、赤竹溪，九龙江流域万安溪（蒲竹溪下游），综合水质都达到Ⅲ类或以上。

2. 县城饮用水源水质

城区集中供水水源以地下水为主，县城地面水厂1994年建成投产，居民城区饮用水源有西门水站（2001年至2015年8月）、竹光水站、松洋水站、鲜水塘水厂（2015年2月至今），年供水能力15万吨。县环境监测站每月对县自来水公司竹光、波洋、鲜水塘水厂等饮用水监测点位开展水质监测，2001—2018年数据显示，城区饮用水各项指标均符合《地下水质量标准》（GB/T 14848-1993）中的Ⅲ类水质标准和《饮用水质量标准》，水质状况良好。

（二）大气环境质量

自2001年对县城大气环境质量进行监测以来，二氧化硫、二氧化氮、总悬浮颗粒物3项指标均符合《空气环境质量标准》（GB3095-1996）中二级标准。自2016年1月以来，连城县环境空气质量自动监测点位由原县环保局变更到连城县职中中专学校，2016年12月验收通过，2017年空气中二氧化硫、二氧化氮、可吸入颗粒物、细微颗粒物、一氧化碳、臭氧6项指标年均浓度值分别为8微克/立方米、8微克/立方米、44微克/立方米,26微克/立方米,0.6毫克/立方米、67微克/立方米。

2017年12月,建设第二座环境空气质量自动监测点,即实验小学西城校区点,2018年3月通过验收,同年5月1日开始参与评价。

(三)声环境质量

县环境监测站采用网格布点方法,在城区按250×250m网格布设101个点位。自监测以来,连城县城区区域环境噪声等效声级各点噪声均值均达到国家一类区。

机动车是道路交通的噪声源。交通环境噪声监测则在噪声达标区内环城路、主干道、次干道共布设3个点位。自2002年开始,对县城交通噪声进行监测以来,对照国家《城市区域环境噪声标准GB3096-93》,历年交通噪声平均等效声级均未超出标准。

(四)环境监测

连城县环境监测站成立于1992年,主要对全县污染源进行监督性监测。2000年,首次通过福建省质量技术监督局计量认证。2001年以来,对县城环境空气中总悬浮颗粒物、县城环境噪声、地下水和地表水环境质量进行例行监测。此后监测内容不断增加,包括重点污染源监测,污染事故调查监测,"三同时"(污染治理配套工程与主体工程同时设计、同时施工、同时投产)验收监测,环评现状调查监测,项目环保竣工验收等。经过十多年的发展,至2017年底,监测站有监测用房400多平方米,专用监测车2辆,原子吸收分光光度计、原子荧光分光光度计,离子色谱仪等各类监测仪器设备70多台(套)。

三、科学规划

党的十八大以来,为加快推进生态文明和环境保护工作,连城县认真制定和出台各项规划和政策。先后编制了《关于加快推进生态县建设的实施意见》《连城县"十二五"环境保护与生态建设专项规划》《连城县"十三五"生态建设发展规划》《连城生态县建设规划》

《连城县关于进一步加强环境保护工作的若干意见》等规划文件,提出生态文明建设目标,指导深入实施创建国家级生态县战略,加快建设生态文明先行示范区。2016年以来,按照市委、市政府的决策部署,组织实施连城县生态环保攻坚战役,提升环境质量,加快推进美丽连城建设。

四、环境治理

(一)污染物减排工作

"十一五"以来,重点抓好结构减排、工程减排、管理减排工作,全面完成污染物减排工作任务。2007年,全县二氧化硫排放总量为1294.36吨、化学需氧量排放总量为3297.35吨,在市政府下达的"十一五"总量控制目标内。2008年,全县二氧化硫排放总量为1450吨、化学需氧量排放总量为3442.55吨,在市政府下达的连城县"十一五"总量控制目标内。2009年,全县二氧化硫排放总量为1450吨、化学需氧量排放总量为3223吨,完成减排任务,化学需氧量比2008年下降6.36%,削减率为全市第一。

2010至2015年减排目标比例为:化学需氧量减排10.2%,氨氮减排12.8%、二氧化硫减排6%、氮氧化物减排4%。根据省、市核定数据,连城县全面完成"十二五"四项主要污染物减排任务。2015年与2010年相比,四项主要污染物净削减量分别为:化学需氧量986.252吨、氨氮166.222吨、二氧化硫124.35吨、氮氧化物79.7吨,分别比2010年减少17.8%、22.1%、7.2%、25.8%。

2016年,连城大气主要污染物减排任务为二氧化硫、氮氧化物排放总量均与2015年持平。根据核算,2016年全县二氧化硫、氮氧化物排放总量分别比2015年削减了76.65吨、11.2吨,即分别削减了4.43%、4.4%,完成了减排任务。2016年水主要污染物减排任务为COD、氨氮排放总量分别比2015年削减0.92%、0.8%,即分别削减41.94吨、4.69吨。根据核算,2016年全县COD、氨氮排放总量分别比2015年削减了42.02吨、12.08吨,即分别削减了0.922%、2.06%,完成了减排任务。2017年,县四项主要污染物排放总量与2016年相比分别削减：化学需氧量110.2吨、氨氮5.9吨、二氧化硫39.65吨、氮氧化物6.69吨，分别比2016年削减2.44％、1.03％、2.4％、2.74％。对比2017年的减排目标任务："化学需氧量比上年减排0.92％、氨氮比上年减排0.8％、二氧化硫和氮氧化物与上年持平"，2017年县减排指标全部完成。

（二）水环境综合治理工作

1.养殖业综合整治工作

2000年以来，全县逐步开展养殖业污染治理工作，严格执行畜禽养殖业禁养区要求，全面整治规模化养殖场。特别是2015年以来，先后出台《连城县人民政府关于贯彻落实生猪面源污染防治工作六条措施的实施意见》《连城县人民政府关于深入推进生猪养殖污染整治工作的通知》《连城县2017年生猪养殖污染防治工作实施方案》等文件，全面完成可养区内存栏250头以下不改造或改造后仍不能实现达标排放或零排放生猪养殖场关闭拆除工作。2016年以来，全县共关闭拆除猪场1808家，关闭拆除面积40.37万平方米。全县拟保留猪场276家，已全面完成标准化改造任务。其中以关拆代改21家，标准化改造255家。

2.抓好地瓜干行业污染整治

为解决地瓜干加工企业污染突出问题，2015年以来，制定出台《连城县地瓜干生产加工企业污染整治工作实施方案》，明确地瓜干生产加工企业环境污染整治的总体目标，全面开展污染治理。通过多年来的整治，全县地瓜干生产加工企业共28家，污水处理设施均已建设完成并投入运行。全县78家地瓜干生产加工小作坊，已关闭拆除69家，改造提升9家。全县33家地瓜干加工生产企业安装在线监测及监控设备并投入运行。

3.加强饮用水源地保护

开展饮用水源保护区的划定工作。在2006年10月编制完成了《连城县建制镇集中式生活饮用水地表水源保护区划定方案》，经省政府（闽政文[2007]342号）批复。在2007年10月编制完成了《连城县建制乡集中式生活饮用水地表水源保护区划定方案》，并经省政府(闽政文[2007]443号)批复。同时,开展城郊盆地集中式生活饮用水地下水厂水源地保护区的划定工作。全县划定了集中式饮用水源保护区20个,面积73503亩。每年完成我县城区3个集中式水源地和乡(镇)16个集中式水源地环境状况技术评估。制定《连城县饮用水水源环境污染事件应急预案》,规范和强化我县相关部门应对水源污染事故应急处置工作,建立和完善全县水源污染事故应急处置体系。开展全县生活饮用水环境安全检查,确保饮用水源保护区域没有排污口,保证饮用水源安全。目前,全县集中式饮用水源地水质达标率为100%。

4.环境基础设施建设

生活污水处理体系持续完善。城区污水处理厂处理工艺采用具有脱氮除磷功能的改良型卡鲁塞尔氧化沟好氧处理工艺,主要处理县城区的生活污水。污水处理设计规模为近期1万吨/天,远期2万吨/天。一期工程建设一组处理能力10000m³/日处理设施,工程于2009年2月开工,2009年11月正式通水试运行并完成中控系统安装,2010年3月完成在线监控系统安装并与省、市联网。2013年,一期工程建设二组扩建也投入使用,使污水处理能力提高到2万吨/天,现实际处理能力为1.5万吨/天,项目通过环保验收。城区污水配套管网由政府投资建设,已建城区污水配套管网51.3公里,实现林坊镇、隔川乡污水管网与城区污水管网完成对接,加快城区与文亨镇污水管的连接管建设。2012年以来,加快推进县第二污水处理厂建设,现一期一组主体工程完成建设,处理能力为4000吨/天,并投入运行。2015年以来,启动朋口镇、庙前镇、曲溪乡等8个乡镇污水处理厂建设。至2018年6月,朋口镇、庙前镇、曲溪乡污水处理厂基本完成设备安装。宣和、姑田、莒溪基本完成主体建设。文亨镇基本完成管网铺设,接入城区污水处理厂处理。新泉镇正在进行厂区三通一平和管网铺设,预计12月完成主体工程。其余闽江流域8个乡镇污水处理PPP项目正在组织挂网招标。在四堡、林坊、隔川、北团、罗坊5个乡(镇)的35个行政村开展农村环境连片整治项目,对生活污水采取厌氧水解池+人工湿地、地埋式污水处理设备、氧化塘、微动力污水处理站等方式进行处理。同时,对其他乡(镇)的行政村也因地制宜采取人工湿地、沼气池、氧化沟、氧化塘等方式进行处理。

城乡垃圾收集处理设施不断完善。城区垃圾处理厂项目占地面积249亩,垃圾处理采用卫生填埋工艺,设计库容110万立方米,规模为150吨/日,设计使用年限21年,总投资4716万元。垃圾处理场一期于2009年12月通过相关部门验收合格,并投入使用。目前垃圾处理场日处理生活垃圾约80吨,渗滤液日处理约40吨,垃圾场每日采用石灰、农药进行消毒,并回填土碾压,渗滤液进水水质COD为2600毫克/升,经处理后,出水水质COD在60~70毫克/升,达到国家排放标准。

(三) 大气污染防治

制定《连城县大气污染防治行动计划实施细则》,加强城区空气环境质量监测能力。新建西城文教片区实验小学空气质量自动监测站,已建设完成并联网运行。抓好黄标车淘汰。2016年以来,环保局牵头制定黄标车淘汰工作方案,分解下达各乡镇淘汰任务,全县共淘汰黄标车1254辆。稳步推进重点行业挥发性有机物(VOCs)专项整治。21家加油站均有安装油气回收治理设施并正常运行,其余6家涉VOCs企业均有安装使用VOCs收集治理设施。

五、环境管理

1.建设项目环保监督管理

近年来,连城县倡导"绿色、循环、低碳"发展,多措并举,推进生态工业发展。严格执行《环境影响评价法》《建设项目环境保护管理条例》和国家产业政策,加强源头控制。严格执行污染物总量控制制度,控制新建项目的排污总量和浓度。严格执行排污许可制度,明确有关企业污染物排放总量和浓度,及时掌握工业企业的污染物排放动态情况。积极引导新建项目向工业园区或工业集中区集中,实现污染集中控制。加强对新建项目环保"三同时"检查和竣工验收工作,确保新建项目在正式投入生产时,环保设施能同时投入使用。2001年以来,全县通过环评审批的企业共1455家。

2.环境执法工作

新世纪以来,加强对新建项目环保"三同时"检查和竣工验收工作;坚决取缔"十五小"企业。在2000年至2010年,每年通过开展整治违法排污企业、保障群众健康环保专项行动,严厉查处偷排、漏排污染物和保障环保设施不正常运行等现象。2011年以来,通过开展重点行业环保大检查行动、环境安全隐患排查和大检查活动、"清水蓝天"环保专项行动等专项行动,开展对环保问题突出企业进行挂牌督办,全面实行环境监管"网格化"管理等一系列措施,严格执行环保相关法律,加大对环境违法行为的打击力度,发现一起,查处一起,有效震慑环境违法行为。2013年以来,共出动执法人员1467人次,立案查处环境违法案95件,其中15人移送公安机关处理,罚款金额为295.7万元。

六、生态创建

从2011年开始,连城县启动国家级生态县的创建,成立生态县创建工作领导小组,制定出台《关于加快推进生态县建设的实施意见》《连城生态县建设规划》,2015年获得省级生态县命名。在生态乡(镇)、村创建工作中,全县16个乡(镇)获得省级生态乡镇命名,3个乡(镇)获得国家级生态乡镇命名;全县212个村获得市级以上生态村命名,其中54个村获得省级生态村命名。

第十六节　城乡建设城镇化率稳步推进

连城县自1133年建县以来,已有880多年的历史。解放前,由于受长期战乱和天灾人祸的摧残,城乡破败不堪。解放以后至改革开放初,城乡虽然进行了一些改造建设,城乡面貌有所变化,但仍然处于落后状态。就县城来说,城区范围仍很小,街道狭窄、房屋破烂、住宅拥挤、人畜混居,基础设施落后,排污、排水设施差,街巷路面坑洼,垃圾往河沟倾倒,加上 10 天有 3 天圩期(逢二、五、八),又没有一个像样的市场,以街代市,乱摆摊设点,交通阻塞,公厕等公共设施少,人畜粪便直排沟渠,经常是晴天臭气熏天,雨天污水横流,严重影响了居民的生活、生产和经营活动。

随着改革开放的深入、经济的逐步发展和人民生活水平的提高,1992 年县委县府把旧城改造提上了议事日程。一方面组织有关部门制订拆迁补偿方案,研究制订街道、街景、建筑物规划;另一方面着手筹措资金,主要是对外招商、引进外资。经过一年多的前期准备工作,1993 年 7 月 1 日,县政府发文成立了连城县北大街旧城改造指挥部,从此开始了城区的旧城改造工作。

20 多年来,连城县坚持以打造海峡西岸具有客家文化特色的风景旅游城市为目标,把城乡建设作为发展的重要载体,深入开展城乡宜居环境建设,切实发挥项目带动、投资拉动在新型城镇化建设进程中的重要作用,全面推进城乡重点项目建设,城乡面貌发生了巨大变化。

至 2017 年,县城建成区范围及人口分别增加至 8.1 平方公里和 6.21 万人,城镇化率达 42.6%。城区道路长度增加至 70.42 公里,城区路网密度达 8.7 公里/平方公里;建成区园林绿地面积增加至 295 万平方米,建成区绿地率达 36.42%,建成区公园面积增加至 99.7 万平方米,人均公园绿地面积增至 14.97 平方米;城区供水综合生产能力达 4.0 万立方米/日,建成区供水管道建成长度 66 公里,居民用水普及率达 99.55%;建成区排水管道建成长度 95.2 公里,排水管道密度达 11.75 公里/平方公里,污水处理率达 89.05%;先后建成南门小区、西台小区、中山小区、商贸小区、冠华小区、冠锦小区、商品交易城、汇豪名城、阳光新都、紫金佳苑、滨江御景等一批房地产项目。姑田等 3 个镇入选全国重点镇,培田草药小镇列入福建省首批特色小镇创建名单,朋口、新泉列为市级新型城镇化建设重点镇,林坊、四堡完成撤乡设镇。

一、城乡规划体系趋于完善

(一)城市规划编制

1984年,连城县编制连城县城总体规划。1996年,进行县城总体规划调整。调整后的规划于1998年得到省人民政府批准。县城规划区范围:东至冠豸山国家重点风景名胜区界线,南至江林公路,西至半路亭—张坑,北至揭屋坑—姚坪。规划区总面积17平方公里(不含城市规划建设所需用地,如自来水水源用地),规划区现状人口约4.56万人,城区4.1万人,远期规划人口10万多人。

2009年,连城县以打造海西生态旅游城市为目标,坚持以人为本、可持续发展、适度超前、突出整体、全面协调、城乡统筹、因地制宜、彰显特色的原则,对县总体规划进行了调整。调整后规划期限至2030年。此次规划确定规划范围分为三个层次:一是县域规划区,将连城县行政区范围总面积2579.03平方公里,作为城镇规划体系规划的范围;二是城市规划区范围包括莲峰镇、文亨镇、揭乐乡、隔川乡、林坊乡5个乡镇行政辖区及国家"4A"级风景名胜区核心景区范围,面积共约460平方公里;三是中心城区建设用地范围东起观景路,西至204省道,南至江林大道,北至连文路,建设用地约19平方公里。规划区现在户籍人口约33.31万、常住人口为24.86万,近期人口(2015年)35万,远期人口(2030年)39万。于2012年由龙岩市人民政府批准实施。

(二)控制性详细规划及专项规划

《连城县北部新城控制性详细规划》,规划总用地面积为10.2平方公里,于2013年由连城县人民政府批准实施。

《连城县城景观风貌专项规划》,于2015年由连城县人民政府批准实施。

《连城县西城新区控制性详细规划》,规划总用地面积为4.8平方公里,已完成专家评审,设计单位正在完善修改中。

《莲冠工业园区控制性详细规划》,规划面积2.06平方公里,于

2003年由连城县人民政府批复。《连城工业园区第二期控制性详细规划》，规划总用地面积为2.9239平方公里，于2012年由连城县人民政府批准实施。

《连城县中心城区控制性详细规划》，规划用地面积7.15平方公里，于2002年由连城县人民政府批复实施。后又委托福建省城乡规划设计院进行《连城县中心城区控制性详细规划修编》，规划用地面积为7.0平方公里，现已完成初审稿评审。

《冠豸山旅游经济开发区——旅游度假区控制性详细规划》，规划用地面积2.97平方公里，于1998年由连城县人民政府评审通过实施。连城县政府于2010年又对《冠豸山旅游经济开发区——旅游度假区控制性详细规划》进行调整。目前由于经济发展需求已委托福建省唯冠设计院对《冠豸山旅游经济开发区——旅游度假区控制性详细规划》进行修编，规划用地面积为2.97平方公里，已完成专家论证及交流稿。

《连城县火车站广场周边控制性详细规划》，总用地面积为2.59平方公里，委托浙江大学城乡规划设计院进行控规编制。

《水南街、吴家巷历史文化街区保护性规划》，委托雅克规划设计有限公司进行保护性规划编制。

《连城县充电桩公共设施专项规划》《连城县绿地系统专项规划》《连城县给水专项规划》《连城县消防专项规划》《连城县通信设施专项规划》《连城县电力设施专项规划》《连城县环卫专项规划》等一批专项规划已完成。

(三) 乡村规划编制

目前连城县共有7个乡10个镇，除莲峰镇辖属中心城区规划范围以外，其余7个乡9个镇均已完成总规编制工作。其中朋口镇、新泉镇在总规基础上完成了控制性详细规划编制，并通过了县政府审核。同时，完成朋口镇、新泉镇市级新型城镇化重点镇提升规划及控制性详细规划编制，完成培田特色小镇规划初稿。

村建规划方面，坚持"一村一品、一村一规划"原则，明确村庄建设定位，着力打造特色鲜明、亮点纷呈的美丽乡村，自连城县2014

年全面启动新一轮的美丽乡村建设以来,共有 74 个省级"千村整治、百村示范"整治村,基本完成村庄规划。

连城县目前共有 16 个市级(含市级)以上传统村落,分别是宣和乡培田村、庙前镇芷溪村、四堡乡雾阁村、莒溪镇壁洲村、四堡乡中南村、新泉镇新泉村、姑田镇中堡村、四堡乡四桥村、莒溪镇太坪寮村、隔川乡隔田村、朋口镇文坊村、四堡乡田茶村、罗坊乡下罗村、庙前镇丰图村、塘前乡塘前村、塘前乡迪坑村。其中培田村、芷溪村、雾阁村、壁洲村、中南村等 14 个村为国家级传统村落。16 个传统村落均完成村庄规划编制工作。

二、城市建设

(一)城市路网建设

近年来连城大力推进城市路网建设,目前城市道路形成了"一环一横一纵"的网状道路结构。其中,"一环"由环城西路、江林路、环城东路构成,"一横"为北大路—北大西路,"一纵"为莲中路。目前建成莲北大道、江林大道(林坊段),完成西城文教片区宁中路、梅花山路、宁南路建设,基本完成西环路改扩建,全力推进北部新城路网工程,完成文亨高速出口至江坊红绿灯、莲中路、北大街中路及北大东路等路面"白改黑"工程。至 2017 年,城区道路长度增加至 70.42 公里(含街坊路及住宅小区道路),面积 94.81 万平方米,城区路网密度达 8.7 公里/平方公里,人行道面积为 17.58 万平方米,安装路灯的道路长 59.30 公里,道路照明灯盏数 4493 盏。

1. 莲北大道为连城县中心城区交通主干道,项目南起北大路,北至省道 204 线(火车站站前广场),全长 4.2 公里,按城市Ⅱ级主干道标准建设,设计双向 8 车道,车速为 40km/h,道路环城西路以西道路断面 66 米,环城西路以东道路断面 40 米,项目总投资约 3.77 亿元,其中项目建安费为 1.4 亿元。该项目于 2012 年 12 月底开工建设,至目前为止,已基本完成省道 204 线至北大路全线贯通,完成道路配套管网、设施建设,累计完成项目投资约 3.2 亿元。

2. 江林大道为城南交通主干道,项目东起莲中路,西至省道

204线,道路全长4.3公里,按城市Ⅱ级主干道标准建设,设计双向6车道,车速为40km/h,道路红线控制宽度60米,项目总投资约2.96亿元,其中项目建安费为1.4亿元。该项目于2012年12月底开工建设,至目前为止,已完成3公里道路建设,并实现通车,完成投资2.0亿元。

3. 西环路为城西交通主干道,项目南起江林大道,北接环城东路,道路总长4.58公里,路面宽度40米,配套建设给排水、路灯、电力、通讯等管网建设。西环路改扩建工程总投资2.9亿元,其中建安投资1.65亿元。该项目于2016年3月底开工建设,现已基本建成通车刘屋桥至地税路段主车道4.5公里,正在加快推进人行道及配套设施建设,累计完成项目总投资2.4亿元。

4. 西城文教片区路网由宁中路、宁南路、梅花山路、莲西路及九龙湖路5条道路组成,总长度4.1公里,配套建设排水、供水、供电、供气、通讯、绿化、路灯等基础设施,项目总投资6000万元。

(1)宁中路为西城文教片区主干道,道路全长740米,道路红线宽度40米,配套建设供排水、供电、供气、通讯、路灯等基础设施。项目总投资1805万元,已完成项目建设。

(2)梅花山路为西城文教片区次干道,道路全长1400米,道路红线宽度24米,配套建设供水、排水、供电、供气、通讯、路灯等基础设施,项目总投资1500万元,已完成投资1350万元,完成1.2公里道路建设。

(3)宁南路为西城文教片区东西向骨架道路之一,全长753m,道路红线宽度32m,配套建设供水、排水、供电、供气、通讯、路灯等基础设施,项目总投资1257万元,已完成项目建设。

(二)市政基础设施

1. 污水收集处理

城区污水处理厂处理能力2.0万吨/日,2017年处理污水量569万吨,城区生活污水处理率达89.05%。目前正进行污泥技改工程及二期2万吨/日扩容工程。

城区污水管网覆盖率进一步提高,目前我县排水管道增加至

95.2公里,其中污水管道38.8公里,雨水管道20.40公里,雨污合流管道36公里,基本实现城区污水管网全覆盖。目前正积极开展城区黑臭水体整治,实施城市内河污水管网改扩建、河道拓宽及清淤清障工程。

2. 生活垃圾收集处理

连城县生活垃圾无害化处理场项目位于揭乐乡黄坊村麻潭,文川溪西侧,距离县城约10公里。该项目用地面积181亩,日处理规模150吨,库容量109.49万立方米,总投资4715.87万元。项目建成后服务年限20.5年,服务范围涉及连城县城区及距离垃圾场30公里范围内的5个乡镇。项目于2009年4月动工建设,2010年2月投入运行。2017年,处理生活垃圾2.53万吨,生活垃圾处理率达到99.61%。城区环卫垃圾收集、转运设施建设进一步完善,目前建成城区工行、城西等10处垃圾压缩式中转站及相关配套设施并投入使用,建成洪山、江坊、工行等处公厕16座。

3. 城区供水

目前有水厂3座,分别为竹光水厂、波洋水厂、嘉波水厂,综合生产能力为4.1万吨/日,2017年供水总量836万立方米,城区供水管网达66公里,建成区供水管道密度达8.15公里/平方公里,城区用水普及率达99.55%。为进一步保障城区居民生活用水,解决用水紧张的问题,现已启动第二水源建设及福地水库取水工程,基本完成城区供水管网改造三期10公里管网改造工程。

4. 公共交通基础设施

至2017年新建、改建城区公交停靠站17座,公交临时停靠点50个。建成城区公共停车位1624个,新增道路临时停车位约1700个。为切实解决城区停车难问题,2017年我县大力推进城区停车场建设,合理利用分布于道路两侧的零星地块及政府收储地块建设临时停车场,目前已完成莲南小区、政府楼、汽修厂、石门湖路口、大榕树、莲峰镇政府等处临时停车场,建成城区公共停车泊位300个。

(三)园林绿化

完成中山公园、城市公园、文化公园、滨江公园等公园建设并对外开放,完成3.2公里观景路绿道建设,完成文川河沿河景观带一期建设,完成北大路、江林大道、步行街行道树种植,城市主干道绿化水平稳步提升,建成区公共绿地养护面积增加到了目前的24万平方米,顺利通过省级园林城市达标验收。截至2017年底,我县绿地总面积364.12公顷,绿地率达41.95%;建成区园林绿地面积增加至295公顷,建成区绿地率达36.42%,建成区公园面积增加至99.7公顷,人均公园绿地面积增至14.97平方米。公园绿地服务半径覆盖率85%。

(四)房地产市场管理

城区现有房地产开发项目38个,其中,汇豪名城、阳光新都、明珠城、紫金佳苑、百花金城及鹏鑫花园等24个项目已竣工,滨江御景、万星花园、豸泉花园、豸莲花园、莲花花园、莲芯花园、江滨水都等10个项目在建。截至2017年12月底,连城县共有房地产开发企业30家,其中三级4家、四级13家、暂定级13家;房地产中介机构5家。

(五)保障性住房建设

县城开工建设各类保障性住房2661套,其中廉租住房500套,限价商品房382套,公共租赁住房761套,城市棚户区改造1018套。2012年以来,县住建局相继制订并出台了《连城县公共租赁住房管理暂行办法》《连城县廉租住房出售管理实施细则》《连城县限价商品住房管理暂行办法》,同时根据不同时期外部条件的变化对相关政策的条件按实际情况做相应调整,用于指导各类保障性住房的申请、审核、分配、管理工作,让保障性住房惠及更多民生。

二、乡镇建设

1.美丽乡村建设成效显著

宣和培田、庙前芷溪、莒溪璧洲被评为国家历史文化名村,四堡、新泉获评省历史文化名镇,塘前迪坑等25个村被列为市级以上传统村落。完成隔川松洋等3个市级和北团石丰等23个县级美丽乡村建设,成功打造曲溪罗胜、文亨田头、莒溪太平僚等一批美丽乡村亮点。在全市率先启动"中国最洁净乡村"建设工作,罗坊下罗等57个村的"千村整治、百村示范"工作顺利通过省级验收。

2.培田特色小镇加快建设

培田草药小镇于2016年9月被省政府列为福建省第一批特色小镇创建名单,2017年10月被列为市级特色小镇创建单位。2016年完成投资3.4亿元,2017年完成投资5.47亿元。目前,已签约引进药花海观赏园、中草药饮片及精油厂建设等项目9个,开工建设萱和谷本草还原生态产业园、雾培工厂及快繁基地、培田古村落重要节点草药景观打造等项目,完成培田游客服务中心、福远姜糖生产、花丁酒厂等项目建设,发展草珊瑚、多花黄精、黄花远志、七叶一枝花、半枫荷、辛夷、木槿、牡丹、百合、麦冬、黄栀子、山苦瓜、无花果等中草药种植约2800亩。修缮大夫第、官厅等国保、省保文物建筑17处,开设特产店、咖啡吧、手工作坊、农家乐、中医馆等68家。

3.新型城镇化重点镇建设取得成效

朋口镇、新泉镇共开工建设项目19个,完成投资11.2亿元。其中,朋口镇完成房地产项目建设3个、新增住房752套,老年活动中心、中心卫生院建成使用,第二中心幼儿园、冠豸山火车站站前广场改造工程、旧县河朋口镇治理工程、高速出口至火车站路面"白改黑"项目完成建设,集镇第二供水工程部分供水。新泉镇加快推进红色旅游经典景区项目建设,"红军路"实现全线贯通;改造新泉美食城商业街36户店面;完成中小教学楼主体工程和中小河流域治理工程,铺设集镇自来水主管网20公里。

第十七节　精神文明建设全面推进

1978年12月,党的十一届三中全会做出改革开放的历史性决策,开启了改革开放和社会主义现代化建设新时期。伟大的实践创造了物质力量,也创造了伟大的精神力量。伴随着改革开放的步伐,以"五讲四美三热爱"为主题的群众性精神文明创建活动迅速兴起。

1984年7月,中共连城县委成立"五讲四美三热爱"活动委员会,专设"五四三"办公室,挂靠县委宣传部。1987年7月,委员会改称为中共连城县委精神文明建设领导小组,设立正局级的常设机构"县委文明办",并核定人员编制、工作经费。1996年,领导小组改称为中共连城县委精神文明建设指导委员会,深入开展文明县城创建、文明单位创建、文明村镇创建、文明社区创建、文明校园创建、文明窗口创建和文明家庭创建。县委、县政府每三年召开一次全县精神文明建设工作和各类先进集体命名表彰会。

连城县开展社会主义精神文明建设工作,按照党的十四届六中全会通过的《中共中央关于加强社会主义精神文明建设若干重要问题的建议》,突出思想内涵、突出利民惠民、突出价值引领、突出示范带动,在创建活动中不断地取得新成效。

党的十八大以来,县委、县政府把精神文明建设作为建设三个连城的强大动力,在经济、政治、文化、社会、生态文明建设和党的建设各方面全面推进,把精神文明建设推向新水平。

(一)提升人文素养

积极开展"五讲四美三热爱"(五讲即讲文明、讲礼貌、讲卫生、讲秩序、讲道德;四美即心灵美、语言美、行为美、环境美;三热爱(即热爱祖国、热爱社会主义、热爱中国共产党)活动、创"三优"(优美环境、优良秩序、优质服务)活动以及文明县城、文明单位、文明村镇(社区)、文明校园、文明风景区、文明窗口创建。1982年3月,连城县开展第一个"精神文明礼貌活动月",重点宣传"五讲四美三热爱",整治"脏、乱、差"。1984—1986年,连续3年参加龙岩地区7县(市)"讲文明树新风"竞赛活动,连续3年获得龙岩地区评比第一名。1991年印发《连城县文明市民读本》,2003年印发《精神文明建设学习手册》,营造讲文明树新风的浓厚氛围。党的十八大以来,连城县相继开展"三严三实""两学一做"教育活动,培育和践行社会主义核心价值观全民教育,开展"讲文明、送温暖、献爱心""保护生态环境、倡导文明新风、共建美好家园""反对邪教、崇尚文明"及"三讲一树"(讲文明、讲卫生、讲科学、树新风)等系列活动,城乡居民文明素质显著提高。

(二)创建文明县城

从 1990 年起,连城县委、县政府把创建文明县城作为提升连城对外形象,深化群众性精神文明建设工作的一项重要内容。1991年初,成立城区精神文明建设联合指挥部,重点在城区开展创建"五个十"活动(即 10 个花园式机关、10 个花园式学校、10 个花园式企业、10 个文明窗口单位、10 个文明示范村)。1997 年 12 月,成立连城县城市管理委员会。2000 年 2 月,成立连城县城区管理综合执法大队。2009 年 5 月,执法大队升格为县行政管理综合执法局。2015年,改称为连城县城市管理行政执法局,切实加强城市管理,推进创建活动。2000 年起,连城县先后获得福建省第八届、第九届、第十届、第十二届创建文明县城先进县城。2016 年 7 月,在县第十三次党代会上县委做出建设"美丽连城、创业连城、幸福连城"的重要部署,进一步加大创建文明县城工作力度,调整充实县委创建工作指挥部,由县委书记任总指挥,把创建文明县城工作着力点放在提高全体市民思想道德素质,强化落实重点任务指标,突出群众性创建主体地位,稳步推进创建文明县城工作向纵深发展。

(三)创建文明村镇

从 1988 年起,县委、县政府把精神文明建设列入农村乡镇工作目标管理考评项目,千分制的目标管理中,精神文明建设占 400 分。以开展"六提倡六反对"(提倡崇尚科学,反对封建迷信;提倡健康娱乐,反对聚众赌博;提倡婚姻自由,反对买卖婚姻;提倡村邻和睦,反对宗族纠纷;提倡艰苦奋斗,反对铺张浪费;提倡优生优育,反对计划外生育)为主要内容的创建活动在全县农村全面开展。同时,在农村开展"十星级"户(爱国星、法律星、致富星、文教星、计生星、科技星、义务星、团结星、卫生星、新风星)以及"文化三户"(文化户、科技户、特色户)的评选活动,助推农村精神文明建设。1985 年,莒溪镇壁州村被评为省级文明单位,受省委、省政府表彰。党的十八大以来,文明村镇创建以美丽乡村建设为主题,突出抓好乡风、民风、人居环境和文化生活建设,着力提高农民素质。在文明村镇创建过程中,大力开展移风易俗,倡导科学文明卫生的生活方式,破除陈规陋习,加强村容村貌整治和农村环境保护,守护绿水青山,发展休闲农业和乡村旅游,形成城乡共建精神文明为重要途径的农村精神文明建设基本工作格局。2017年6月,曲溪乡冯地村被中央文明委授予表彰第五届全国文明村。截至2018年6月,全县有省级文明乡(镇)3个(曲溪乡、莲峰镇、塘前乡),文明村4个(北团镇石峰村、曲溪乡罗胜村、莒溪镇太平僚村、文亨镇福地村);市级文明乡(镇)6个,文明村12个;县级文明乡镇5个,文明村27个。

(四)创建文明单位

文明单位创建活动,是群众性精神文明创建活动的基础工程。从1984年开始创建文明单位活动以来,每三年为一届,已连续开展13届的省、市、县三级文明单位创建活动。1984年第一批被省委、省政府表彰的省级文明单位有建行连城县支行、连城县汽车运输公司车队、县实验小学、莒溪乡壁州村等4个单位,获龙岩市委、市政府表彰的市级文明单位有县木材加工厂等13个单位。截至2018年6月底,连城县有省级文明单位16个,省级风景旅游区1个(连城县冠豸山风景区),市级文明单位有38个,县级文明单位有28个。在创建文明单位工作的过程中,涌现出一批精神文明建设先进工作者,获得福建省(第五届至第十届)精神文明建设先进工作者称号的有王光忠、傅开照、李永燊、谢小健、李大勤、魏文华、赖小香等。

(五)创建文明家庭

1982年,全国妇联倡导并发起了争创五好家庭活动。县委文明办、县妇联联合评选了二届连城县100户五好家庭,对推动城乡家庭文明建设起到了积极的作用。党的十八大以来,家庭文明建设更加注重家庭、家教、家风,以"家和万事兴"为主题,传承好家风家训。2015年,文亨镇龙岗周氏教儿家训、林坊乡张坊张氏家训、文亨镇罗氏家训被评为龙岩市十佳族规家训，连城县钱氏家训、童氏家训、沈氏家训被评为龙岩市优秀族规家训，北团镇石丰村乡规民约、江园村村规民约被评为龙岩市十佳村规民约。2016年和2018年莲峰镇东街社区李贞煜、董美英家庭被评为全国最美家庭和福建省文明家庭，还有三户家庭被评为龙岩市文明家庭。通过动员全社会各界广泛参与家庭文明建设，推动形成爱国爱家、相亲相爱、向上向善、共建共享的社会主义家庭文明风尚，以好家风撑起良好的社会风气。

（六）创建文明校园

2015年9月以前开展文明学校的创建活动，2015年9月起，将文明学校创建改称为文明校园创建。重点围绕领导班子建设、思想道德教育、活动阵地建设、教师队伍建设、校园文化建设、校园环境建设等方面开展创建工作。2010年10月，县实验小学被中央文明委表彰为第二届全国未成年人思想道德建设工作先进集体。截至2018年6月，获得省级文明校园称号的有5所（县实验小学、连城一中、县实验幼儿园、县第二实验小学、县朋口中心小学），获得市级文明校园称号的有北团电力希望小学等15所，获得县级文明校园称号的有姑田镇下堡小学等37所。

（七）未成年人思想道德建设

为加强未成年人思想道德建设工作，2004年县委文明办增设未成年人思想道德建设办公室，2014年5月，改设未成年人思想道德建设指导中心。为加强未成年人心理健康教育，各中小学都建立了心理健康辅导站，主要在未成年人中不断深化爱党爱国爱社会主义主题教育，深化"做一个有道德的人"主题活动，开展美德少年评比和"诚信之星"评选活动。于2015年、2017年先后表彰两届连城县美德少年和连城诚信之星，每届表彰美德少年12名，同时积极参加省、市美德少年评选推荐活动。华奕楠、周泓婧被评为福建省美德少年；罗旸、黄德铭被评为福建省最美学生。

(八)创建文明社区和文明窗口

1985年,以莲峰镇北街居委会为依托,把驻北街的机关单位、学校和街道居民组织起来,共同开展创建文明社区活动并取得成效,连城县"抓点串线连片、社区面貌大变"的创建文明社区经验在龙岩地区精神文明建设现场会上介绍推广。1991年开始,将城区范围内的所有县直机关单位、街道居民、莲峰镇直单位及近郊行政村划分为20个精神文明共建片区。每个片区都有牵头单位及负责人,有精神文明建设理事会,做到联片共建创"十好",即清洁卫生好、环境设施好、市容市貌好、绿化美化好、计划生育好、社会秩序好、邻里和睦好、移风易俗好、行业风气好、片区共建好。截至2018年6月,栗园社区、豸峰社区被评为省级文明社区,南街社区被评为市级文明社区,东街社区、西街社区、百花社区、莲南社区被评为县级文明社区。

1996年,组织全县28个行业下属的服务窗口开展"创文明行业,建满意窗口"的竞赛活动,重点解决"门难进、脸难看、事难办"的行业不正之风问题,评选出县级文明窗口62个。建行连城支行储蓄专柜,石门湖景区还被评为省级"创文明行业,建满意窗口"示范点。

(九)军民共建社会主义精神文明

连城县地处国防军事战略重地,驻军部队较多。1988年以来,军地双方开展了"互学、共创、同提高"的共创共建活动。成立军民共建社会主义精神文明领导小组,由军地主要领导挂帅,县直40个部门,5个乡镇,12支驻军部队为成员单位。地方全力支持部队建设,部队全力支持地方建设。如2015年连城发生"7·22"特大洪灾,驻军部队官兵积极投入抗洪救灾,帮助地方重建家园。94750部队某中队,帮助文亨中小组建少年军校,得到人民群众的好评。从1990年开始,全县有52对军民共建对子,亨明村与94750部队被列为全军100个军地共建示范点。班竹村与场站通信连、县委组织部与县人武部、县实小与94750部队气象台、县检察院与94865

部队82分队获得省级军民共建先进单位。连城一中与场站汽车连、连城二中与场站航军股、县地税局与94691部队获得市级军民共建先进单位。

2008年、2012年、2017年,连城县三次荣获全国双拥模范县。2017年,连城县再次被评为省级双拥模范县,实现省级双拥模范县"八连冠"。军民共建社会主义精神文明成为连城县创新工作品牌。

(十)开展身边好人和道德模范评选表彰活动

为大力弘扬社会主义核心价值观,集中展示道德模范建设先进典型,充分发挥先进人物在公民道德建设中的示范引领作用,从2014年起,连城县开展"中国好人""福建好人"推荐评选活动。2014年新泉镇村民冯添桂被评为中国好人(见义勇为),莒溪镇林新玉(女)被评为中国好人(助人为乐)。2012—2017年期间,张兴秋、项新发、杨金福、黄润通、华丕功、沈大川、刘长富、童长智等8人被评为福建好人。2016年9月,刘长富被评为龙岩市道德模范。北团镇溪尾村妇女照料储蓄社,隔川乡黄富珍老人收养12个弃婴,赖源乡黄宗村曾兰权、曾腾昌、曾兰彪义务修路50年,先后被评为福建省十大感动人物。2013年4月29日,连城县开展首届全县5个"十佳"模范表彰大会。县委、县政府隆重表彰10名"十佳公务人员"、10名"十佳爱心人士"、10名"十佳企业员工"、10名"十佳婆婆"、10名"十佳媳妇"。2015年11月25日,县委、县政府召开第二届5个"十佳"模范表彰大会,表彰10名"十佳创城标兵"、10名"十佳创业标兵"、10名"十佳企业员工"、10名"十佳婆婆"、10名"十佳媳妇",在全县形成推荐、学习、宣传"十佳"模范社会风气。

(十一)开展学习雷锋志愿服务活动

2013年5月,成立连城县志愿者协会。党的十八大以来,大力弘扬"奉献、友爱、互助、进步"的志愿精神,把志愿服务与学雷锋活动有机结合,积极推进志愿服务常态化,志愿活动取得了较大的进展。全县在全省登记在册的志愿人数达8000多人。志愿服务多样化,每年的节日期间,深入农村、社区、企业为困难群众、困难职工、特殊群体送温暖,为百岁老人、特困户提供捐助。每年的3月5日,组织志愿者开展学雷锋志愿活动,进社区、进村镇,开展环境整治、劝导文明出行、文明旅游等主题志愿服务。2015年连城"7·22"特大洪灾,各级志愿者迅速投入抗洪抢险救灾,帮助受灾群众清淤、洗地板、处理垃圾,发动志愿者踊跃为受灾群众捐款捐物,开展灾后重建。县网友协会2000多名志愿者为连城营造良好的网络舆论,倡导网民践行文明上网,传递正能量,消除网络谣言。县义工协会1000多名义工积极为文明出行、文明旅游志愿服务,为老年人、留守儿童开展公益关爱服务活动。龙岩市首支连城蓝天救援队,参与救援达32起。2016年,县卫计局志愿者王勤被评为福建省最美志愿者,县义工协会会长李海霞被共青团中央授予全国百名优秀志愿者称号,县义工协会被共青团福建省委授予"第十三届福建省五四奖章集体"。

(十二)组织"我们的节日"活动

连城县是客家人聚居地,有深厚的客家文化和丰富的传统文化,每年的春节、清明、端午、七夕、中秋、重阳都举办各种民俗活动。在春节元宵期间,城乡各地广泛开展走古事、游大龙、犁春牛、游花灯、游大粽、十番音乐等数十种客家民俗活动,呈现出一片欢乐、喜庆、祥和的节日氛围。在清明节组织广大干部群众、中小学师生到县怀英园、朋口松毛岭战役遗址缅怀革命先烈,弘扬革命传统,讲好红色故事。在端午节组织开展纪念爱国诗人屈原诗朗诵和经典名言书法活动。在七夕,团县委组织广大团员青年"有缘在这里相会"主题活动,为青年搭建起感情桥梁。在中秋节举办合家团员欢乐和谐的家庭活动。在重阳组织青少年和各级文明单位志愿者为老年人做好事。通过开展群众性节日民俗活动,着力弘扬助人为乐、扶贫济困、乐善好施、敦亲睦邻等中华优秀传统美德,传承文明的客家传统节日文化。

(十三)坚持破立结合,推进移风易俗

2017年以来,针对丧事大操大办、婚嫁彩礼居高不下、过度燃放烟花爆竹等不良风气,以及民间组织作用发挥不到位、工作不平衡等问题,县、乡两级党委、政府强化组织领导,加强移风易俗的引导和整治,充分利用标语、墙报、广播、电视、新闻媒体,大张旗鼓地开展倡导节俭节约、婚事俭办、丧事简办、陋习不办、摒弃陈规陋习的宣传教育活动。在全县中小学校开展"小手拉大手——移风易俗倡文明"主题活动,各单位和各乡镇、村、社区广泛发动群众参与,全面开展移风易俗行动,印发《推动移风易俗工作、树立现代文明新风倡议书》和《党员干部带头移风易俗引领清风正气承诺书》。同时开展封建迷信、婚丧礼俗、清明祭扫、燃放烟花爆竹等专项治理。印发《连城县人民政府关于禁止经营燃放烟花爆竹品种和中心城区禁放范围的通告》,把移风易俗融入乡规民约、村规民约、社区市民公约。倡导建立红白喜事理事会,共同抓好移风易俗工作。县委把移风易俗工作列入巡察重要内容,县政府将移风易俗工作列入年度政府绩效考评,县纪委、监委加大移风易俗工作问责力度,县委文明办把移风易俗工作纳入文明单位创建考评的重要内容,形成全社会齐抓共管的新格局,树立移风易俗新风尚。

精神文明建设是中国特色社会主义的重要内容,是新时代贯彻新思想、建设新连城的必然要求,连城县委、县政府将进一步增强责任感、使命感,以更高的站位、更高目标、更实举措推进精神文明建设再上新台阶,为建设"三个连城"、实现高质量赶超发展提供强大精神动力。

第四章　奋力赶超　创建新时代的辉煌

新时代、新使命、新担当、新作为。中共连城县委、县人民政府深入贯彻落实习近平新时代中国特色社会主义思想和党的十九大精神,按照"五位一体"总体布局和"四个全面"战略布局,牢固树立和践行新发展理念,坚持稳中求进工作总基调,坚持高质量发展落实赶超这一战略目标,坚持攻坚项目落地、脱贫和生态环保三大战役,突破工业经济、文化旅游、现代农业、城乡建设四大版块,着力在扩张总量、提升质量、创新动力、优化环境、提振精神上促赶超,落实全面治党"八个坚定不移"要求,全面推进产业发展、城乡建设、民生事业、改革开放、生态文明建设和党的建设,奋力争先进位,开创新时代的美丽连城、创业连城、幸福连城建设新局面。

第一节　精准发力,落实高质量赶超

2018年,全县上下振奋精神、攻坚克难、锐意进取,取得了较好成效,总成绩排名全市第二。全县生产总值达204亿元,增长8.3%;规模以上工业产值达224亿元,增长27.7%;城乡500万元以上固定资产投资增长24.7%,排名全市第一;社会消费品零售总额69.4亿元,增长15.1%,排名全市第一;财政总收入9.43亿元,增长27.4%,排名全市第一;地方级财政收入5.9亿元,比增23.5%,排名全市第二;城镇、农村居民人均可支配收入为31119元和15500元,分别增长8.4%和10%。三次产业结构比为16∶43∶41;22项主要经济指标中,12项增速排名全市前三位(其中6项第一),14项增速超过全市平均水平。获评全省县域经济发展十佳县、中国绿色生态农业先进县、中国电商示范百佳县。

一、产业支撑,稳步发展

1. 工业经济稳中提质

规模以上工业增加值突破200亿元大关,光电新材料产业实现产值50亿元,增长60%,冠睿电子成为连城首个产值超20亿元企业。锂电池产业破题起步,新引进锂电池产业项目10个,其中当年竣工投产8个,初步形成以国光为龙头的锂电池产业链。工业项目加速发力,开工建设项目53个,新引进项目建成投产19个。工业园区活力日益彰显,纳税超百万元企业达32家,其中超500万元企业12家,盘活11家僵尸企业,收回闲置低效用地13万平方米。

2. 现代农业产业化升级

实现农林牧副渔业产值54.8亿元,增长3.8%,现代农业产值42.3亿元,增长8.8%。特色产业优势凸显,制定完善特色农业扶持政策,地瓜产业实现产值33亿元,增长10%,林坊镇入选全国首批农业产业示范强镇;白鹜鸭产业实现产值4.6亿元,全年出栏380万羽,即食白鸭汤生产线项目建成投产;竹木加工产业实现产值35亿元、增长12%,3家企业成功申报省级笋竹精深加工示范项目。富硒品牌培育有力,富硒产品实现产值12.5亿元,增长126.9%,成功举办福建省富硒产业绿色发展研讨会,打响"中国客家硒都"地域品牌。产业融合效益提升,食品加工园区入驻企业18家,全县农产品加工实现产值85亿元、增长10.5%,农特产品电商上行销售额达7.6亿元。

3. 第三产业更富活力

实现第三产业增加值83亿元,增长8.5%,全年接待游客1093.6万人次,增长29.2%;入选"中国十佳避暑康养小城"。文旅融合有序发展,新创建国家3A级旅游景区3个,冠豸山联合申报世界地质公园列入推荐名单;完成石门湖路改造提升,建成冠豸山文化旅游综合体一期,县旅游集散服务中心投入运营;《中国影像方志

·连城》在央视播出,举办培田春耕节、环冠豸山国际半程马拉松赛。电子商务持续壮大,电商百佳示范县发展指数全国排名第30、全省排名第三,全年实现电商交易额50亿元,增长25%,实现网络零售9.5亿元,增长26%;房地产业健康发展,完成房地产开发投资13.5亿元,商品房销售面积25.5万平方米,销售额11.8亿元。

二、民生福祉持续增进

1.脱贫攻坚精准有效

深化"九措到村到户",有效巩固6265户14839人脱贫成果,32个贫困村和2个扶贫开发重点乡镇如期摘帽。全力推广"企业＋基地＋贫困户"模式,建立激励性扶贫项目249个,受益贫困户3881户。落实精准扶贫医疗叠加保险政策,为建档立卡贫困户报销各类医疗费用2743.9万元。落实教育助学资金253.2万元,惠及困难学生2372人次。

2.民生事业协调发展

坚持为民办实事,基本完成十二项惠民工程。落实教育十条措施,教师队伍建设不断完善,教师待遇有所提高;县实验幼儿园通过"省示范性幼儿园"评估,连城一中入选省级普通高中课程改革基地建设学校名单,高考文理科本一上线率位居全市第二;实施教育项目34个,完成投资3.2亿元,2所公办幼儿园投入使用,24所中小学教学综合楼基本建成。水南街和吴家巷被认定为省级历史文化街区,新增七处省级文物保护单位,8个村入选中国传统村落,璧州村获评中国历史文化名村;开展全民健身、群体活动,建成县广播电视高山发射台、全民健身活动中心,在省运会上获得金牌12枚,创历史新高。改造提升乡镇卫生院4个,基本完成县妇幼保健院改扩建,医药卫生体制和分级诊疗机制改革稳步推进。养老事业加快发展,被民政部列为居家和社区养老服务改革试点县,建成农村幸福院27个、居家社区养老照料中心3个。

3.社会保障更加有力

全年城镇新增就业1197人,失业人员再就业834人,农村劳动力转移就业2392人,城镇登记失业率为2.37‰,全面实行城乡低保标准一体化,农村低保标准提高至家庭人均收入6456元,惠及困难家庭2748户5610人,发放特困供养金1293万元、医疗救助金1146万元、残疾人两项补贴资金1088万元。城乡居民基本医疗保险参保率达98%、养老保险参保率为99%。打击治理电信网络新型犯罪,扫黑除恶取得阶段性成效,连续两年保持涉麻制毒"零窝点""零发案"。严格落实信访责任制和地方党政领导安全生产责任制。食品药品安全形势稳定向好,通过省级食品安全社会共治示范县验收。

三、发展后劲不断增强

1. 精准招商成效凸显

实施"莲商回归""以企引企""以商引商"工程,紧盯粤港澳大湾区、长三角等重点区域精准招商。全年新签约项目260个,其中亿元以上项目43个,10亿元以上项目5个,招商引资实现量质齐升。

2. 项目建设势头强劲

"五个一批"均超额完成年度任务,30个省、市重点项目、36个投资工程包项目、10个"1820"项目分别完成投资67.1亿元、35.5亿元、27.6亿元,全年开工建设项目155个,建成投产项目82个,其中28个项目实现当年签约、当年竣工。

3. 多方协作服务优化

完成房屋征收4.5万平方米,土地征收3038.5亩,新增补充耕地指标950亩,争取用地指标4149.9亩。全县银行金融机构为重点项目建设提供贷款4亿元,县中小企业信用担保中心为61家企业提供贷款担保2.94亿元,为32家企业提供应急还贷资金1.26亿元。出台企业用工六条措施,累计为"一园两区"企业输送工人3040名。

四、城乡面貌继续改善

1. 城乡建设步伐加快

全面完成浦梅铁路连城段征迁工作,冠豸山机场复通"佛山—连城—北京"航线并加密至每天一班,旅客吞吐量突破 20 万人次。开通培田路、幸福北路,实施北大中路、步行街"白改黑"综合改造,基本打通梅花山路等断头路,实施莲北大道、西环路改扩建等项目,"两横四纵"路网基本贯通。完成文川河安全生态水系,百花小区沿河景观和滨江公园建设,完成莲中路人引天桥,新增停车位 483 个,新改建污水、供水管网 45.2 公里,新增绿地 34 万平方米,拆除"两违"面积 99.6 万平方米。

2.乡村振兴有力实施

"一革命四行动"有序开展,建成农村公厕 16 座,新增改造农村三格化粪池 13380 个,101 个村建立垃圾治理常态化机制,启动 11 个村级生活污水集中处理设施建设,改造农村危房 1155 户,拆除空心房、裸房 3.9 万平方米,农村基础设施日益完善,提级改造县道 20.2 公里、乡村道路 89.8 公里,完成危桥改造 14 座;有序推进福地水库等水利项目建设,建成烟基工程项目 34 个,改造农村电网 244.6 公里,完成高标准农田建设 2.7 万亩。实施 5 个"精品村"和曲溪美丽乡村"景观带"工程,完成 16 个省级"千村整治、百村示范"村建设。完成新型城镇化重点镇建设项目 16 个,部分集镇面貌明显改观。优化整治农村"六大员"服务队伍,圆满完成村级组织换届选举,村主干"一肩挑"占比 44%。培田获评全国民主法治示范村。移风易俗不断深入,有 3 个乡镇和 4 个村获评第十三届省级文明村镇。

3.生态建设成效明显

23 个生态环保攻坚项目完成投资 10.8 亿元,全县 254 家生猪养殖场标准化改造项目通过验收,食品加工园区污水处理厂一期、县污水处理厂二期等项目投入使用。河(湖)长制工作持续深化;3 个国控断面Ⅰ~Ⅲ类水质达标率为 100%,各乡镇交接面水质明显改善。闽江流域山水林田湖草生态保护修复工程加快推进,文亨田心铁矿废弃矿山综合治理 3.83 万亩,森林覆盖率提升至 81.48%,稳居全省第二,全年空气质量优良天数比例达 99.4%。

五、改革动力加速释放

1. 改革全面发力

淘汰关闭落后产能企业11家,商品房去化周期同比缩短3个月,全面完成系统内债务置换和城市建设发展基金清退,为实体经济减负1.56亿元。承接上级调整事项176项,推进"多证合一""证照分离"等商事制度改革,新增市场主体4089户。县属国有"四大公司"整合重组为国投、矛龙两大集团公司。扎实开展国地税征管体制改革,完成国地税机关合并。有序推进农村集体产权制度改革,完成农村土地确权登记领证和农村集体资产清产核资。

2. 协作层次深化

持续推进福清—连城对口帮扶,深化扶贫协助,携手共建连城(福清)产业园,签订旅游对口帮扶合作战略协议,推动两地互惠共赢。拓宽厦门湖里—连城山海协作渠道,签订山海协作协议书,在技术、资金产业上整合互补。与福建中医药大学、龙岩学院等高校建立校地战略合作关系,开展"百名教授博士进基层"活动,建立"连城县奇迈科技创新基金",推进"产学研"深度融合。

3. 创新源泉涌动

出台工业科技创新十三条措施,新增5家省级科技小巨人领军企业,4家企业被认定为省级科技型中小企业,2家企业获评省级"专精特新"中小企业,1家企业被评为省级高新技术企业,1家企业获评设立省级院士工作站。全县发明专利155件,增长216.3%,增速居全市第一。

六、服务效能明显提升

始终把党的政治建设摆在首位,深入学习贯彻习近平新时代中国特色社会主义思想和党的十九大精神,自觉维护党中央和习近平总书记的权威,落实全面从严治党和党风廉政建设"一岗双责",严格执行中央八项规定及实施细则精神,"三公"经费下降29.3%;努力践行"马上就办、真抓实干""四下基层"优良作风,不断优化政务环境,"最多跑一趟"和"一趟不用跑"事项占88.4%,e龙岩和12345便民服务平台群众诉求办理满意率为98%。

第二节 砥砺前行,筑建美丽、创业、幸福新连城

为全面贯彻习近平新时代中国特色社会主义思想和党的十九大精神,落实省、市委关于坚持高质量发展落实赶超的意见,确保到2020年实现高质量发展和落实赶超任务的实现,推动"美丽连城、创业连城、幸福连城"建设深入发展,中共连城县第十三届委员会分别于2018年10月19日和2019年1月18日召开了第七次、第八次全委会,并分别制定了《中共连城县委关于深入贯彻习近平总书记重要指示精神坚持高质量发展落实赶超的意见》和《中共连城县委连城县人民政府关于进一步深化改革扩大开放的若干措施》。两个文件对坚持高质量发展落实赶超的战略目标实现和继续全面深化改革扩大开放,进一步增强活力保障、生态保障、服务保障、稳定保障,推动质量变革、效率变革、动力变革,加快建设机制活、产业优、百姓富、生态美的新连城,做出了切合连城实际的具体措施和部署。

总的要求:以习近平新时代中国特色社会主义思想为指导,全面贯彻党的十九大和十九届二中、三中全会精神,按照"五位一体"总体布局和"四个全面"战略布局,坚持新发展理念,坚持稳中求进工作总基调,紧紧围绕高质量发展落实赶超这一战略目标,持续攻坚"三大战役",突破"四大板块",着力在扩张总量、提升质量、创新动力、优化环境、提振精神上促赶超,落实全面从严治党"八个坚定不移"要求,全面推进产业发展、城乡建设、民生事业、改革开放、生态文明建设和党的建设,奋力突围突破,争先进位,开创新时代"三个连城"建设新局面。

奋斗目标:一是到2020年,全面完成省、市下达连城高质量落实赶超的各项任务;二是2019年,财政总收入突破10亿元,地方级财政收入突破6亿元,主要经济指标增长速度位于全市前列。在此

基础上,力争再用3年左右的时间,GDP总量和财政总收入赶超一个兄弟县(市),大幅缩小和兄弟县(市)的发展差距,在全省排名实现提升进位,经济发展的质量和效益进一步提升。全面融合闽西南协同发展区,着力培育光电新材料、现代农业、文化旅游3个100亿元级产业和现代服务业、生物医药、矿冶化工3个50亿元级产业;全县城乡民生基础设施建设主要指标、社会事业重点领域主要指标达到或超过全市平均水平,乡村振兴发展,人民群众有更多获得感,全面建成小康社会;环境质量保持优良,绿色生态优势持续巩固;基本破除不适宜赶超发展的体制机制障碍,打造公平高效、充满活力的市场环境。再经过若干年努力,在产业素质、创新实力、开放水平、生态环境、民生福祉等多领域实现高质量发展。

为实现上述目标,中共连城县委、县人民政府正团结带领全县干部群众奋力开展"八大行动"。

一、加快实施"双培育"行动

落实"双培育"行动计划,培育壮大支柱产业和龙头企业,到2020年,全县形成光电新材料、现代特色农业、文化旅游3个百亿级产业和现代服务业、生物医药、矿冶化工3个50亿元级产业,培育5亿~10亿元企业10家,10亿~50亿元企业5家,50亿元以上企业1家。

一是高质量推进光电新材料产业。依托"一园两区"平台,以赛特新材、中触电子、冠睿电子、允升复合材料为龙头,延伸上下游较为完整的产业链条。积极拓展智能手机、新型显示、保温隔热材料、LED、复合材料5个光电新材料产业链。加快推进中触二期、赛特新材100万平方米超低导热系数真空绝热板、达米拉新型显示器智能化生产、允升复合材料复合不锈钢管等项目建设。支持赛特新材重启上市工作。到2020年,力争光电新材料产业实现产值113.5亿元。

二是打造多元化文旅康养产业。树立"大冠豸、大旅游、大发展"理念,持续打响"冠豸山水,价值连城"旅游品牌。围绕"两核一环一带一走廊"的旅游空间发展格局,推动文化旅游与健康养生养老融合发展,充分发挥中草药、温泉、自然生态等资源优势,依托培田医药小镇、新泉红汤温泉、天一温泉、环梅花山乡村生态旅游示范带等,促进"旅游＋体育""旅游＋康养""旅游＋农业""旅游＋文化"产业融合发展。持续推进冠豸山联合申报世界地质公园和创5A级旅游景区工作,加快建设以新泉整训旧址、松毛岭战地遗址为重点的红色旅游走廊,推进培田草药小镇建设和康养小镇申报工作,引进文旅康养龙头企业、品牌企业带动产业发展。策划一批中医药养生、温泉养生、生态养生等健康养生养老项目,大力发展城市旅游、特色经济,引进夜间旅游新业态、新产品,建设历史文化街区、休闲旅游街区、文化旅游综合体,不断壮大文旅康养产业。

三是培育壮大新兴产业。围绕"3＋3"产业格局,加快生物医药、现代物流、新能源锂电池新兴产业发展,推动传统产业转型升级。生物医药产业,重点发展兽用药品加工、中药饮品加工、医疗器材等产业,加强与大型药企对接,力争到2020年实现产值50亿元;现代物流产业,重点加快"中国·连城国际物流商贸城"建设,大力发展交通运输物流产业,鼓励和引导大型制造业和商贸企业分离发展物流企业,引进有实力的物流企业到连城设立物流企业。加快锂电池产业发展,重点发展锂电池正级材料、电解液等电池配套材料,铝塑膜等包装材料、整装电池等电池产业发展,加快推进锂电池产业园建设,兴建第二个锂电池产业园,着力发展储能电池、动力电池,力争到2020年产值突破33亿元。

四是转型升级传统产业。矿冶化工产业,重点加快有机硅单体项目建设,推进延伸中下游产业链条,打造硅胶全产业链。推动锰矿开采向精深加工发展,加快推动钕铁硼废料及荧光粉废料综合回收利用项目达产达效,提高水泥助磨剂、油漆、气雾剂等精细化工产品附加值,推动百花化学、富润科技等企业技改升级扩量提质,到2020年力争实现产值58亿元。

五是提速发展现代服务业。进一步优化完善加快现代服务业发展政策措施,培育发展互联网、金融服务、电子商务、家政服务、红色教育培训等服务业，打造冠豸山旅游休闲文化、电子商务物流城等服务业集聚区。加强有实力、有品牌、有业态的央企、民企对接，精准开展服务业招商，加快推进服务业重点项目建设，扶持培育百雀羚、天一温泉等一批规模大、带动能力强的龙头企业，引领带动行业持续加快发展。力争到2020年，现代服务业实现产值51亿元。

六是持续扩大投资。坚持项目引领，深化项目落地攻坚，紧盯谋划、签约、开工、投产等关键环节，不断强化"五个一批"项目工作机制，推动一批重大项目的生成、转化、落地，确保项目滚动发展和有效连续。强化征拆、审批、资金等要素保障，加速推进福地水库、允升复合不锈钢管生产、菲尔姆铝塑膜生产、国际物流商贸城、城镇垃圾无害化处理、城区防洪排涝、松毛岭战地遗址等一批重点项目建设。到2020年，力争项目落地攻坚战役实现"五个一批"谋划项目65个，签约项目65个，开工项目25个，建成项目20个，增资10亿元以上。

二、加快实施创新能力突破行动

持续实施创新驱动发展战略，把创新作为坚持高质量发展落实赶超的第一动力，积极推动产业、技术、资金、政策创新，加快构建形成创新体系。2018—2020年，全县研发投入年均以20%速度增长。

一是完善科技创新发展机制。深化科技体制改革，推动政府职能从研发管理向创新服务转变。发挥财政的引导作用，加大对创新绩效目标管理、科技创新服务供给、创新资源开发共享等财政科技奖补力度。出台实施《加快工业企业科技创新能力建设十三条措施》，推动创新投入、创新平台建设、创新成果转化进一步发展。深入推进项目评审、人才评价、机构评估改革、完善以用人为导向的人才评估激励机制。选送企业家参加各级科技创新能力提升专题研修班。开展专利产业化工作，推进专利导航试点，继续实施专利奖励，持续深入实施专利质量提升工程，严格知识产权保护和运用。

二是推进企业创新主体培育。围绕物联网、高档数控机床、机械手、新型能源等智能制造领域，主动融入市智能制造科技创新行动,加快壮大高新技术企业群体。扶持一批具有创新能力的科技小巨人企业,培育一批能够引领产业发展的国家级高新技术企业,全面提升连城制造业数字化、信息化、智能化发展水平。

三是完善科技创新发展平台。努力创建省级重点实验室,鼓励和培育赛特新材公司创建真空绝热材料省级重点实验室,支持连城地瓜产业研究院建设。鼓励企业创建院士工作站和博士后工作站,加快省级企业工程技术研究中心和省级企业技术中心建设步伐。推动众创空间、科技企业孵化器建设,不断完善创新孵化链条。扶持以促进企业核心自主知识产权形成、运用、保护为主营业务的科技服务业企业发展,创建信息服务、知识服务、技术服务及创新服务的发展平台。

四是促进科技成果转移转化。支持企业联合厦门大学、福州大学、龙岩学院等高校、科研院所等共建产业技术创新联盟,形成"企业出题、协同攻关、政府补助"产学研结合协作关系。推动奇迈科技创新基金项目实施,促进科技成果转化。大力培育发展技术市场,完善中小企业知识产权公共服务体系。扶持和促进技术转移机构建立,培养技术经纪人队伍,促进技术交易活动开展。积极推行科技特派员制度,鼓励和支持科研人员参与省、市科技特派员认定,设立县级科技特派员,鼓励科技特派员带项目、带成果到农村一线开展技术转让与科技创新创业。

三、加快实施数字经济领跑行动

充分发挥数字经济的引领作用,加快建设"数字连城",推进产业数字化、数字产业化和城市数字化协同融合发展,打造一批数字经济重点项目,培育经济新增长点和壮大发展新动能。

一是加快数字基础设施建设。加快构建高速、移动、安全、泛在的新一代信息基础设施,推动光网和4G深度覆盖、重点区域5G覆盖,建设全县电子政务网络中心,整合全县信息化资源,形成高效、便捷、安全、可靠的信息化基础支撑体系。

二是推进制造业数字化转型。把握互联网、大数据、物联网、人工智能等应用新趋势,支持我县企业引进智能制造装备,开发智能终端产品,推动工业企业"上云上平台",促进新一代信息技术与制造业深度融合。实施智能制造专项行动计划,解决引进高档数控机床、工业机器人,智能化仪器仪表等智能制造设备及关键功能部件生产项目,进一步加快创新转型;配套出台扶持智能制造政策,深入实施《中国制造2025》,打造连城产业转型升级版。加快光电新材料、矿冶化工、锂电池、食品加工等行业生产智能化改造,推进企业"机器换工",组织实施智能制造重点企业试点示范,推进赛特新材等企业智能制造重点项目建设。

三是培育发展数字化产业。鼓励发展基于互联网的众包设计,柔性制造,发展面向制造环节的分享经济,促进供给与需求的精准匹配。发挥连城光电新材料、新能源锂电池等产业优势,推动康莱宝智能动感单车项目的实施及产业化。

四是提升城市数字化管理水平。实施城市数字化治理综合基础设施建设行动,推进数字化城市顶层设计,大力发展智慧旅游、智慧环卫、智慧园林、智慧交通、智慧教育,建立城市市政基础设施数据库,推进综合性城市运行管理平台建设。实施社会稳定"四情"信息指数信息系统建设,建立以社情、警情、案情、舆情为基础的社会稳定指数信息系统。依托龙岩市政务数据汇聚共享平台,实现多源信息整合和共享。

四、加快实施军民融合产业发展行动

主动融入"大古田",把红色资源转化为军民融合产业优势,融入"大龙岩"国家级军民融合产业示范基地建设,持续深化军民融合项目对接合作。

一是加快推进融合项目建设。聚焦国防科技工业重点融合领域,加快推动菲尔姆电池用软包铝塑膜和中触触控一体项目建设进度,谋划实施新能源汽车动力电池、军用移动储能、军用大尺寸触摸屏等一批军民融合龙头项目、精品项目,发挥连城驻军多的优势,积极开展军地结对帮扶共建产业,持续深化与部队及中电科技、航天科技、兵器工业、电子信息等军工央企对接,促进一批军民融合项目签约、开工和技改扩产。探索军地共建产业园区模式,力争在连城工业园区设立光电新材料军民融合特色产业园。

二是深入开展军地融合创新。加强与航天科技十二院、510所等军工科研院所交流合作,建立军地产学研协作关系。支持国冠新能源、达米拉、中触电子、天利高新、允升科技等公司与军工科研院所改制重组或成立科研生产联合体,开展产业链技术攻关,实施军工技术产品产业化。围绕光电新材料、新能源、生物医药等军民融合战略性新兴产业,加快推动军地高技术成果双向转化应用,生成一批嫁接军工优势技术资源的产业项目,为高质量发展注入新动能。

三是不断提高民企参军水平。支持优势民企积极参与军品预研项目,引导优势企业进入武器装备科研生产领域和军事后勤保障领域,促成一批民品参军,到2020年累计实现民品参军突破10亿元。加大军工资质办理支持力度,支持优势企业完成"军工四证"和入库办理,力争2020年全县累计办理军工"四证"5本以上,完成入库15家。

五、加快实施乡村振兴行动

按照"产业兴旺、生态宜居、乡风文明、治理有效、生活富裕"的总要求,以问题为导向,加快突破乡村振兴中的主要矛盾和问题,推进精准脱贫,加快形成乡村振兴发展的长效机制。

一是全力打赢脱贫攻坚战役。坚持扶贫与扶志、扶智相结合,大力实施激励性扶贫,加大就业培训和帮扶力度,加大对贫困乡村的项目帮扶力度,扶持贫困村集体经济发展,建立稳定脱贫长效机制。着力解决贫困人口住房安全保障问题,全面完成省、市下达的农村危房改造任务。突出抓好健康扶贫、教育扶贫、挂钩帮扶等政策措施的落实。建立脱贫攻坚领域财政投入逐年增长机制,确保财政投入只增不减。进一步完善考核评估机制。到2020年,现行标准下的贫困人口全部稳定脱贫,省级扶贫开发工作重点县、5个市级扶贫开发重点乡镇、62个贫困村全部摘帽,与全市同步实现小康。

二是加快现代特色农业发展。制定完善特色产业扶持政策,支持地瓜干、连城白鸭、花卉、铁皮石斛、竹产业和富硒产品产业发展。持续推动一、二、三产业融合发展,支持福建省连城农民创业园、省级现代甘薯产业园、市级现代白鸭产业园及农业产业强镇建设;分3年扶持建设铁皮石斛、红衣花生、福建黄兔、芙蓉李、茶叶、蔬菜、雪薯等7个县级现代农业产业园,每个产业园安排资金100万元;至2020年,每年继续安排专项资金200万元扶持富硒农业产业发展。大力发展农业"互联网+",鼓励农业示范企业积极申报市级农业物联网应用示范建设。

三是持续推进美丽乡村建设。全面实施农村人居环境整治三年行动计划。实施农村污水垃圾治理行动,持续推进农村"厕所革命",加强农村水环境整治并纳入河长制管理,到2020年实现乡镇污水垃圾处理设施建设全覆盖。设施农业废弃物面源污染治理行动,建立农业废弃物资源化利用工作目标和绩效评价考核制度,到2020年实现乡镇农业废弃物资源利用覆盖率达80%以上。实行农房整治行动,合理划分禁建区和农村建房用地范围,整治既有农房,引导村民合理有序建房。实行村容村貌提升行动,推进铁路、高速公路沿线及村庄房前屋后整治和干线规整,推进村庄绿化美化,营造优美环境。持续开展"千村整治、百村示范"美丽乡村建设,到2020年全县新增美丽乡村30个以上。

四是建立健全乡村振兴发展长效机制。研究出台乡村振兴战略规划,协调解决实施乡村振兴战略难点问题。强化农村人才支撑,对缺少规划、建设技术人员的乡镇,可采取聘用的方式解决相关服务人员;加大乡镇基础事业单位的高、中级职称人才培养力度,破格评审能力过硬、群众认可、知名度高的"田秀才""土专家"等农村实用人才。强化组织领导保障,建立县领导挂钩乡村振兴责任机制,建立县乡(镇)两级党委负责人担任乡村振兴"施工队长"责任考核制度,继续推进农村"六大员"规范化管理,继续完善党员干部驻村任职、科技特派员等制度。

六、加快实施生态建设提升行动

牢固树立"绿水青山就是金山银山"理念,对标国家文明试验区建设要求,持续加强生态环境保护与治理,全县生态环境质量持续改善、稳中向好,建设宜居宜业宜游的美丽连城。

一是坚决打好污染防治攻坚战。实施打好蓝天保卫战,大力开展"散乱污"企业以及化工、制药等重点行业挥发有机物排放综合治理,扎实推进能源替代和锅炉整治,开展油、路、车治理和机动车污染防治。积极推进矿山综合整治和城市扬尘污染治理。深入实施水污染防治行动计划,扎实推进河湖长制,严格执行水资源"三条红线"制度,重点打好水源地保护、城市黑臭水体治理、闽江流域山水田林湖草生态保护修复等标志性战役。全面实施土壤污染防治计划,扎实推进土壤、垃圾和固体废物等污染防治与治理,有效管控农用地城市建设用地土壤环境风险。到2020年,全县空气优良天数比例达90%以上,全县3条主要流域水质达到或优于Ⅲ类。

二是加快国家生态文明试验区建设。持续推进生态环境修复,推动延长汀江—韩江跨省流域横向生态补偿协议期限,建立长效机制。加快完成生态保护红线、永久基本农田保护红线、城镇开发边界三条控制线划定工作,健全常态化管控制度。实行产业负面清单管理。推进自然资源资产管理体制改革,完善自然资源统一确权登记办法,加快完成环境治理监管职能整合工作,建立健全生态环境损害赔偿、碳排放权、排污权交易等制度。加快实施按流域设置环境监管和行政执法机构试点,建立完善自然资源资产负债表编制制度和领导干部自然资源资产离任审计制度,定期评估和公布核算结果。继续组织开展绿色发展年度评价,强化资源环境约束性指标考核,加快开展林业碳汇交易试点工作,探索林业碳汇交易模式。到2020年,试验区建设取得更大进展,在深化集体林权制度改革、完善综合性生态补偿机制,实施河长制小流域治理等方面取得更多经验成果。

三是建设宜居宜业宜游城市。统筹生产、生活、生态布局,促进城乡基础设施一体化和公共服务均等化，推动人与自然和谐共生，建设宜居宜业的美丽连城。遵循"以人为本、尊重自然、传承历史、绿色低碳"的规划理念和"适用、经济、绿色、美观"的建筑方针，突出山水生态元素和历史文脉，实施"多规合一"，推进新一轮城市总体规划修编，进一步优化城市设计，彰显城市特色风貌。发挥"城在景中、景在城中、城景交融"独特优势，打造连城国际山水旅游度假城市。

七、加快实施民生需求保障行动

坚持以人民为中心的发展思想，针对薄弱环节，补齐民生短板，切实解决好事关百姓生存发展的"头等大事"和影响百姓日常生活的"关键小事"，让人民群众有更多的获得感、幸福感，确保如期实现小康社会。

一是持续提高就业创业质量。健全完善就业服务体系，搭建人力资源供求对接平台，打造具有连城特色的"人力资源市场"。做好高校毕业生、农村转移劳动力、城镇就业困难人员、残疾人等重点群体的就业帮扶，着力提升劳动者的就业能力和技能水平，鼓励和支持台湾青年来连城就业创业。加强全方位创业创新服务，加快推进"创业连城"建设。实施人才强县战略，引导和鼓励专业技术人才扎根连城、服务连城。加强企业工资宏观调控，构建和谐劳动关系。

二是着力补齐民生事业短板。实施幼儿园建设"工程包"，持续普惠性民办幼儿园发展，到2020年，每年至少建设2所公办幼儿园，普惠性幼儿园覆盖率达到100%。实施城关中心小学及其附属幼儿园等教育补短板项目建设，进一步扩充教育资源。深化落实"加强基础教育工作十条措施"，强化教育人才储备，缓解队伍老龄化。推进职业教育优化整治，建立校企合作激励机制，促进产学融合发展。扩大产科、儿科、基层卫生服务供给，到2020年，力争每个乡镇卫生院配备一辆救护车，儿科医生达0.88名/千名儿童以上。加快推进医疗"创双高"建设，力争到2020年，每千分娩量产科床数达21张，每千名儿童儿科床位数达3张。到2020年，县医院骨科力争创建省级临床重点专科,中医科力争创省级重点专科,儿科、危重症监护室、五官科力争创建市级临床重点专科,普外、妇产、心内科实现创建县临床重点专科。到2020年,基本建成以居家为基础、社区为依托、机构为补充、信息平台、医养结合、功能完善、规模适度、覆盖城乡的养老服务体系。着力培育文艺领军人才依托县文化馆、图书馆、博物馆等平台,不断提高优秀文化产品供给水平。深入实施全民健身战略,加快公共体育设施建设,不断提高公共体育服务标准化均等化水平。

三是推进基本公共服务均等化。健全覆盖城乡、延伸基层的基本公共服务体系。加快推进县微创治疗中心(县医院二期病房大楼)项目、疾控中心公共卫生应急处理业务楼、一中教学综合楼、公共实训基地、福利中心二期、游泳馆等项目建设。鼓励引导社会力量参与服务供给,采用政府购买等方式鼓励社会办学、办医、办养老机构,提高基本公共服务供给效率。到2020年,实现基本公共服务与经济发展总体协调,公共服务体系更加完善,供给能力显著增强。

四是健全完善城市基础配套。加快实施畅通工程,推进"两横四纵"及各片区的路网工程建设,结合城乡主干通综合改造,加快城区停车场、人行道、自行车道的建设改造,完善城区绿化、公交停靠站、路灯照明等配套功能。推进"雪亮"工程,到2020年,全县建成"全城覆盖、全网共享、全时运用、全程可控"的公共安全视频监控联网体系,继续实施园林绿化提升工程,重点推进城市公园二期、滨江公园、文川河沿河景观、梅花山公园和城区重要节点绿化提升改造。结合新区开发、旧城改造、道路建设、易涝点整治、黑臭水体治理等工作,同步建设地下综合管网,实施供水、污水、雨水、燃气、电力、弱电等市政管网建设和改造,进一步加快各级电网改造升级。

八、加快实施重点领域改革提升行动

一是深化"放管服"改革。持续精简、下放行政审批和服务事项,赋予各乡镇更多自主权。推进投资项目审批改革,三年内工程建设项目从立项到竣工验收全流程审批时间压缩一半,推行"多评合一""多规合一""联合审批""区域评估"的方式,全面实行全省统一的市场准入负面清单制度,全面实行依清单收费。持续开展"简证便民"行动,深入推进"互联网＋政务服务",大力推行"一网、一门、一次"改革,大力推广"e龙岩"网上办事平台运用,到2019年底基本实现县级政务事项网上可办率不低于90%,五年内全面实现全城通办、就近能办、异地可办。加快实现市场监管领域"双随机、一公开"监管全覆盖,五年内健全以"双随机、一公开"监管为基本手段,以重点监管为补充,以信用监管为基础的新型监管机制。推进跨部门联合监管和"互联网＋监管",实现综合监管、"智慧监管",做到"一次检查、全面体检、综合会诊、精准施策"。

二是打造一流的营商环境。坚持新发展理念,以"马上就办,办就办好"为准则,落实省市县关于提升营商环境工作政策措施,进一步提升营商环境竞争力,充分激发市场主体活力和社会创造力。聚焦项目投资、工程建设、社会民生等重点领域和关键环节,明显改善相关领域的短板弱项,不断提升企业办事便利度、满意率和获得感。尽量压缩企业开办时间,2019年底前实现压缩至5个工作日以内。全面落实单位二级绩效考评,充分激发干部服务企业、推动发展的积极性。构建"亲""清"新型政商关系,畅通政企交流沟通渠道,做到企业有所呼、政府有所应。到2020年,各领域营商环境指标达到省内先进水平,努力打造政治化、便利化营商环境。

三是做强做优国有企业。深化国有企业改革,完善现代企业制度,完善国有资产管理体系,发挥混合所有制经济,促进国企产业转型升级,力争到2020年县属国有企业年营业额总收入突破3亿元。实施县国有企业整合重组,推动国有资产向县主导产业集中,实现规模化、专业化经营,进一步发挥国有企业在县重大基础设施建设投融资和民生事业中的支撑保障作用。着力解决国有企业"行政化""机关化"问题,打造高效管理机构,促进国有资本保值增值,提高竞争力,做强做优,切实增强国有经济活力、控制力和抗风险能力。

四是持续深化机构改革。加强与中央、省、市机构改革的有机衔接,有序推进县乡(镇)各层级、党政群各领域改革,优化政府机构和职能配置,提高行政效能,稳步推进事业单位分类改革,推进政事分开、政企分开、管办分离。

"长风破浪会有时,直挂云帆济沧海",在习近平新时代中国特色社会主义思想的指引下,连城革命老区新的发展蓝图已经绘就,建设"美丽连城、创业连城、幸福连城"的战役已经打响,全县上下正发扬当年老区人民"闹革命走前头,搞生产争上游"的光荣传统,不忘初心、牢记使命、凝心聚力、攻坚克难、顽强拼搏,为实现中华民族的伟大复兴,为创建更加美好的新连城而努力奋斗。

后 记

在庆祝中华人民共和国七十华诞之际,《连城县革命老区发展史》一书出版了。该书由连城县老区建设促进会负责编纂。

2017年6月,中国老区建设促进会和福建省老区建设促进会相继发出通知,要求各革命老区县都要编纂一部老区发展史,向中华人民共和国七十周年献礼。由于当时连城县老区建设促进会面临换届,主要领导和驻会的同志,因为年龄问题都将退出,而新的人选尚未产生,因此这项工作只得延后。2018年4月,连城县老促会新的主要负责同志到位后这项工作才开始启动。经过一段时间的准备,2018年7月编纂工作才正式开展。经过一年多的努力,完成了该书的编纂工作。

中共连城县委、县人民政府高度重视此书的编纂工作。县委书记钟勇强、时任县长吕素梅亲自听取编纂方案汇报。时任县委常委、组织部长赖李林和副县长邱毅在编纂工作会上做动员部署。县委办、县府办联合下发通知,要求县直各有关部门和单位积极支持配合,按编纂需要及时提供相关材料。在本书的编纂过程中,得到了各有关部门和单位的大力支持,也得到了许多老领导、老同志的指导,本书全部照片由沈文生同志提供,使编纂工作得以圆满完成。在此,谨向所有关心、支持本书编纂工作的有关部门、单位和同志,表示衷心的感谢!

后 记

　　本书的编纂出版,旨在让大家更加深入地了解革命老区浴血奋斗的历史和变化发展历程,以史为鉴,不忘初心,倍加珍惜今天来之不易的发展局面和幸福生活,从而在新时代奋力再出发,凝心聚力、攻坚克难,为实现"两个一百年"的奋斗目标而顽强拼搏。但由于我们的水平有限,书中错漏和不尽人意之处在所难免,敬请读者和行家给予指正。

编　者

2019 年 9 月